VORWORT

Willkommen zu "Digitales Gold: Entdecke deine Strategie für Online-Erfolg". In einer Ära, in der die digitalen Pfade unser tägliches Leben durchziehen und unsere Interaktionen prägen, wird die Fähigkeit, im Online-Bereich erfolgreich zu sein, zu einer Schlüsselkompetenz. Dieses Buch lädt Sie ein, die digitale Landschaft zu erkunden und die schier endlosen Möglichkeiten zu nutzen, die das digitale Zeitalter für finanziellen Erfolg bereithält.

Warum ist es heute so entscheidend, digitale Fähigkeiten zu entwickeln und online erfolgreich zu sein? Die Antwort liegt in der Dynamik unserer globalisierten Welt. Die Digitalisierung hat nicht nur die Art und Weise verändert, wie wir kommunizieren und Informationen teilen, sondern auch, wie wir Wirtschaft betreiben. Die Grenzen zwischen traditionellem und digitalem Geschäft verschwimmen zunehmend, und diejenigen, die sich diesen Wandel zunutze machen, ernten die Früchte des digitalen Fortschritts.

"Digitales Gold: Online Geld verdienen leicht gemacht" ist mehr als nur ein Ratgeber für digitale Verdienstmöglichkeiten. Es ist eine Erkundung der Gründe, warum es unerlässlich ist, die digitalen Ressourcen effektiv zu nutzen. Es geht darum, die Chancen zu begreifen, die sich aus der Verschmelzung von Technologie, Kreativität und Unternehmertum ergeben. In einer Zeit, in der Flexibilität und Anpassungsfähigkeit entscheidend sind, bietet die digitale Welt die Bühne für individuelle Entfaltung und finanziellen Erfolg.

In den kommenden Kapiteln werden wir nicht nur verschiedene Strategien und Plattformen für den Online-Erfolg durchleuchten, sondern auch das "Warum" hinter diesen Möglichkeiten vertiefen. Wir werden die treibenden Kräfte der digitalen Wirtschaft verstehen, um Ihnen nicht nur Werkzeuge an die Hand zu geben, sondern auch das Bewusstsein für die Bedeutung Ihrer digitalen Präsenz zu schärfen.

Ihre Reise zu Ihrem "Digitalen Gold" beginnt hier. Nutzen Sie dieses Buch als Wegweiser, um die Chancen der digitalen Welt zu erforschen und Ihre eigene Bedeutung darin zu finden. Möge dieses Buch nicht nur Ihr Wissen erweitern, sondern auch Ihre Leidenschaft für das Digitale entfachen. Viel Erfolg auf Ihrer Reise zum digitalen Wohlstand!

INHALT

DIE DIGITALE REVOLUTION: NEUE WEGE ZU FINANZIELLER UNABHÄNGIGKEIT DURCH ONLINE-ERWERBSTÄTIGKEIT

Warum online Geld verdienen?

Das Streben nach dem Online-Geldverdienen hat in der modernen Welt eine wachsende Bedeutung erlangt, da es zahlreiche Vorteile und Chancen bietet.

Erstens ermöglicht das Internet Menschen weltweit, unabhängig von ihrem Standort auf verschiedene Einkommensquellen zuzugreifen. Die Globalisierung des Online-Arbeitsmarktes schafft eine Vielzahl von Möglichkeiten für Freelancer, Unternehmer und Kreative, ihre Talente und Dienstleistungen einem breiten Publikum zugänglich zu machen.

Zweitens bietet das Online-Geldverdienen eine einzigartige Flexibilität und Freiheit in Bezug auf Arbeitszeiten und Arbeitsort. Homeoffice und die Möglichkeit, von überall auf der Welt aus zu arbeiten, ermöglichen es Menschen, ihre beruflichen Ziele mit ihrem Lebensstil in Einklang zu bringen.

Drittens eröffnet die Vielfalt der Online-Verdienstmöglichkeiten neue Wege zur beruflichen Selbstverwirklichung und zur Monetarisierung von Fähigkeiten, sei es durch Freelancing, E-Commerce oder digitale Dienstleistungen. In einer Zeit, in der die Digitalisierung ständig voranschreitet, bietet das Online-Geldverdienen eine zeitgemäße Antwort auf die sich wandelnde Arbeitswelt und ermöglicht es

Menschen, kreativ und unternehmerisch tätig zu werden.

Die Entwicklung des Online Arbeitsmarktes:

Die Entwicklung des Online-Arbeitsmarktes hat sich in den letzten Jahren rasant und grundlegend gewandelt, geprägt von einer digitalen Revolution, die die Art und Weise, wie Menschen arbeiten, revolutioniert hat. Früher auf lokale Märkte beschränkt, ermöglichen heute weltweite Online-Plattformen den Zugang zu einer Vielzahl von beruflichen Möglichkeiten.

Die Entstehung von Freelancer-Plattformen wie Upwork, Fiverr, Textbroker und Freelancer.com hat die traditionellen Grenzen des Arbeitsmarktes gesprengt und Fachkräften aus verschiedenen Branchen die Möglichkeit geboten, ihre Dienstleistungen global anzubieten. Diese Entwicklung hat nicht nur die Vielfalt der verfügbaren Arbeitsmöglichkeiten erweitert, sondern auch eine neue Ära der Flexibilität eingeleitet, indem sie es den Menschen ermöglicht hat, von jedem Ort der Welt aus zu arbeiten. Die Zunahme von Remote-Arbeitsmöglichkeiten und die steigende Bedeutung von digitalen Fähigkeiten haben den Online-Arbeitsmarkt zu einem dynamischen und vielseitigen Ökosystem gemacht, das kontinuierlich wächst und sich an die sich verändernden Anforderungen der modernen Arbeitswelt anpasst.

GRUNDLAGEN

Die Grundlagen des Online-Geldverdienens bilden das Fundament für eine erfolgreiche Erkundung der vielfältigen Möglichkeiten, die das digitale Zeitalter bietet. In erster Linie ist es wichtig, die breite Palette von Verdienstquellen zu verstehen, die das Internet bereithält. Dazu gehören Freelancing, E-Commerce, Affiliate-Marketing und digitale Dienstleistungen. Eine klare Zielsetzung ist dabei von essenzieller Bedeutung, um die individuellen Stärken und Interessen zu fokussieren. Parallel dazu sollten angehende Online-Verdiener die erforderlichen Fähigkeiten und Qualifikationen erwerben, sei es in Form von technischen Kenntnissen, kreativen Fertigkeiten oder Marketingkompetenzen. Diese Grundlagen dienen als Richtschnur für die Auswahl der richtigen Online-Plattformen und den Aufbau eines erfolgreichen Online-Profils. Letztlich liegt der Schlüssel zum Erfolg im Verständnis dieser Grundlagen und ihrer strategischen Anwendung, um die persönlichen Ziele im digitalen Raum zu verwirklichen.

Diese vielfältigen Möglichkeiten, werde ich auf den folgenden Seiten, Kapitel für Kapitel, so umfangreich wie nötig, aber so einfach wie möglich beschreiben.

Organisieren werde ich diese Möglichkeiten in folgende Abschnitte :

1. Direkte Methoden (wie Marketing, Texter, Tester, usw.)
2. Digitale Dienstleistungen und Produkte
3. Dropshipping
4. Plattformen wie Youtube und Printerest – als Einnahmequellen
5. KI als Unterstützung (z.B. ChatGPT)

1. DIREKTE METHODEN

Es gibt verschiedene Methoden, um online Geld zu verdienen, die je nach Fähigkeiten, Interessen und Zielen individuell angepasst werden können.

Hierbei reicht das Spektrum von umfangreicheren Aufgaben, wie Schreibarbeiten, Grafikdesign und Programmierung.

Über Werbung, wie z.B Affiliate-Marketing – dabei handelt es sich um eine Strategie, bei der Personen Produkte oder Dienstleistungen anderer bewerben und bei erfolgreicher Vermittlung eine Provision erhalten.

Kleinere aufgaben, wie Umfragen, tester oder clickworker sind weitere beliebte Methoden.

Diese Ansätze und noch viele andere bieten eine vielfältige Palette an Möglichkeiten, online Einkommen zu generieren, und können miteinander kombiniert werden, um eine individuell passende Strategie zu entwickeln.

Um all dieser Möglichkeiten, auch optimal nutzen zu können, bedarf es eine entsprechende Anleitung.

AFFILIATE MARKETING

Verdiene als Anfänger ein lukratives Nebeneinkommen.

Affiliate Marketing ist eine Möglichkeit, über das Internet Geld zu verdienen und stellt eine Einnahmequelle für ein passives Einkommen dar. Es handelt sich dabei um Partnerprogramme, die im Grunde darin bestehen, dass du deine Webpräsenz dazu nutzt, auf ein Produkt aufmerksam zu machen oder es auch direkt zu bewerben. Die Rolle des Werbenden ist die des Affiliates, die Hersteller werden als Merchants bezeichnet.

Was haben Influencer, Vergleichsportale und Empfehlungsblogs gemeinsam? Sie alle verbindet das gleiche Geschäftsmodell: Affiliate Marketing. Und sie alle verdienen nicht nur monatlich sehr viel Geld, sondern profitieren von einem hohen passiven Einkommen. Das möchtest du auch? Verständlich.

In diesem Kapitel folgen Affiliate-Beispiele und wertvolle Insights zum Geschäftsmodell.

Geld verdienen mit Affiliate Marketing ist möglich. Sehr gut sogar.

Sagt dir der Name Bianca Claßen vielleicht etwas? Oder der Name „BibisBeautyPalace"? Nein?! Ich würde mal behaupten, die meisten Frauen, aber auch Männer, im Alter von 15 bis 25 Jahren werden sie definitiv kennen. Bianca Claßen, auch Bibi genannt, ist mit ihrem YouTube Channel und ihren Accounts auf Instagram und Co. eine der erfolgreichsten Influencer in Deutschland. Mehrere Millionen Menschen folgen ihren Profilen (allein auf Instagram sind es über 8 Millionen!) und nehmen so an ihrem Leben teil.

Weil Bibi eine unglaublich hohe Reichweite hat, ist sie auch für sämtliche Unternehmen als Werbepartner im Bereich Beauty, Lifestyle und Mode interessant. Alles, was Bibi in die Kamera hält, selbst nutzt und empfiehlt, wird auch von ihren Followern gekauft. In jedem dritten Post auf ihrem Profil macht sie Werbung für Produkte und verlost Geschenke und Gutscheincodes. Klassisches Influencer Marketing.

Aber warum erzähle ich dir von Bibi? Weil die Tätigkeit als Influencer auf dem klassischen Geschäftsmodell des Affiliate Business aufbaut. Doch keine Angst! Nicht nur große Fische wie Bibi können ein Affiliate Business aufbauen und damit Geld verdienen, auch du kannst das machen. Und ich möchte dir erklären, wie.

Folgende fragen werden beantwortet:

° Was ist Affiliate Marketing?

° Wie baue ich mir ein Affiliate Business auf?

° Was sind die Voraussetzungen für Affiliate Marketing?

° Was sind Affiliate Netzwerke?

° Wie werde ich mit Affiliate Marketing erfolgreich?

Geld verdienen mit Affiliate Marketing:

Immer wieder hört oder liest man folgende Aussagen: „Affiliate Marketing ist tot". „Affiliate Marketing besteht nur aus Gutscheinen". „Durch Storni kann ich mir viele Provisionen sparen"…

Soll ich noch mehr Mythen rund um Affiliate Marketing aufzählen? Im Internet findet man haufenweise Vorurteile, falsche Annahmen und Unwahrheiten zu diesem Geschäftsmodell. Tu mir bitte einen Gefallen und vergiss solche unseriösen Seiten.

Auch heute noch ist Affiliate Marketing sowohl eine relevante Marketingstrategie als auch ein funktionierendes und wirklich lukratives Geschäftsmodell. Jeder siebte Euro im Onlinehandel wird durch Affiliate

Marketing generiert. Und der Markt wächst seit Jahren konstant um etwa zehn Prozent jährlich! Ich denke, die meisten werden sicherlich von diesem Geschäftsmodell gehört haben. Für die, die damit noch nicht in Berührung gekommen sind, möchte ich es ganz kurz auf den Punkt bringen: Als Affiliate verkaufst du Produkte – aber nicht deine eigenen.

Hört sich doch ziemlich spannend an, Geld mit Produkten anderer zu verdienen, oder? Dass man mit Affiliate Marketing gutes Geld verdienen kann, ist längst kein Geheimnis mehr. Und trotzdem trauen sich viele nicht an die Thematik heran. Warum?

Meiner Meinung nach haben die meisten noch nicht erkannt, wie einfach es sein kann, ein Affiliate Business zu starten. Es bedarf weder überdurchschnittlichem Technik-Know-how noch sehr intensiven Zeitaufwand.

Affiliate Marketing: Eine Definition

Affiliate Marketing beschreibt im Prinzip die Zusammenarbeit von Vertriebspartnern mit dem Ziel, Produkte zu verkaufen und Geld zu verdienen. Die sogenannten Affiliates bewerben also Produkte von Herstellern oder Händlern und erhalten im Gegenzug eine Provision. Vereinfacht ausgedrückt: Affiliates helfen dabei, fremde Produkte zu vertreiben. Dieses Prinzip funktioniert gleichermaßen auch für Dienstleistungen. Und weil Affiliates sozusagen andere Produkte empfehlen, wird dieses Geschäftsmodell auch Empfehlungsmarketing genannt.

Sicherlich kennst du auch schon verschiedene Affiliate Business, auch wenn du den Namen des Geschäftsmodells so noch nicht gehört hast. Hast du kürzlich eine Produktvergleichsseite besucht, um den besten Preis für deine neue Waschmaschine, deinen neuen Wanderrucksack oder das Hotel für deinen nächsten Urlaub zu finden?

Und bist du dann dem Link zum günstigsten Angebot gefolgt?

Das sind häufig Affiliate-Links.

Ich spreche von Vergleichsportalen wie Idealo oder Check24. Auch sehr beliebt sind Test- und Themenportale wie die Technikwebseite CHIP. Ob Staubsaugerroboter, Spiegelreflexkameras oder Smartwatches im Test: In den Berichten werden Links zu den Produkten inkludiert und leiten dich als Leser direkt zu Amazon, Saturn oder Mediamarkt weiter. Und CHIP verdient daran eine Provision. Klassisches Affiliate Marketing.

Was bedeutet Affiliate, Advertiser & Co.?

Aber kommen wir nochmal zur Theorie zurück. Streng genommen bedeutet das Wort Affiliate zunächst nur Partner. Bei der Frage „Was ist ein Affiliate?" können also zwei Parteien des Affiliate Marketings die richtige Antwort sein. Daher kommt es auf den Kontext an, ob bewerbende oder verkaufende Vertriebspartner gemeint sind. Im alltäglichen Gebrauch ist jedoch häufiger von einem Affiliate die Rede, wenn es um denjenigen geht, der ein fremdes Produkt bewirbt und bei einem erfolgreichen Abschluss provisionsabhängig Geld verdient.

Manche nennen einen Affiliate auch Publisher.

Startest du dein eigenes Affiliate Business, bist du demnach der Publisher. Ich bin hier deshalb so genau, damit du bei den ganzen Fachbegriffen nicht den Überblick verlierst und den Aufbau des Geschäftsmodell verstehst.

Dem Affiliate gegenüber stehen dann die Vertriebspartner, die das eigene Produkt verkaufen möchten. Das können Hersteller, aber auch Händler sein. Im Affiliate Marketing werden diese Partner auch Advertiser genannt. Viele Marken treten als solche Advertiser auf, indem sie Affiliate Programme anbieten und Provisionen auszahlen, wenn du ihre Produkte bewirbst.

Ich könnte hier unzählige nennen wie Saturn, Zalando oder booking.com. Diese großen Unternehmen bieten alle eigene Affiliate Programme an. Nimm mal dein Smartphone zur Hand und schau nach, ob deine Lieblingsmarke nicht auch ein Affiliate Programm anbietet.

Der dritte Partner: Das Affiliate Netzwerk:

Aber zurück zum Affiliate Geschäftsmodell: Um wirklich genau zu sein, kann es neben den beiden genannten Rollen – Publisher und Advertiser – auch noch einen dritten Partner geben: das Affiliate-Netzwerk.

Bei Affiliate-Netzwerken handelt es sich um Plattformen, auf denen sich Affiliates und Advertiser anmelden und zueinander finden können. Affiliate-Netzwerke fungieren also als Vermittler zwischen den beiden Parteien und wickeln alle Zahlungsangelegenheiten ab. Ein Affiliate-Netzwerk, welches bereits im Kapitel „eBooks" kurz angeschnitten wurde, ist das Amazon Partnernet – dazu werde ich weiter unten nochmals gesondert drauf eingehen.

Aber auch andere Plattformen, wie MyLead eignen sich als Affiliate Partner. Hier gibt es über 3500 Partnerprogramme zur Auswahl. Außerdem hat dieses Netzwerk viele kostenlose Tools, die dir beim Geld verdienen helfen werden (Content Locker, Hidelinks, E-Books und einen fantastischen Support). Zusätzlich gibt es Neuigkeiten wie Facebook Ads und Web Submit.

Affiliate Marketing: Ein Online Business aufbauen:

Puh, ganz schön kompliziert? Eigentlich gar nicht, wenn du die grundlegenden Strukturen verstanden hast. Deshalb kommen wir nun zum spannenden Teil, nämlich wie du mit deinem eigenen Affiliate Business starten und Geld verdienen kannst.

Um das Ganze verständlicher zu machen, schauen wir uns ein Beispiel für Affiliate Marketing an. Dabei sind zunächst sechs Schritte relevant.

1. Werbung (z.B in einen Blog integrieren).

2. Werbung wird angeklickt (durch einen Besucher des Blogs).

3. Der Besucher wird weitergeleitet.

4. Der Besucher kauft.

5. Der Kauf wird deiner ID zugerechnet.

6. Provision erhalten.

Affiliate Marketing Beispiel- der Fitness Blog:

Angenommen du bist passionierter Sportler und teilst dein Wissen darüber auf einem Blog. Wenn du einen Artikel über die richtige Ausführung von Kreuzheben schreibst, könntest du in diesem Rahmen auch passende Produkte in deinem Text empfehlen. Diese Empfehlung lautet dann: „Den Gewichthebegurt von XY benutze ich seit Jahren am liebsten." Anschließend setzt du bei der Bezeichnung „Gewichthebergurt von XY" einen Link zu der Produktseite des Advertisers ein, für die du in diesem Fall werben möchtest. Sobald deine Blogbesucher deinen Beitrag lesen und ihr Interesse für die Rosenschere geweckt ist, klicken sie auf deinen Link, um sich das Produkt näher anzuschauen.Mit dem Klick auf den Affiliate-Link werden deine Leser zu Usern auf der Webseite deiner Vertriebspartner und du hast erfolgreich Besucher auf die Seite des Advertisers geleitet (Traffic generiert). Doch in den meisten Fällen erhältst du dafür noch keine Vergütung. Damit du mit Affiliate Marketing Geld verdienen kannst, müssen die User in der Regel etwas erwerben. Also erst wenn die Kunden die Rosenschere über deine Verlinkung kaufen, bekommst du dafür eine Provision.

Der nächste wichtige Schritt ist die Bezahlung der Kunden. Denn der Advertiser muss nachvollziehen können, welcher Affiliate den Kunden zum Kauf bewogen hat. Über eine ID in der Weiterleitung kann der Kauf nachvollzogen werden – das heißt, der Advertiser kann ganz einfach erkennen, dass der Gewichthebergurt durch dich verkauft wurde. Damit erhältst du dann deine Provision. Wenn die Bewerbung über ein unabhängiges Partnerprogramm ablief, wie bspw. Amazon PartnerNet, regelst du die Zahlungsangelegenheiten direkt mit dem Advertiser. Anders verhält sich dies, wenn ein Affiliate-Netzwerk zwischen dir und den Advertisern steht.

Die Voraussetzungen für Affiliate Marketing:

Um als Einsteiger ein Affiliate Business zu starten, gibt es ein paar Voraussetzungen, die du mitbringen solltest, um auch wirklich Gewinne zu erzielen. Fangen wir vorne an.

Nutze die richtige Plattform:

Zunächst brauchst du eine Plattform, auf der du deinen werbenden Content und Affiliate-Links platzierst. Am besten eignet sich dafür eine eigene Webseite bzw. ein Blog. Wenn du in den sozialen Netzwerken unterwegs bist, eignet sich das ebenfalls. Auch hier ist es möglich, ein Affiliate Business über YouTube, Facebook oder Instagram zu betreiben. Doch Vorsicht: Beachte, dass du dabei immer den Bestimmungen des Social Media-Kanals unterliegst.

Reichweite generieren:

Vermutlich wirst du gerade aber nicht so viele Follower vorweisen können. Das ist auch nicht schlimm. Jeder hat mal klein angefangen. Und irgendwo muss man ja auch anfangen. Wichtig ist nur, dass du jetzt beginnst, diese Reichweite aufzubauen. Denn je mehr Menschen du mit deinem Content erreichst, desto mehr potenzielle Kunden generierst du für die Advertiser. Und entsprechend mehr Geld verdienst du dann auch. Logisch.

Vertrauen aufbauen:

Wann kaufen Menschen etwas? Wann sind sie bereit, für Produkte Geld auszugeben, wenn sie diese noch nicht kennen? Das ist eine wichtige Frage für ein funktionierendes Affiliate Business. Frage dich gerne selbst: Wann kaufe ich ein Produkt oder eine Dienstleistung?

Ich helfe dir da gerne auf die Sprünge:

Menschen kaufen nur etwas über deinen Affiliate-Link, wenn sie von deinen Inhalten überzeugt sind und deinen Aussagen vertrauen. Folglich ist es für deinen Erfolg maßgeblich, dass deine Leser und Follower dir auch wirklich vertrauen können. Achte also darauf, eine gewisse Expertise nach außen glaubwürdig zu präsentieren. Am besten du stellst dein Wissen so perfekt vor, dass deine Produktempfehlungen eher nebensächlich erscheinen.

Affiliate-Netzwerke:

Jetzt haben wir so viel über die Voraussetzungen deiner eigenen Webseite und deines Contents gesprochen, dann müssen wir nun auch über die Affiliate-Netzwerke und Partnerprogramme sprechen. Denn für ein erfolgreiches Affiliate Business brauchst du Advertiser und Produkte, die du empfehlen kannst.

Affiliate Marketing mit Affiliate Netzwerk:

Wenn du dich über ein Affiliate-Netzwerk mit Advertisern verbinden möchtest, musst du dich dort als Publisher anmelden. Einmal angemeldet hast du Zugriff auf zahlreiche Partnerprogramme aus unterschiedlichen Bereichen. Arbeitest du mit einem Publisher zusammen, laufen auch alle Abrechnungen über alle beworbenen Partnerprogramme über ein Konto. Das ist super einfach und wirklich unkompliziert, da du so deine Einnahmen immer auf einen Blick parat hast.

Ein weiterer Vorteil von diesen Netzwerken ist die technische Komponente. Affiliate-Netzwerke kümmern sich um die technische Basis des Trackings und somit auch direkt um eine korrekte Zuordnung der Provision. Zwar schadet es nie, auch selbst die Provisionszahlungen immer im Auge zu behalten, aber für Leute, die diese Aufgabe gerne auslagern, ist solch ein Netzwerk eine prima Möglichkeit. Die Anmeldung und Teilnahme bei diesen Netzwerken ist für dich als Publisher oftmals kostenlos.

Hört sich verdammt einfach an? Und sehr lukrativ?

Ist es auch.

Aber bedenke bitte Folgendes: Dein Verdienst kann sich schmälern, da Provisionen im Rahmen von Netzwerken etwas geringer ausfallen können. Aber es gibt ja noch eine Alternative, Inhouse-Partnerprogramme.

Inhouse Marketing:

Neben Affiliate-Netzwerken gibt es noch eine weitere Möglichkeit, ein Affiliate Business zu betreiben. Und zwar mit sogenannten Inhouse-Partnerprogrammen.

Beim Inhouse-Partnerprogramm setzen Firmen, die das Partnerprogramm betreiben wollen, dieses einfach selbst um. Das heißt, sie bieten Publishern ohne Vermittlungsplattform die Möglichkeit, ihre Produkte zu empfehlen. Die Anmeldung zum Partnerprogramm und der Support finden dann auf der Webseite der Firmen statt. Somit musst du als Publisher selbst auf Partnersuche gehen.

Es gibt mittlerweile sehr viele Unternehmen, die ein Partnerprogramm anbieten. Ich habe am Anfang dieses Kapitels schon einmal Big Player wie Saturn, Amazon und Zalando angesprochen. Doch nicht immer kommunizieren Hersteller oder Händler das auch. Von daher lohnt es sich, bei Unternehmen direkt nachzufragen, wenn du gezielt ein bestimmtes Produkt bewerben möchtest.

Partnerprogramm vs Netzwerk:

Was ist besser?
Das ist schwierig zu beantworten. Hier gibt es keine pauschale Antwort, die ich dir an dieser Stelle nennen kann. Für den einen funktionieren Netzwerke deutlich besser, der andere kommt mit Inhouse-Partnerprogrammen besser klar. Es kommt also darauf an, was du willst und was dir wichtig ist.

Bei den Inhouse-Partnerprogrammen musst du dich immer separat anmelden und bekommst oftmals unterschiedliche Ansprechpartner. Du musst also immer ein Stück weit hinterher sein und eigenständiger arbeiten.

Zu Beginn könnte es schwierig sein, die Mindest-Auszahlungsgrenze zu erreichen, da du für jedes Inhouse-Partnerprogramm unterschiedliche Abrechnungen bekommst.
Die Auszahlungsgrenze, ab der dir deine Einnahmen überwiesen werden, variiert aber von Programm zu Programm. Die genauen Konditionen erfährst du auf den Webseiten der Advertiser. (So etwas ist sehr wichtig, also schau dir die Konditionen sehr genau an!)

Inhouse-Partnerprogramme haben allerdings auch einige Vorteile. Durch den engen Kontakt zum Advertiser bekommst du als Publisher häufig individuelle Werbemittel zur Verfügung gestellt. Grundsätzlich kannst du hier viel mehr verhandeln und viel individualisierte Kooperationen eingehen. Aber das Beste kommt zum Schluss: Die Provisionen sind häufig deutlich höher als bei Affiliate-Netzwerken.

Amazon PartnerNet:

Ein Beispiel für ein Partnerprogramm ist das Amazon PartnerNet. Hierbei handelt es sich um eines der meistgenutzten Affiliate-Programme. Mit einer breit gefächerten Produktpalette von mehreren Millionen Produkten bietet das Partnerprogramm von Amazon für wohl jeden Affiliate mit einer eigenen Webseite passende Produkte. Kannst du Kunden über deinen Webseite von Amazon-Produkten überzeugen, erhältst du als Affiliate auf den gesamten Warenkorb eine Provision und nicht nur auf das Produkt, das du beworben hast. Ja, du hast richtig gehört.

Auch die Werbekostenerstattung zahlt Amazon zuverlässig und pünktlich.

Doch Vorsicht: Je nach Produktkategorie gibt es unterschiedliche Provisionshöhen. Informiere dich daher im Vorhinein, ob sich die Provision in deiner Kategorie überhaupt lohnt.

Aber auch hier hängt der Erfolg – und damit natürlich auch dein Verdienst – vor allem von deinem Thema ab. Hast du eine gute Nische entdeckt, zu deren Themengebiet sich Amazon-Produkte vorstellen lassen, kannst du mit Amazon durchaus ein erfolgreiches Online Business aufbauen.

Die Wahrheit ist:

Wie viel Geld du mit Affiliate Marketing verdienen kannst, ist abhängig vom Besucherstrom auf deiner Seite. Ja ich weiß, keine konkreten Zahlen. Aber so ist es leider. Je größer der Traffic auf deiner Webseite ist, desto interessanter ist diese Webseite für potenzielle Werbekunden und desto mehr Geld kannst du mit Affiliate Marketing verdienen. Ein Affiliate Business baut sich langsam auf und erfordert vor allem am Anfang regelmäßige Betreuung.

Hängst du dich rein, pflegst deine Webseite, füllst sie mit aktuellem und neuen Content, beschäftigst dich mit Suchmaschinen optimierung (SEO) und erhöhst deine Reichweite, kann der Verdienst immer größer werden. Und irgendwann von einem kleinen passiven Einkommen zu einem großen Online Business heranwachsen.

Erlösmodelle:

Was einige von euch vielleicht noch nichts wissen: Nicht nur über die Affiliate-Links und verkauften Produkte erhältst du eine Provision.

Es gibt auch alternative Erlösmodelle:

Zuerst das Modell, das du sicherlich kennst:

- **PPS** bzw. Pay per Sale (auch CPS: Cost per Sale): Bei dieser Vergütungsform erhältst du als Affiliate erst eine Provision, wenn Kunden über deinen Affiliate-Link auch tatsächlich ein Produkt gekauft haben. Damit festgestellt werden kann, über welchen Affiliate ein Verkauf kommt, werden die Links mit einem Code versehen. Beim Klicken auf Affiliate-Links werden Cookies bei den Usern gesetzt. So kann ein genaues Tracking stattfinden und auch ein zeitlich versetzter Sale lässt sich zuordnen.

Allerdings gibt es – wie im Performance Marketing grundsätzlich üblich – noch andere Fälle, bei denen eine Vergütung möglich ist:

- **PPL** bzw. Pay per Lead (auch CPL: Cost per Lead): Bei dieser Abrechnungsmethode muss der Advertiser nur dann Provision zahlen, wenn eine vorher festgelegte Handlung erfolgreich ist. Bei dieser Handlung kann es sich bspw. um eine Registrierung für den Newsletter, die Bestellung eines Katalogs oder das Ausfüllen eines Formulars handeln. Anders als bei der PPS-Vergütung ist es dabei nicht erforderlich, dass ein Verkauf stattfindet.

- **PPC** bzw. Pay per Click (auch CPC: Cost per Click): Beim PPC-Abrechnungsmodell erhältst du als Affiliate bereits eine Vergütung, sobald auch nur Interessenten auf deinen Affiliate-Link bzw. auf deine Werbeanzeige klicken. Diese Form der Vergütung wird oft als Tausender-Kontakt-Preis berechnet.

Je nachdem, welches Vergütungsmodell du bevorzugst, solltest du unbedingt mit deinem Advertiser vor Vertragsunterschrift klären, wie genau du entlohnt werden willst. Möglicherweise kannst du diesen Part individuell verhandeln – doch das funktioniert leider nicht bei jedem Partner.

Affiliate Marketing: Die besten Produkte:

Für Affiliate-Marketing eignen sich verschiedene Produkte aus verschiedenen Bereichen. Das beste Affiliate Marketing Produkt gibt es daher also nicht. Wichtig ist vielmehr, dass die die Website einen Produktbezug aufweist bzw. Produkt und Content zusammen passen.

Daher eigenen sich beispielsweise diese Arten von Webseiten besonders gut, wenn du mit Affiliate Marketing Geld verdienen möchtest:

- Themenportale

- Nischenseiten

- Blogs

- Onlinemagazine

- Test- und Vergleichsportale

- Social-Media-Netzwerke wie Instagram oder Facebook

- Videoplattformen wie YouTube

- Gutscheinportale

Empfehlenswert ist es außerdem auf Nischenprodukte zu setzen. Diese haben eventuell eine kleiner Zielgruppe, aber du kannst auch besser zu Keywords ranken.

Starte jetzt mit deinem Affiliate Marketing Business!

Viel Flexibilität und ein geringer wöchentlicher Zeitaufwand zeichnet das Affiliate Business aus. Klar musst du am Anfang erst einmal Zeit und Mühen investieren, um deine Webseite oder deinen Social Media Account mit grundlegenden Infos zu deinem Thema zu füllen. Doch ist das dann geschafft, musst du deine Leser nur noch mit wenigen neuen Beiträgen pro Woche versorgen. Wer nach einem Geschäftsmodell sucht, das perfekt nebenbei läuft, geringes technisches Know-how und wenig Aufmerksamkeit erfordert, für den ist das Affiliate Business das richtige Geschäftsmodell. Manche würden es sogar als „Das einfachste Geschäftsmodell der Welt" bezeichnen.

Du weißt nun, welche Stellschrauben zum gewünschten Erfolg führen.

SCHREIB-, LEKTORAT- UND KORREKTURARBEITEN

Die Möglichkeiten im Internet Geld zu verdienen, ob haupt- oder nebenberuflich, sind in den letzten Jahren vielfältiger geworden.

Insbesondere Schreib-, Lektorat- und Korrekturarbeiten stehen in diesem Zusammenhang hoch im Kurs.

Der Grund ist einfach: Texte spielen auch im digitalen Zeitalter weiterhin eine wichtige Rolle im Alltag. Das Internet hat die Anzahl redaktioneller Inhalte deutlich ansteigen lassen.

Dabei werden jegliche Schriftstücke, ob Buch, eBook, wissenschaftliche Arbeit, Zeitungsartikel oder Pressemitteilung Korrektur gelesen bevor sie veröffentlicht werden. Beim Korrektorat geht es vor allem um die Verbesserung der Zeichensetzung, Rechtschreibung und Grammatik, inhaltliche Unstimmigkeiten oder konzeptionelle Fehler sind in der Regel davon ausgenommen, um diese kümmert sich ein Lektor.

Doch lässt sich auch als Laie mit dem Korrigieren von Texten im Internet wirklich Geld verdienen und was gibt es in diesem Zusammenhang zu beachten?

Voraussetzungen

Wer als professioneller Lektor in Festanstellung seinen Lebensunterhalt bestreiten möchte, kommt kaum um ein abgeschlossenes Studium oder eine geeignete Qualifikation herum. Um nebenbei online Geld zu verdienen ist dies allerdings nicht erforderlich.

Sicherlich ist das Korrigieren von Texten nicht für jedermann geeignet, denn Fehler müssen nicht nur erkannt, sondern auch korrigiert werden können. Zu den Voraussetzungen für die Tätigkeit als Korrektor gehören neben den persönlichen auch die technischen:

° absolut sicheres Sprachgefühl.

° hohe Konzentrationsmöglichkeit.

° geeignete Arbeitsmittel (PC/Laptop und Internetzugang)

Wie funktioniert es?

Im Gegensatz zu professionellen Korrektoren, bleiben solchen, die ohne Festanstellung auf freiberuflicher Basis arbeiten wollen, diverse Portale Anlaufstelle Nummer eins für Aufträge. Diese bringen Auftraggeber und Korrektoren zusammen und ermöglichen eine unkomplizierte Bearbeitung der Aufträge.

Bei den meisten Portalen wird vor der Anmeldung ein kleiner Test gemacht, um die Fähigkeiten, das sprachliche Niveau und somit die generelle Eignung der Bewerber zu überprüfen. Sofern der Test bestanden wird, lassen sich meist die eigenen Interessen und Themenschwerpunkte definieren, sodass potenzielle Aufträge genau auf diese abgestimmt werden können.

Ein geregeltes Arbeitsverhältnis kann mit den genannten Portalen allerdings nicht eingegangen werden, in der Regel findet die Zusammenarbeit auf freiberuflicher Basis statt.

Einige Portale, die Korrektoren und Auftraggeber zusammenbringen sind folgende:

° texterjobboerse.de

° experte.de

° ebay-kleinanzeigen.de

Aufgaben:

Die Tätigkeit eines Korrektors ähnelt in bestimmten Punkten der Arbeit eines Lektors. Zwar werden beide Tätigkeiten oft auch zusammen angeboten, Lektorat ist allerdings wesentlich aufwändiger als Korrektorat.

Das bedeutet aber nicht, dass es weniger anspruchsvoll ist. Ein Korrekturleser prüft den jeweils zu korrigierenden Text mit wachsamen Augen und behält dabei selbstverständlich immer die aktuellen Rechtschreib- und Grammatikregeln im Blick.

Im Fokus der Arbeit liegt vor allem das Suchen nach Tipp- und Rechtschreibfehlern. Diese werden direkt korrigiert, anders sieht es bei Interpunktion und Grammatik aus. Je nach Absprache mit dem jeweiligen Auftraggeber werden derartige Fehler entweder korrigiert oder nur markiert. Auch eine Kombination von beidem ist möglich.

Verdienstmöglichkeiten:

Pauschal lässt sich nicht sagen, wie hoch die Verdienstmöglichkeiten bei einer Arbeit mit freier Zeiteinteilung sind.

Neben dem persönlichen Engagement hängt der Verdienst auch immer vom jeweiligen Auftraggeber ab.

Es empfiehlt sich bei jedem Auftrag einen Festpreis zu vereinbaren, der sich an Aufwand und Schwierigkeit orientiert. Einfache Texte benötigen zum Korrigieren selbstverständlich weniger Zeitaufwand als komplizierte Texte mit vielen Fachbegriffen oder wissenschaftlichen Formulierungen.

Prinzipiell richtet sich die Vergütung immer nach den Seiten oder Wörtern, die der jeweilige Text umfasst. Besonders am Anfang kann es daher sein, dass der Verdienst eher schmal ausfällt. Sofern man dran bleibt und den ein oder anderen Auftraggeber gefunden hat, der einem regelmäßig Aufträge zur Verfügung stellt, kann sich der Verdienst langfristig steigern.

Wo liegen die Vorteile?

Besonders vorteilhaft ist die schnelle und unkomplizierte Auftragsvergabe bei genannten Portalen. Als Korrektor kann man seine Arbeit bequem von zu Hause aus erledigen, auch von unterwegs lässt sich mit einem mobilen Endgerät entsprechende Korrekturarbeiten durchführen.

Insbesondere für Studenten kann Texte korrigieren somit eine gute Möglichkeit sein, zusätzliche Einnahmen zu generieren und die eigenen Finanzen aufzubessern.

Zu den Vorteilen zählen vor allem folgende Aspekte:

° freie Zeiteinteilung.

° Arbeiten von fast überall.

° Berücksichtigung der eigenen Themengebiete.

° Aufträge auch ohne formale Qualifikation.

° regelmäßige Aufträge.

Für wen ist die Arbeit als Korrektor weniger geeignet?

Prinzipiell kann jeder, der bereits eine Fach-, Bachelor- oder gar Masterarbeit für einen Kommilitonen Korrektur gelesen hat und dabei keine großen Probleme hatte, als Korrektor arbeiten.

Wer von sich aus keine sonderliche Affinität zum Lesen /Korrigieren hat, sollte es erst gar nicht versuchen. Auch Personen, die eher Probleme damit haben, sich über einen längeren Zeitraum zu konzentrieren und zu fokussieren, sind weniger geeignet zum Korrigieren von Texten.

Oftmals ist es auch der Fall, dass Texte kurzfristig korrigiert werden müssen, sodass auch unter Zeitdruck gewährleistet werden muss, dass der Text einwandfrei korrigiert wird. Wer hier nicht einigermaßen flexibel ist, sollte sich eher nach einem anderen Nebenjob umsehen.

Tipps und Hinweise:

- In den meisten Fällen sind die Preise und Vergütungen grobe Anhaltspunkte. Es ist durchaus vorteilhaft, über ein gewisses Verhandlungsgeschick zu verfügen, um die Preise für das Korrigieren individuell auszuhandeln.

- Damit Auftraggeber sich dazu entschließen weitere Texte korrigieren zu lassen, ist neben dem einwandfreien Korrigieren des Textes vor allem auch Zuverlässigkeit und Pünktlichkeit gefragt.

- Wer sich dazu entschließt auf freiberuflicher Basis zu arbeiten, darf nicht vergessen, dass bei Vergütungen über einen Freibetrag hinaus Steuern und Sozialversicherungsabgaben anfallen.

- Sofern man Gefallen an der Arbeit gefunden hat und auf Portalen schon mit einigen festen Auftraggebern zusammenarbeitet, kann es sich durchaus lohnen, diese auf eine direkte Zusammenarbeit anzusprechen. Wenn das Portal als Vermittler wegfällt, ergeben sich höhere Verdienstmöglichkeiten.

Fazit-

Man sieht, als sprachaffiner Mensch mit einem Gefühl für sprachliche Feinheiten und einem absolut sicheren Textverständnis, können auch Personen ohne eine entsprechende Ausbildung im Internet mit dem Korrigieren von Texten Geld verdienen.
Wie hoch der zu erzielende Verdienst ist, ist immer von unterschiedlichen Faktoren abhängig. Wer auf der Suche nach einem Nebenjob ist und sich in der Rolle eines Korrektors sieht, sollte diese spannende Tätigkeit durchaus einmal ausprobieren.

TEXTER

Wenn du schnell mit dem Schreiben Geld verdienen willst, dann schreibe für andere.

Ist leider so.

Dienstleistung ist der schnellste Weg, um als Schreiber nicht zu verhungern.

So schaffst du es 10x mehr als die Konkurrenz zu verdienen:

Ich empfehle dir, dich auf eine Textgattung und eine Branche zu spezialisieren.

Viele Menschen suchen, unter anderem auf extra dafür geschaffenen Plattformen, nach Textern, Bloggern und Ghostwritern mit Nischen-Themen, die sie bei ihren Schreib-Projekten unterstützen.

Doch: Die meisten Auftraggeber bieten über diese Plattformen nicht besonders gute Honorare an. Deshalb ein Tipp für den Start: Biete immer höher als das Angebot des Auftraggebers und erkläre ein oder zwei Zusatzleistungen, die du mitanbietest.

Beispiel: Text + Korrektorat + SEO. Das hebt dich von anderen Schreibern ab und erklärt dem Kunden den höheren Preis. Außerdem schafft es für den Auftraggeber einen Mehrwert: Sonst müsste er sich für seinen Text noch einen Korrektor und einen SEO-Spezialisten suchen.

Zu empfehlen sind besonders folgende Plattformen:

1.) Freelance.de

https://www.freelance.de/

Die Plattform erlaubt ihren Nutzern, ein ausführliches Profil mit Referenzen und Projekten anzulegen. Außerdem kann man seine Spezialgebiete anführen.

Auf die Suche nach Auftraggebern muss man sich trotzdem selbst machen. Das funktioniert durch die Auswahl nach Kategorien relativ einfach und schnell. Man bewirbt sich auf die Aufträge und erhält dann vom Auftraggeber ein Projekt.

Positiv ist, dass man sich einen Suchagenten einrichten und sich neue Projekte automatisch zuschicken lassen kann.

2.) Twago.de

https://www.twago.de/

Bei Twago legt man sich ein Nutzer-Profil an und ordnet sich die Kategorien zu, in denen man arbeiten möchte.

Die Suche nach Projekten erfolgt über Stichworte.

Gut ist bei dem Anbieter, dass sich viele Unternehmer und Unternehmen aus verschiedenen Branchen tummeln. Menschen mit Wissen zu Medizin, Finanzen, Ernährung finden genauso Aufträge wie Texter für Websites oder Social Media Posts. Hilfreich ist hier, dass die Auftraggeber die Beträge, die sie zahlen werden, anführen müssen.

3.) MachDuDas

https://www.machdudas.de/jobs-neu

MachDuDas geht eher als eine Heimarbeits-Plattform durch, wo jeder mitmachen kann. Es gibt Projekte von Privatpersonen und Unternehmen gleichermaßen, wobei die Tendenz eher auf Privatpersonen liegt.

Über eine Stichwort-Suche sucht man nach interessanten Projekten und bewirbt sich beim Auftraggeber.

Auch hier gibt es die Möglichkeit eines Suchagenten, den man sich einrichten kann, um neue Projekte automatisch zu erhalten.

4.) LassAndereSchreiben

https://www.lass-andere-schreiben.de/

LassAndereSchreiben ist eine Seite, die sich nur auf Schreibarbeiten fokussiert. Das können private, unternehmerische oder akademische Projekte sein.

Man legt sich ein Profil an, geht durch einen Verifizierungsprozess (Vorlage Uniabschluss oder Arbeitsprobe) und macht sich über die Kategorien auf die Suche nach Projekten.

Positiv ist, dass man als Nutzer selbst den Preis für die Arbeit festlegt.

5.) Textbroker.de

https://www.textbroker.de/

Bei Textbroker stehen ebenfalls Schreibprojekte im Mittelpunkt. Viele Nutzer beklagen sich darüber, dass die Bezahlung der Plattform mies ist. Im Vergleich zu anderen ist es etwa gleich gut oder schlecht – je nachdem, wie man darüber denken möchte.

Um als Autor aufgenommen zu werden, muss man einen Probetext von etwa 300 Wörtern einreichen. Dieser sollte (natürlich) fehlerfrei sein.

6.) Bloggerjobs.de

https://www.bloggerjobs.de/

Eine einfache Plattform, bei der man sich anmeldet und für Projekte bewerben kann.

Was interessant ist, ist die Möglichkeit Geld über Artikelplätze auf der eigenen Website zu verdienen.

Hier kann man als Website-Betreiber einfach das Angebot mit den in Frage kommenden Themen sowie einer Übersicht zur eigenen Website reinstellen (monatliche Seitenaufrufe und/oder /monatliche Besucherzahlen). Man setzt den Preis für die Artikelplätze selbst fest.

7.)Freelancer.com

https://www.freelancer.com/

Freelancer kommt aus dem amerikanischen Raum und man merkt das auch schnell: Im Bereich von Schreibprojekten gibt es nur wenige deutschsprachige Möglichkeiten. Wer sich jedoch über englischsprachige Projekte freut und gut Englisch spricht, ist hier gut aufgehoben.

Die Suche nach Projekten geschieht über viele Filter, sodass man schnell passende Arbeiten findet.

8.) Upwork.com

https://www.upwork.com/ab/find-work/

Upwork ist der zweite große Riese aus dem amerikanischen Raum und bietet mit Abstand mehr Projekte für Schreiberlinge als Freelancer.

Im Profil gibt man seine Fachgebiete und Themen an. Die Suche nach Projekten läuft ebenfalls über mehrere Filter und man bewirbt sich auf die Projekte.

9.) Fiverr.com

https://www.fiverr.com/

Fiverr ist für Schreib-Talente eine Goldgrube. Hier lädt man seine „Gigs" rauf und kann selbst einstellen, was das Angebot umfasst und wie viel die Leistung kostet. Wer Standard-Angebote wie Lektorat für 100 Seiten oder Blog-Beitrag mit 1.000 Wörtern hat, kann hier Paket-Gigs anbieten und auf einfache Weise neue Kunden finden.

Die besten Möglichkeiten um als Texter Geld zu verdienen:

Schreiben von Newslettern.

Wenn du keine Lust hast wie ein Minenarbeiter im alten China behandelt zu werden, dann gehe nicht zu Textbroker.

Wenn du keine Lust hast, 5000 Wörter am Tag für Textbroker zu schreiben, dann solltest du eine wichtige Fähigkeit meistern:

Das Newsletter schreiben.

Warum?

Weil ein Newsletter zu den am besten bezahlten Textformen gehört.

Du kannst mit einem Newsletter 300 Euro pro Stunde verdienen.
Wie?

1.) Finde ein kleines Unternehmen, das E-Mail-Marketing betreibt. Große Unternehmen haben dafür Agenturen, da brauchst du es nicht zu versuchen. Ideal sind Unternehmen mit 5+ Angestellten.

2.) Biete an als Freelancer die Newsletter zu schreiben. Verlange pro Newsletter 100 bis 300 Euro (hängt von deinem Status und deiner Expertise ab und wie lukrativ der Newsletter für den Inhaber ist).

3.) Wenn du gut und schnell schreiben kannst, dann wirst du einen Newsletter in unter einer Stunde hinbekommen.

Fertig ist dein Stundenlohn von 100 bis 300 Euro.

Warum werden Newsletter so gut bezahlt?

Weil ein Unternehmen mit Newslettern sehr direkt und messbar Geld verdienen kann. Und wenn deine Newsletter gut verkaufen, warum sollte dir das Unternehmen nicht gutes Geld dafür bezahlen?

(Pro-Tipp: Deshalb solltest du versuchen eine Provision auszuhandeln. Je besser deine Mails verkaufen, desto mehr verdienst du)

Es gilt die einfache Regel.

Wenn du reich werden willst, dann mach andere reich.

Schreiben von Werbetexten :

Ich sage es mal so:

Wenn es eine Fähigkeit gibt, die an das Geld-Drucken nahe herankommt, dann ist es diese:
Das Werbetexten. (Auf Englisch: Copywriting)

Warum?

Seit Jahrtausenden machen Verkäufer ihre Herren reich – und die Herren bezahlen ihre Verkäufer königlich.
Als Werbetexter bist du genau das: Ein Verkäufer.

Du verkaufst mit geschriebenen Worten.

Zum Werbetexten gehören zum Beispiel diese Textformen:

- Salespages (Verkaufsseiten)

- Landingpages

- Squeeze Pages

- Salesletter

- Sales-E-Mails

Der Weg ist eigentlich recht einfach – aber nicht leicht.

1.) Werde sehr gut im Werbetexten.

2.) Finde ein Unternehmen, das ständig Salespages, Landingpages und Sales-E-Mails schreibt (sprich: Online Marketing)

3.) Biete dem Unternehmen an, kostenlos die Salespage zu schreiben.

4.) Verlange 50% Provision vom Mehrertrag.

Wenn dein Werbetext zum Beispiel 3000 Euro mehr einbringt, dann bekommst du 1500 Euro.

Hier kommen noch technische Feinheiten ins Spiel wie ordentliches Split-Testen vom Unternehmen, damit du auch wirklich nachweisen kannst, dass dein Text besser verkauft hat.

Klar, das läuft auch nicht über Nacht. Und du läufst Gefahr komplett leer auszugehen, wenn dein Text nicht besser ist als das Original.

Aber Gary Bencivenga ist mit seiner Agentur genau dieses Risiko eingegangen und ist zum besten, noch lebenden, Werbetexter der USA geworden.

Schreiben von Marketingmaterial:

Wer Angst vor dem Werbetexten hat, der geht ins Marketing.
Warum?
Weil du Marketing nicht so genau messen kannst.

Hier wirst du nicht für direkte Ergebnisse bezahlt ("Wie viel hast du verkauft?").
Sondern für Ideen. Für Konzepte.

Marketingmaterial ist meist sehr breit aufgestellt und hat nicht das Ziel zu verkaufen, sondern Bekanntheit aufzubauen.

Zum Marketing gehören zum Beispiel:

- Broschüren

- Unternehmensmagazine

- Allgemeine Texte für die Webseite ("Über uns" etc.)

- Flyer

- Plakate

Eine gute Strategie wäre:

1) Dem Kunden eine Liste von Fragen zugschicken, die er beantworten sollte.

2) Die Antworten des Kunden dann einfach nur noch schön schreiben.

3) Fertig war das Marketing-Material wie zum Beispiel Webseiten-Texte.

Als Gastautor Geld verdienen:

Es gibt Blogs, Magazine und Nachrichtenseiten, die ständig neue Beiträge brauchen.

Ja, sie brauchen sie wirklich, weil sie ein Content-Business betreiben und sie sonst pleite gehen, wenn sie keinen neuen Stoff liefern.

Deshalb sind solche Webseiten immer auf der Suche nach guten Gastautoren.

Hier solltest du so vorgehen:

1) Finde Webseiten im Mittelfeld. Schreib keine Anfänger an, denn die haben kein Budget. Schreibe aber keine etablierten Magazine wie Men's Health an, weil die ihren festen Autorenstamm haben und du da nicht so einfach reinkommst.

Ja, da musst du bisschen recherchieren.

2) Spezialisiere dich (ja ich kann es nicht oft genug sagen) auf eine Branche.

3) Lerne gut zu pitchen – denn die Inhaber zahlen nicht für deine Zeit, sondern für deine Idee. Wenn du deine Idee gut präsentieren kannst, dann wirst du öfter genommen.

Das Tolle ist: Wenn du ein Thema findest, dass dich interessiert, dann macht die Arbeit Spaß, weil du auch sehr viel künstlerische Freiheit hast.

Als freier Autor für Zeitungen Geld verdienen:

Vorsicht:
Klassische Zeitungen sind ein sterbendes Medium.

Deshalb rate ich eigentlich davon ab, sich in diese Richtung als Schreiber zu entwickeln. Die Bezahlung ist nicht besonders gut, die Konkurrenz extrem hoch, das Medium am verrecken.
Aber ich wollte es trotzdem mal erwähnt haben, da es ja Menschen gibt, die davon träumen, Journalist zu werden.

Dieser Weg kann lukrativ sein, wenn du dir einen Namen machst und dies als Sprungbrett für weitere Jobs benutzt.

So sind viele Journalisten in die freie Wirtschaft gewechselt, weil dort deutlich besser gezahlt wird.

Sprich: Zeitungen sind ein gutes Sprungbrett.

Aber du solltest hier nicht zu lange bleiben, wenn du gutes Geld als Schreiber verdienen willst.

Fazit:

Wie man sieht, gibt es gerade für Menschen die gerne Texte verfassen, genug Möglichkeiten, daraus finanziell zu profitieren.

Entweder über direkt dafür geschaffenen Plattformen, oder auf Eigenregie.

SEO OPTIMIERER

Auch wieder eine Tätigkeit, für welche eine sprachlich Begabung von Vorteil ist. Aber nicht unbedingt notwendig

Die Optimierung von Webinhalten für Suchmaschinen ist ein kniffliges Geschäft und betrifft alle Ebenen einer Website.

Neben dem zugrunde liegenden Code und der Bearbeitung von Grafiken sind es vor allem SEO Texte, die dafür sorgen, dass Content wahrgenommen und (positiv) bewertet wird – nicht nur von Lesern, sondern auch von den Algorithmen der großen Suchmaschinen.

SEO-Texter sind die Spezialisten, die Texten den letzten Schliff geben. Und wer sich in diesem Gebiet einen Kundenstamm schafft, kann damit tatsächlich gutes Geld verdienen, sei es beim Verfassen von Texten für Websites oder Blogs, oder auch beim Erstellen von Produkttexten für den Online-Handel.

SEO-Texter: Für wen eignet sich die Tätigkeit?

Wer bereits Erfahrungen beim Schreiben mitbringt, findet leichter den Einstieg – das gilt für Werbetexter oder Journalisten, aber auch für Personen, die bereits Blogging-Kompetenzen mitbringen. Bedingung ist das allerdings nicht.

Freude am Schreiben, ein umfangreiches Vokabular und perfekte Rechtschreibung und Grammatik sollten jedoch vorhanden sein. Einen Vorsprung haben alle, die gern lesen, denn hier schnappt man ganz nebenbei auch das Rüstzeug fürs Schreiben auf.

Was SEO-Texter können müssen:

Als erfolgreicher Texter und vor allem als SEO-Texter müssen Kandidaten in der Lage sein, Texte zu verfassen, die nicht nur formal und inhaltlich korrekt sind, sondern zugleich den Leser ansprechen.

Denn es kommt nicht einfach darauf an, einige Keywords im Text zu verteilen – selbst Google und Co berücksichtigen inzwischen zunehmend die generelle Relevanz und den inhaltlichen Mehrwert sowie die Aktualität von Texten. Zusammenfassend gesagt, müssen SEO-Texter Stärken in den folgenden Bereichen mitbringen:

° Sprachgefühl

° Kreativität

° Inhaltliche bzw. Keyword Recherche

° Grundlegende Vertrautheit mit Codes

° Kenntnisse der wichtigsten Content Management Systeme wie WordPress

° Erfahrung mit SEO-Plugins in den bekanntesten CMS

Geld verdienen als SEO-Texter: Kunden gewinnen und managen:

Neben den sprachlichen und technischen Kenntnissen, die ein guter SEO-Texter mitbringen sollte, bedarf es dann auch einiger Kunden, um überhaupt Geld verdienen zu können. Wie findet man seine ersten Auftraggeber?

1.) Blogs: Erste Kontakte mit Bloggern sind für viele SEO-Texter der Einstieg ins Schreiben – vor allem, wenn man selbst schon Blog-Erfahrungen hat.

2.) Jobbörsen: Online-Börsen für die unterschiedlichsten Aufträge können oft auch mit Angeboten für Texter und SEO-Texter punkten.

3.) Portale speziell für Texter: Hier lassen sich gezielt SEO-Aufträge ermitteln.

In allen Fällen steht vor den ersten bezahlten Aufträgen die Kommunikation mit potenziellen Auftraggebern. Dazu sollte man einen CV und ein Anschreiben erstellen wie für jede andere Bewerbung auch, und hier die eigenen Kompetenzen auf den Punkt bringen – präzise, nicht übertrieben, aber auch ohne das eigene Licht unter den Scheffel zu stellen.

Der Erstkontakt entscheidet oft über den (bleibenden) Eindruck und vermittelt dem Empfänger ein Bild des Texters. Kommt dann eine Kommunikation zustande, tut sich natürlich die Frage der Bezahlung auf. Die meisten Auftraggeber entscheiden diese auf der Grundlage eines Beispieltextes, der von Bewerbern eingefordert wird.

Hier müssen SEO-Texter nicht nur ihre Sprachgewandtheit unter Beweis stellen, sondern auch demonstrieren, dass die Aufgabenstellung genau verstanden und nach den Wünschen des Kunden umgesetzt wird.

Aller Anfang ist schwer – auch als SEO-Texter:

Mit der Recherche, dem Erstellen und vielleicht auch Einpflegen von SEO-Texten kann man tatsächlich Geld verdienen. Das sind zu Anfang auf keinen Fall goldene Berge. Wie bei jeder anderen Tätigkeit auch fängt man klein an.

Sind Auftraggeber dann von der Qualität und Disziplin eines Texters überzeugt, kommen mehr und besser bezahlte Aufträge – und Empfehlungen. Mit ersten Referenzen kann man mittelfristig höhere Wortpreise für die eigenen Texte verlangen und neue Kunden erschließen. Das gehört zum Geschäft – denn mit mehreren Auftraggebern vermindert sich das Risiko, das durch den Absprung von Kunden immer gegeben ist.

Auch die Zusammensetzung der Kundenbasis ist eine Überlegung wert. Erste Aufträge erhalten viele Einsteiger von einzelnen Kunden direkt. Und fast immer macht man die Erfahrung, dass darunter das eine oder andere schwarze Schaf ist, das nicht oder nicht den vereinbarten Preis zahlt.

Dennoch können sich diese Direktkontakte lohnen, daneben ist aber die Kooperation mit Agenturen empfohlen. Sie nehmen dem Texter die Akquise ab, zahlen verlässlich und bieten eine Vielzahl thematisch und finanziell attraktiver Aufträge an.

Hilfe für SEO-Texter vom Experten:

Nicht nur Neulinge im Metier, auch erfahrene SEO-Texter mit gutem Zeit- und Kundenmanagement können bisweilen von der Auftragslage regelrecht überrollt werden. In diesem Fall muss man dem Kunden allerdings nicht absagen, sondern kann sich für die Bearbeitung einer Anfrage fachkundige Unterstützung holen.

Wird es einmal zeitlich eng, kann ein versierter Ghostwriter einspringen und den einen oder anderen Text übernehmen. Die Profis helfen nicht nur bei der Überbrückung von Terminschwierigkeiten, sondern auch, wenn Themen anstehen, mit denen man noch nicht vertraut ist. Texter wissen um den Vorteil einer Ghostwriter-Agentur und können sich bei seriösen Partnern wie ghostwriter-deutschland.de darauf verlassen, kompetente Ansprechpartner und solide Konditionen vorzufinden.

Tipp:

Die Installation und die wichtigsten Einstellungen von WordPress, werden im Kapitel „eigener Blog" am Ende von „Teil 1 – eigenen Blog erstellen", genauer erklärt.
Zur Grundlegenden Vertrautheit mit Codes: Chatgpt liefert zuverlässige Code Beispiele. Z.B.:

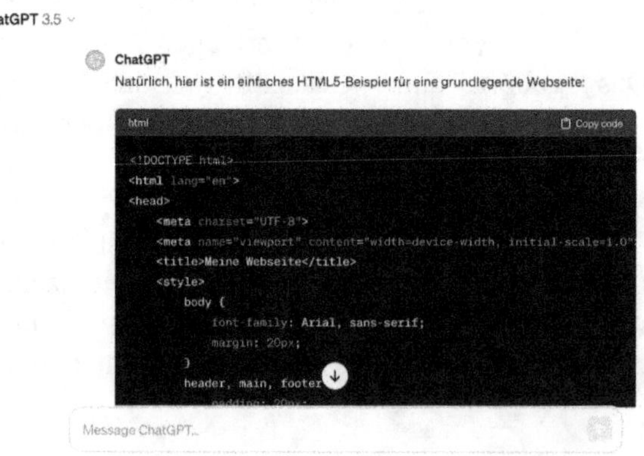

Fazit:

Wenn man sich etwas mit der Materie beschäftigt, eröffnen sich durch SEO Optimierung, wirklich interessante und vor allem lukrative Möglichkeiten.

ÜBERSETZER

Um gleich bei dem Thema „Texte" zu bleiben, bzw. um dieses abzuschließen: besprechen wir wie man als Übersetzer
– online Geld verdienen kann.

Die Arbeit als Übersetzer:

Übersetzungen kennst du vielleicht noch aus der Schule. So ähnlich läuft dann auch die Arbeit als Übersetzer ab. Der Bedarf an Übersetzungen ist dabei groß. Zu den Dingen, die in eine andere Sprache übertragen werden, gehören zum Beispiel:

° Blogposts

° Social-Media-Beiträge

° E-Books und Bücher

° Video-Untertitel

Manche Kunden haben dabei nur einmal oder ab und zu Bedarf an einer Übersetzung, bei anderen Auftraggebern gibt es aber regelmäßig neuen Content, der in eine andere Sprache übersetzt werden muss. Das ist für dich als Dienstleister natürlich besser, da du dich dann nicht ständig um neue Kunden bemühen musst.

Voraussetzungen für die Arbeit als Übersetzer:

Als Mindestanforderungen für die Arbeit als Übersetzer solltest du ein sehr gutes Verständnis für deine Muttersprache und sehr gute Kenntnisse in einer Fremdsprache haben. Bei Übersetzungen geht es häufig nicht nur darum, einen Text Wort für Wort zu übersetzen, sondern vielmehr die Bedeutung in eine andere Sprache zu übertragen. Die Arbeit ist damit recht ähnlich zu der Tätigkeit als Online Texter. Überleg dir also, ob du diese Anforderungen mitbringst, bevor du einen Auftrag annimmst.

Ein erster Anhaltspunkt, ob du für die Arbeit als Übersetzer die passenden Qualifikationen hast, bieten dir deine Leistungen aus der Schule. Hast du für Übersetzungen sehr gute Noten bekommen? Hat es dir Spaß gemacht?

Ein großer Unterschied zur Arbeit als Autor oder Texter: Du erstellst Content hier in recht strikt vorgegebenen Grenzen, schließlich sollen bei einer Übersetzung Inhalt, Struktur und andere Dinge erhalten bleiben. Du musst als Übersetzer also häufig nicht so kreativ sein wie ein Autor oder Texter. Trotzdem solltest du dich natürlich in den Themenbereichen auskennen, in denen du tätig bist.

Bei vielen Übersetzungsprojekten geht es auch darum, den Content für die Suchmaschine zu optimieren (SEO). Du solltest also über Wissen in diesem Bereich verfügen.

Die einfachste Form der Übersetzung wird meist das Erstellen einer deutschen Übersetzung aus dem Englischen sein. Wenn du noch andere Fremdsprachen auf einem hohen Niveau beherrscht, dann ist das umso besser für dich. Du kannst auch Übersetzungen aus dem Deutschen ins Englische oder in andere Fremdsprachen anbieten. Dann sollten deine Sprachkenntnisse aber auch auf einem entsprechend hohen Niveau sein.
Mit dieser grundlegenden Qualifikation kannst du natürlich nur einfache Übersetzungsjobs erledigen. Wenn du allerdings eine Ausbildung als Übersetzer vorweisen kannst oder über passende Berufserfahrung verfügst, kommst du auch an andere Projekte, die sehr gut bezahlt werden können.

Jobs als Übersetzer finden:

Die ersten Jobs als Online Übersetzer zu finden ist nicht schwer, dafür kannst du auf verschiedene Jobplattformen zurückgreifen. Du findest Jobs zum Beispiel hier:

° freelancer.de

° fiverr.com

° deu.proz.com

° translatorscafe.com/cafe

Auf diesen Seiten ist es wichtig, dass du dir ein aussagekräftiges Profil erstellst, damit potenzielle Kunden auf dich aufmerksam werden.

Neben diesen allgemeinen Jobportalen kannst du dich auch auf den Seiten von Agenturen umschauen, die sich auf die Erstellung von Übersetzungen spezialisiert haben:

° oneword.de/job

° de.textmaster.com/seo-uebersetzung

° transline.de/uebersetzung

° duction.com

° gengo.com/de/translators/

Auch in verschiedenen Facebook-Gruppen kannst du fündig werden. Dabei solltest du auch in englischsprachigen Gruppen nach Aufträgen suchen. Ab und zu findest du Übersetzungsaufträge in Texterbörsen, die dann aber meist schlecht bezahlt sind.

Die Bezahlung als Übersetzer:

Bei der Arbeit als Übersetzer hast du zunächst einmal den Vorteil, dass du nicht mit Konkurrenz aus Ländern mit sehr niedrigen Löhnen rechnen musst (dazu gehören zum Beispiel die Philippinen), denn alle deutschsprachigen Länder verfügen über ein hohes Lohnniveau. Bei einfachen ortsunabhängigen Übersetzungstätigkeiten, die auf Jobbörsen angeboten werden, kann es aber trotzdem schwierig sein, einen hohen Verdienst zu erreichen. Ein Maßstab kann hier der Mindestlohn sein.

Du kannst mit solchen einfachen Aufträgen testen, ob der Job als Übersetzer etwas für dich ist. Im nächsten Schritt geht es dann darum, dass du möglichst schnell die Voraussetzungen schaffst, um besserbezahlte Aufträge erhalten zu können.

Gute Verdienstmöglichkeiten gibt es auch bei exotischen Sprachen. Allerdings kann es dann natürlich auch sein, dass es nicht viel Bedarf an Übersetzungen gibt.

Wie du als Übersetzer deinen Verdienst steigerst:

Um als Übersetzer langfristig erfolgreich sein zu können, solltest du dich um gutbezahlte Aufträge bemühen. Diese erhältst du, wenn du:

° Über entsprechende Qualifikationen und Weiterbildungen als Übersetzer verfügst

° Referenzen von zufriedenen Kunden vorweisen kannst

° Einen professionellen Auftritt im Netz hast

° Aktiv auf die Suche nach neuen Kunden gehst

Außerdem solltest du dich bei deiner Arbeit auf bestimmte Themengebiete spezialisieren. Das sollten am besten Themen sein, in denen du dich gut auskennst, die dir Spaß machen und für die es auch eine Nachfrage gibt.

Die richtige Qualifikation als Übersetzer kann sehr wichtig sein. Manch ein Kunde wird dich nur mit Übersetzungsjobs beauftragen, wenn du über gewisse Qualifikationen verfügst. So gibt es unter anderem Dolmetscher- und Übersetzer-Studiengänge. Außerdem gibt es in manchen Bundesländern eine „Staatliche Prüfung" für Übersetzer oder Dolmetscher.

Als Online Übersetzer neue Kunden finden:

Ein professioneller Online Auftritt ist für dich sehr wichtig. Dazu kann auch eine eigene Website gehören, auf der du dann auch deine Referenzen von zufriedenen Kunden angeben kannst. So können sich neue Interessenten schnell ein Bild von dir machen. Auch Profile auf Karrierenetzwerken wie Xing oder LinkedIn können dir helfen, neue Kunden zu finden.

Du musst auch nicht warten, bis du von neuen Auftraggebern kontaktiert wirst, sondern kannst selbst Ausschau nach neuen Aufträgen halten. Vielleicht entdeckst du ja Webseiten mit einer schlechten deutschen Übersetzung und kannst die Betreiber kontaktieren. Möglicherweise findest du neue Kunden auch auf Konferenzen oder Meetups.

Die Arbeit als ortsunabhängiger Übersetzer und die Zukunftsaussichten:

Eine Gefahr für die Arbeit als Übersetzer besteht in den Softwarelösungen, die automatische Übersetzungen erstellen. In den letzten Jahren sind diese Programme immer besser darin geworden, Content in eine andere Sprache zu übertragen. Das kann für die Zukunft eine Gefahr für deine Arbeit als Übersetzer bedeuten. Schon heute werden Übersetzungen in vielen Fällen automatisch erstellt und erst im zweiten Schritt von Hand nachbearbeitet. Je besser die maschinell erstellte Übersetzung also ist, umso weniger Arbeit gibt es für menschliche Übersetzer.

CLICK- ODER CROWDWORKER

Was ist Clickworking?

Das Prinzip vom Clickworking ist schnell erklärt. Es handelt sich hierbei um eine besondere Form der Microjobs, bei der die Kraft der großen Menge genutzt wird.

Aus diesem Grund ist Clickworking auch eng mit dem Begriff „Crowdsourcing" verbunden. Die Crowd (zu Deutsch: Menge) ist eine Community im Internet, die unabhängig voneinander eine bestimmte Aufgabe erledigt.

Was genau die Clickworker tun müssen, ist immer unterschiedlich und hängt stark vom Auftraggeber ab.

Typische Clickworking-Aufgaben sind:

° das Verfassen von Produktbeschreibungen und Erfahrungsberichten

° das Redigieren bereits bestehender Texte

° das Verifizieren von Informationen mittels Foto-Beweis

° das Recherchieren bestimmter Inhalte

° das Erstellen von Bildern und Designs

Info: Da viele der Aufgaben mit wenigen Clicks erledigt werden können, hat sich der Begriff Clickworker beziehungsweise Clickworking für dieses Arbeitsmodell etabliert.

Welche Aufträge ein Clickworker annimmt, sollte er immer selbst entscheiden dürfen. Generell haben alle Mikrojobs eines gemeinsam: Es handelt sich um immer wiederkehrende Aufgaben, die jedoch zwangsläufig von Menschen erledigt werden müssen. Maschinen sind hierzu (noch) nicht in der Lage.

Wie wird man ein Clickworker?

Prinzipiell kann jeder, der sein Budget ein wenig aufbessern will und volljährig ist, Clickworker werden. Das gelingt am einfachsten, indem du dich auf einer entsprechenden Plattform registrierst und dort die ersten Aufträge annimmst. Alternativ besteht auch die Möglichkeit, direkt mit Unternehmen in Kontakt zu treten und die Arbeit als Clickworker aufzunehmen. Dieser Schritt ist jedoch nur dann wirklich empfehlenswert, wenn du bereits erste Erfahrungen mit dieser Form des Arbeitens gesammelt und ein Gespür für seriöse und unseriöse Auftraggeber entwickelt hast.

Die Mehrheit der Aufgaben lässt sich mithilfe von einem einfachen Computer oder Laptop erledigen. Es ist nicht notwendig, sich spezielles Equipment zuzulegen oder das bereits vorhandene technische Endgerät aufzurüsten.
Hier wird nochmals deutlich, wie niederschwellig und einfach der Einstieg für Clickworker ist.

Clickworking und Selbstständigkeit:

Egal ob via Plattform oder im direkten Kontakt zu Unternehmen: Clickworker, die regelmäßig und mit einer nachhaltigen Gewinnerzielungsabsicht tätig sind, sind dazu verpflichtet, ihren Nebenjob als Selbstständigkeit anzumelden. Ob es sich hierbei um ein Gewerbe oder eine Freiberuflichkeit handelt, hängt von der Art der Aufträge ab. Das bedeutet weiterhin auch, dass die Einnahmen des Clickworkings versteuert werden müssen. Die Mehrheit der Crowdworker sind übrigens Kleinunternehmer, das bedeutet, dass für sie die Mehrwertsteuer entfällt. Außerdem ist es in der Regel so, dass die jährlichen Einnahmen unter dem Steuerfreibetrag liegen und deswegen keine Einkommensteuer erhoben wird.

Tipp:
Wer nur hin und wieder (sprich: sehr unregelmäßig) Geld durch Clickworking verdienen will, muss sich nicht gleich beim Finanzamt melden. In diesem Fall genügt es, die Einnahmen in der privaten Steuererklärung anzugeben.

Vor- und Nachteile vom Clickworking:

Es wurde eingangs bereits angesprochen: Das Arbeitsmodell Clickworking polarisiert und ruft immer wieder Kritiker auf den Plan. Tatsächlich gibt es zahlreiche Vor- aber auch Nachteile, die jeder kennen sollte, der sich für diese Möglichkeit des Geldverdienens interessiert.

Vorteile:

° geringer Aufwand (vor allem, wenn man geübter Clickworker ist)

° keine zusätzlichen Kosten (für Arbeitsmaterialien)

° keine Arbeitswege

° flexible Zeiteinteilung(*)

° ortsunabhängiges Arbeiten

° freie Auswahl der Aufgaben

Nachteile:

° teilweise sehr schlechte Bezahlung (oftmals jenseits der Mindestlohn-Grenze)

° ungleichmäßige Bereitstellung von Aufträgen(*)

° Zwangspausen auf der Plattform clickworker.de(*)

° große Gefahr, ausgenutzt zu werden

(*) = Immer wieder wird angeführt, dass Clickworker einen besonders flexiblen Arbeitsalltag genießen. Das stimmt auch zum Teil. Da es sich hierbei in der Regel um einen Nebenjob handelt, arbeiten Clickworker meist dann, wenn sie Lust und Zeit dazu haben. Leider klappt das jedoch häufig nur in der Theorie. In der Praxis ist es nämlich so, dass es schlicht und ergreifend nicht immer (lukrative, attraktive, spaßige, ...) Aufträge gibt. Ein anderer großer Nachteil sind die Zwangspausen, die Clickworker beispielsweise auf der Plattform clickworker.de einlegen müssen. Diese sorgen in Kombination mit dem schwankenden Angebot dafür, dass Clickworking niemals als fest planbare Einnahmequelle verstanden werden kann. Auch die Aussage „Clickworker können flexibel und immer dann, wenn sie wollen, arbeiten." sollte stets mit Vorsicht genossen werden.

Ein anderes Thema, das durchaus diskutabel ist, sind die teils extrem geringen Honorare, die Clickworker für ihre Arbeit erhalten. Auch wenn die Aufgaben selten wirklich anspruchsvoll beziehungsweise kompliziert sind, kosten sie dennoch viel Zeit. An dieser Stelle ist es wichtig, dich darauf hinzuweisen, dass das Clickworking nicht als vollwertiger Job angesehen werden sollte. Aufwand und Bezahlung stehen hierfür einfach in einem zu schlechten Verhältnis.

Aufstiegschancen für Clickworker:

Die meisten Clickworking-Plattformen arbeiten mit einem hierarchischen System. Das bedeutet, dass du zunächst einmal „unten" beginnst und die Möglichkeit hast, sich nach oben zu arbeiten. Das gelingt dir beispielsweise durch nachweisbare Qualifikationen und Kenntnisse, aber auch, indem du eine konstant zufriedenstellende Arbeit ablieferst. Gute Clickworker, die in der Hierarchie aufsteigen, erhalten nicht nur attraktivere und abwechslungsreichere Aufträge, sondern können sich auch über eine bessere Bezahlung freuen. Es lohnt sich also durchaus, die Arbeit mit Sorgfalt zu erledigen.

Tipps für Clickworker:

Um die Thematik abzuschließen, noch ein paar Tipps . Diese sollen dir dabei helfen, dass Maximale aus deinen Clickworking-Jobs herauszuholen und die Kasse so gut es geht aufzubessern.

1.) Achte immer auf Seriosität beim Geldverdienen im Internet

2.) Erhoffe dir keinen Reichtum aus dem Clickworking

3.) Vergleiche verschiedene Plattformen miteinander

4.) Lese Erfahrungsberichte von Clickworkern

5.) Gebe dir Mühe bei den „Eignungstests"

6.) Gebe Qualifikationen, Kenntnisse etc. an

7.) Reiche Arbeitsproben ein

8.) Lese die Auftragsbeschreibungen sorgfältig,
um Missverständnisse und Flüchtigkeitsfehler vorzubeugen

9.) Habe immer den (fiktiven) Stundenlohn vor Augen
(stelle Aufwand und Entlohnung in Relation zueinander)

10.) Entwickle ein Gespür für lukrative Aufträge

11.) Probiere verschiedene Jobs aus, um die zu finden, die am besten
zu dir passen

12.) Lasse dich nicht ausnutzen

Clickworker verdienen mit vielen kleinen Jobs kleines Geld. Ehe sich
hierdurch eine nennenswerte Summe anstaut, vergeht meist viel Zeit.
Dennoch erfreut sich dieser Nebenjob großer Beliebtheit.
Vor allem Studenten, Hausfrauen und Freelancer nutzen ihn, um ihre
Kasse aufzubessern und freie Zeit sinnvoll zu füllen.

UMFRAGEN

Ähnlich wie bei Clickwork, benötigt man bei Umfragen auch eine gewisse Zeit, um ausreichend Einnahmen zu generieren.

Daher würde ich Umfragen, klar als Nebenjob einordnen.

Doch auch hier gilt: man sollte die Möglichkeiten nicht unterschätzen (aber auch nicht überschätzen).

Es gibt viele Möglichkeiten, wie man sich bequem Geld dazu verdienen kann – jetzt geht es um bezahlte Online-Umfragen. Die meisten Menschen tun gern ihre Meinung kund, doch bei einer Meinungsumfrage werden sie dafür sogar bezahlt. So lässt sich durch die eigene Meinung bei Umfragen Geld einnehmen. Wie man mit Online-Umfragen Geld verdienen kann und was es dabei zu beachten gibt, kannst du hier nachlesen.

Was sind bezahlte Online-Umfragen?

Bezahlte Umfragen sind ein Instrument von Unternehmen, die mehr darüber wissen möchten, wie ihre Produkte und Dienstleistungen bei verschiedenen Kunden eigentlich ankommen. Dafür werden beim Geld verdienen mit Umfragen sogenannte Umfrageinstitute beauftragt, welche die entsprechenden Zielgruppen direkt nach ihrer Meinung befragen und für die Umfragen Geld bezahlen. Diese Meinungsumfragen gibt es schon lange, früher sprach man die Leute jedoch direkt auf der Straße an. Heute funktioniert das online, und du kannst mit diesen Umfragen Geld verdienen.

Wie funktioniert es, mit Umfragen Geld zu verdienen?

Es gibt zahlreiche Institute für Meinungsumfragen, die von Unternehmen beauftragt werden. Du trägst dich online bei diesen Instituten ein und wirst dann zu verschiedenen Umfragen für Geld eingeladen, je nachdem, ob du der jeweiligen Zielgruppe entsprichst. Teilst du deine ehrliche Meinung mit, erhältst du für diese Meinung bei den bezahlten Online-Umfragen ein Guthaben. Deine Vergütung der bezahlten Umfragen wird als Bargeld oder Prämie bzw. Gutschein ausbezahlt.

Wie viel Geld kann man mit Umfragen verdienen?

Du verdienst laut Angabe der Meinungsforschungsinstitute durchschnittlich 1 Euro pro 10 Minuten Meinungsumfrage, mal mehr, mal weniger.

Teilnehmer, die häufig bezahlte Online-Umfragen beantworten, verdienen mehr und kommen auf rund 8 bis 14 Euro pro Stunde. Allerdings unterscheiden sich die bezahlten Umfragen auch je nach Geld und Anbieter.

Bei jedem Anbieter bekommst du nur eine bestimmte Anzahl an Umfragen pro Monat zugeteilt, zum Beispiel acht oder zehn Stück. Auch die Vergütung unterscheidet sich je nach Anbieter. Damit du mit den Online-Umfragen richtiges Geld verdienen kannst, solltest du dich also bei möglichst vielen Instituten anmelden. Im Schnitt kannst du 20 bis 30 Euro pro Monat und Umfrageinstitut verdienen. Du siehst, hier ist ein netter Zusatzverdienst möglich, der für dich einfach zu erzielen ist. Mehr als 200 bis 300 Euro sind in der Regel bei diesen bezahlten Online-Umfragen jedoch nicht drin.

Je schneller du lesen und Fragen erfassen kannst, umso zügiger kannst du die Umfragen auch ausfüllen. Andererseits solltest du mit dem Beantworten der bezahlten Online-Umfragen nicht zu schnell fertig sein, denn natürlich kennen die Ersteller der Fragen die durchschnittliche Zeit, die man mit der jeweiligen Meinungsumfrage verbringt. Erst dann kannst du bei diesen bezahlten Umfragen auch Geld generieren.

Es kann auch passieren, dass dir mitten in der Meinungsumfrage mitgeteilt wird, dass du doch nicht geeignet bist. Zudem kann es immer mal vorkommen, dass Umfragen nicht vergütet werden.

Was ist der Vorteil von bezahlten Meinungsumfragen?

Kostenlose Teilnahme-

Die Anmeldung bei den verschiedenen Anbietern ist kostenlos, du musst also nur etwas Zeit investieren und dich mit der jeweiligen Plattform auseinandersetzen. Im Vergleich zu anderen Nebenverdiensten gehst du kein Risiko ein und kannst keine Abmahnung bekommen. Du musst kein Kapital investieren, brauchst keine Busfahrkarte, kein Auto oder Berufskleidung und kannst dir zudem die Zeit frei einteilen. Das gründliche Ausfüllen des Profils nimmt jedoch etwas Zeit in Anspruch, die nicht vergütet wird.

Einfach Geld verdienen-

Das Beantworten der bezahlten Umfragen ist wirklich einfach. Die Unternehmen legen zudem Wert auf deine Meinung. Sodass du sogar beispielsweise einen Einfluss auf die Entwicklung zukünftiger Produkte haben kannst.

Wachsende Verdienstchancen-

Dein Stundenlohn wird anfänglich wahrscheinlich bei rund fünf bis sechs Euro liegen, aber es gibt bei bezahlten Umfragen Luft nach oben. Wenn du dich als zuverlässiger Umfragepartner bewährt hast, bekommst du besser bezahlte Online-Umfragen zugeteilt. Du kannst dann eventuell auch an mehr Umfragen teilnehmen als direkt nach deiner Anmeldung. Es lohnt sich also dranzubleiben.

Jobben von überall-

Die Umfragen kannst du jederzeit und überall ausfüllen, egal ob zu Hause oder unterwegs. Allerdings solltest du regelmäßig dein Postfach checken, ob du eine Einladung zu einer Meinungsumfrage erhalten hast, weil gerade beliebte Umfragen schnell „ausgebucht" sind. Jede Umfrage wird nämlich nur für eine begrenzte Anzahl an Teilnehmern freigeschaltet, weshalb du auch nicht unbegrenzt mit den Umfragen Geld verdienen kannst.

Geschenke-

Bei vielen Anbietern geht es darum, neue Produkte zu testen und ihre Wirksamkeit oder ihren Geschmack zu bewerten. Du bekommst also Produkte zugeschickt, die du behalten kannst, und erhältst bei den bezahlten Umfragen zusätzlich Geld für deine Meinung.

Welche Anbieter für bezahlte Umfragen sind empfehlenswert?

Es gibt zahlreiche Anbieter und du solltest sie selbst ausprobieren, um herauszufinden, welche wirklich zu dir passen.

Doch für einen unkomplizierten Einstieg eignen sich besonders:

Testerheld-
Mit der Testerheld App kannst du sofort an zahlreichen bezahlten Umfragen teilnehmen und Geld verdienen. Darüber hinaus findest du in der App Webseiten-Tests, Produkt-Tests, App-Tests und auch Spiele-Tests. Außerdem hast du hier die Möglichkeit, neue (digitale) Produkte von großen deutschen Unternehmen kennenzulernen. Zu den Kunden von Testerheld zählen zum Beispiel die Commerzbank, Lottoland und auch Amazon.

Pro Monat kannst du dir bei den bezahlten Umfragen somit im Durchschnitt 68 Euro dazuverdienen. Die Auszahlung erfolgt direkt per PayPal, Banküberweisung oder als Amazon-Gutschein.

Rewards.de-
Auf Rewards.de kannst du direkt in eine Vielzahl von bezahlten Umfragen einsteigen und so dein Einkommen aufbessern. Durch die Zusammenarbeit mit den weltweit führenden Marktforschungsunternehmen bietet Rewards.de eine dauerhaft große Auswahl an Umfragen an.

Neben Umfragen gibt es Produkt- und Spieletests, die bei vielen Nutzern sehr beliebt sind. Außerdem kannst du bei Rewards bei hunderten von bekannten Online-Shops Cashback sammeln. So macht Shoppen nicht nur Spaß, sondern lohnt sich auch richtig!

TrendsetterClub-
Der TrendsetterClub bietet dir eine hohe Zahl an bezahlten Online-Umfragen und zusätzlich auch bezahlten Produkttests.

Pro Monat kannst du an 15-20 bezahlten Umfragen teilnehmen und bis zu 5 Euro pro Umfrage verdienen. Die Auszahlung erfolgt über Amazon Gutscheine (ab 5 Euro) oder per Banküberweisung (ab 10 Euro).

Toluna-

Bei Toluna gibt es eine rege Community. Du kannst auch eigene Fragen stellen und darüber abstimmen lassen. Im Monat kannst du auf diese Plattform bis zu 60 Umfragen beantworten. Die Umfragen dauern im Schnitt zehn Minuten und werden bis zu fünf Euro in Form von Geld, Gutscheinen und Prämien vergütet.

Lifepoints-

Bei LifePoints handelt es sich um einen der größten deutschsprachigen Plattformen, auf denen du online mit Umfragen Geld verdienen kannst. Pro Monat kannst du hier 12 bis 18 Umfragen beantworten, die ungefähr 15 Minuten dauern und ebenfalls bis zu fünf Euro vergütet werden. Die Auszahlung erfolgt hier entweder über Geld oder über Gutschein

Gfk-

Die GfK (Gesellschaft für Konsumforschung) ist wohl eines der bekanntesten Meinungsumfrage-Instituten. Hier ist besonders der Inhalt deiner Einkaufstasche von Interesse. Entweder kannst du hier mit Umfragen oder mit dem Scannen deiner Einkäufe erledigen. Hier können 10-15 Umfragen pro Monat auf dich zukommen, die mit bis zu fünf Euro vergütet werden.

Empfohlen.de-

Bei Empfohlen.de kannst du dir durch Produkttests, Online-Umfragen und Webseiten– und App-Tests Geld dazu verdienen. Hier stehen dir 60 Projekte zur Verfügung, die bearbeitet werden können. Die Aufträge werden mit bis zu 50 Euro entlohnt. Dies kann bei den bezahlten Online-Umfragen auch in Form von Geld oder Prämien geschehen.

Swagbucks-

Die Internetseite von Swagbucks funktioniert ähnlich wie Payback. Das heißt, wenn du dich kostenlos auf der Webseite anmeldest, kannst du durch verschiedene Aktivitäten die sogenannten Swagbucks erhalten, die du dir auszahlen lassen kannst. Zu diesen Aktivitäten gehören Umfragen, aber auch das Anschauen von Videos oder das Einkaufen bei ausgewählten Partnern.

Tipps für bezahlte Online-Umfragen:

1. TIPP: besonders geeignet für :
Da es sich bei diesen Umfragen wesentlich um Konsumforschung handelt, solltest du dem Thema Konsum offen gegenüber eingestellt sein. Je mehr Marken und Firmen du kennst, Produkte du benutzt und je aufgeschlossener du beim Konsumieren bist, umso nützlicher (und darum besser vergütet) ist deine Meinung für die Unternehmen. Lebst du zurückgezogen, baust dein eigenes Gemüse an und hast einen minimalistischen Lebensstil, dann wirst du für viele Umfragen nicht infrage kommen. Einfach nur, weil du die Firmen oder Produkte bei den bezahlten Online-Umfragen nicht kennst.

2. TIPP: bei Umfragen einfach durchklicken?
Die meisten Nutzer nehmen wegen des Geldes an den bezahlten Umfragen teil und das wissen die Anbieter natürlich auch. Daher nutzen sie alle technischen Möglichkeiten, um Ungereimtheiten auf die Spur zu kommen. Innerhalb der Fragebögen gibt es zum Beispiel Kontrollfragen, sodass du dich nicht einfach durchklicken kannst. Tust du es doch, dann ist dein Profil wertlos, denn du wirst für die bezahlten Online-Umfragen disqualifiziert.

3. TIPP: keine Angst vor Datendiebstahl:
Natürlich solltest du dich nur bei seriösen Anbietern für Meinungsumfragen anmelden. Seriöse Anbieter erkennst du daran, dass die Teilnahme für dich mit keinerlei Kosten verbunden ist. Manche Anbieter zahlen die Vergütung nur in Prämien aus, was nicht als unseriös einzuschätzen ist.
Allerdings unterliegen alle Anbieter, die sich an Kunden aus Europa/Deutschland wenden, der strengeren Fassung der DSGVO (Datenschutzgrundverordnung).
Das bedeutet, sie müssen mit deinen Daten sehr sorgfältig umgehen, dürfen sie keinesfalls weitergeben und müssen dir auf Anfrage auch mitteilen, welche Daten sie von dir gespeichert haben und was sie damit machen. Du kannst von einem Anbieter jederzeit verlangen, alle deine Daten zu löschen.

4. TIPP: Profil richtig anlegen:
Sobald du dich bei einem Anbieter für Online-Umfragen anmeldest, musst du ein Profil zu deiner Person ausfüllen. Dies ist wichtig, damit dich die Institute zu einer Zielgruppe zuordnen und dir so Umfragen zuschicken können, die genau zu dir passen.

Zum Ausfüllen deines Profils kann auch gehören, dass du zunächst einige Fragebögen unbezahlt ausfüllen musst, um dich und dein Konsumverhalten zu beschreiben. Dafür erhältst du in Zukunft besser bezahlte und passendere Umfragen. Daher empfiehlt es sich, sein Profil bei den bezahlten Online-Umfragen wahrheitsgemäß und vollständig auszufüllen.

Fazit:

Bezahlte Umfragen beantworten und Geld verdienen ist ein einfacher Weg zu einem kleinen Nebenverdienst, wenn man die passenden Anbieter auswählt.

Meinungsumfragen sind besonders für Menschen interessant, die dem Thema Konsum gegenüber offen eingestellt sind. Rund 200-300 Euro im Monat kannst du so bei den bezahlten Umfragen nebenbei verdienen, und zwar ortsunabhängig.

BEZAHLTE REZENSIONEN

Du hast schon immer davon geträumt, Geld mit deiner Leidenschaft zu verdienen?

Wenn du dich dafür interessierst, Bewertungen zu schreiben und dir damit ein bisschen Geld zu verdienen, dann bist du hier genau richtig. Bewertungen schreiben, Geld verdienen – es ist genau so einfach wie es klingt.

Bewertungen sind ein starkes Instrument. 93% der Online Käufer geben an, dass Sie Bewertungen vertrauen. Bei gleichen Produkten mit unterschiedlicher Bewertung geben gar 98% an, das Produkt mit der besseren Bewertung zu kaufen. Bewertungen sind also ein starkes Kaufargument. Sie sind so mächtig, weil sie vom Kunden nicht als Werbung wahrgenommen werden. Sie stehen gleichauf mit der Empfehlung eines guten Freundes. Kein Wunder also, dass Shopbetreiber und Verkäufer viel Geld ausgeben, um an Produkttester und deren Bewertungen zu gelangen. Entsprechende Firmen bieten deshalb an, Produkte bewerten zu lassen.

Wer es vertiefen möchte, kann als freiberuflicher Autor für Online-Rezensionen arbeiten. Dabei kannst du Produkte und Dienstleistungen bewerten und auch über den Kundenservice berichten. In diesem meist freiberuflich ausgeführten Beruf erhältst du ein Honorar für jede abgeschlossene Rezension. Je nach Unternehmen können die Honorare variieren.

Auch wenn es vielleicht nicht so lukrativ ist wie andere Online-Verdienste, so ist Bewertungen schreiben doch eine großartige Möglichkeit für dich, dein Hobby zum Beruf zu machen und gleichzeitig etwas Geld nebenbei zu verdienen.

Gute und schlechte Anbieter:

Um mit Bewertungen Geld verdienen zu können, braucht es immer einen Anbieter. Dieser bringt den Anbieter des Produkts und dich als Bewerter zusammen.

Marktplätze dieser Art gibt es mehrere. Doch nicht alle sind seriös.

° Manche Anbieter knüpfen die Auszahlung an unerreichbare Bedingungen.

° Tellweise fallen die Tests unnötig aufwendig aus.

° Bei einigen Anbietern waren auch die Auszahlungen im Verhältnis zum Aufwand zu gering.

° Unterschiede gab es auch in der Dauer bis die Auszahlung vorgenommen wurde.

Wenn du Spaß am Bewerten haben möchtest, solltest du daher auf einen soliden Partner setzen.

Bei meiner Recherche, bin ich auf zwei Anbieter gestoßen, von denen ich behaupten kann – es handle sich um seriöse Anbieter.

Diese zwei Anbieter sind:

1.) Horizoom – Bewertung:

Horizoom ist eine Plattform, auf der Produkte bewerten und Umfragen beantworten kannst. Hierfür wird je nach Aufwand eine Vergütung gezahlt, die anschließend aufs Konto ausgezahlt wird.

Folgende Punkte könnten euch gefallen:

° Einfache Schritt für Schritt Anleitungen.

° Keine Verpflichtung – du kannst jederzeit aufhören.

° Aufträge für Umfragen und Bewertungen direkt nach der Registrierung

° Auszahlung schnell und einfach auf's Bankkonto.

Bei meiner Recherche über Horizoom und somit bei der Registrierung eben dort - hatten ich zunächst ein paar Fragen über mich selbst zu beantworten. Alter, Geschlecht, Wohnort und so weiter.

Direkt im Anschluss kamen weitere Umfragen, die dann auch vergütet werden.

Die anfänglichen Themen: Wie benutzerfreundlich ist die Website? Klappt die Registrierung? Wie lange hat die Anmeldung gedauert?

Horizoom ist kostenlos und ohne Verpflichtung. Wer möchte, kann hier Geld verdienen mit Bewertungen und Umfragen. Und wer keine Lust mehr hat, kann jederzeit aufhören.

Außerdem ist Horizoom ein Deutsches Unternehmen. Es gelten also die Deutschen Datenschutz Standards. Das ist ebenfalls ein großer Vorteil.

Amazon:

Mit Amazon Bewertungen Geld verdienen ist nach den Amazon-Richtlinien nicht erlaubt. Jedoch ist mit "Amazon Vine - Club der Produkttester" eine Option vorhanden.

Mit Amazon Bewertungen Geld verdienen:

Amazon hat strenge Richtlinien für Bewertungen, um sicherzustellen, dass Kunden ehrliche und vertrauenswürdige Informationen erhalten.

Das Unternehmen setzt verschiedene Maßnahmen ein, um gefälschte Bewertungen zu erkennen und zu entfernen.

Es gibt jedoch legale Möglichkeiten, von ihren Amazon-Bewertungen zu profitieren und Geld zu sparen.

Werde ein verifizierter Rezensent:
Wenn ihr regelmäßig qualitativ hochwertige Bewertungen schreibt und von anderen Kunden als hilfreich bewertet werdet, könnt ihr möglicherweise Teil des Vine-Programms von Amazon werden. Als Vine-Mitglied erhalten ihr kostenlose Produkte zum Testen und Bewerten.

Nur mit Einladung:
Wie skizziert ist die Teilnahme an Amazon Vine nur auf Einladung möglich.

So funktioniert Vine:
Wenn ihr zu Vine eingeladen werdet, können ihr anschließend diverse Produkte kostenlos anfordern. Nach der Benutzung der Produkte schreiben ihr eine authentische Bewertung und unterstützt eure Argumente im Idealfall mit Bildern und Videos zu dem Produkt.

Transparenz von Amazon:
Wie exklusiv das Programm ist, zeigen auch die bisherigen Rezensionen. Denn Amazon weist entsprechende Bewertungen mit dem Zusatz "Vine Kundenrezension eines kostenlosen Produkts" aus. Achten bei eurem nächsten Amazon-Besuch darauf und lernt, wie gute Bewertungen aussehen.

Zusammenfassung:
Träumen ihr von Amazon Vine? So schreibt ab sofort aufschlussreiche und starke Bewertungen. Dabei ist es wichtig, dass ihr ehrlich seid und auch negative und neutrale Bewertungen schreibt.

Eine weitere Möglichkeit-

Schreibt professionelle Bewertungen:

Einige Unternehmen oder Verlage suchen nach professionellen Rezensenten, die detaillierte und gut geschriebene Bewertungen verfassen können.

Ihr können euch bei solchen Unternehmen bewerben oder nach freiberuflichen Möglichkeiten suchen. Achtet jedoch auf die Einhaltung der Community-Richtlinien.

Fazit:

Rezensionen schreiben und Geld verdienen ist eine einfach Möglichkeit, die zudem zeitlich flexibel ist.

Das sind ganz klar die Vorteile.

Die Einnahmen sind zwar eher gering, können jedoch als attraktives Taschengeld verstanden werden.

PRODUKT TESTER

Als Produkttester kannst du dir ein Nebeneinkommen aufbauen, ohne dabei bestimmte Qualifikationen zu benötigen oder reisen zu müssen.

Es ist ein serlöser Nebenjob, der für viele geeignet ist, wie Studenten, Mütter, Väter oder Rentner. Und er kann sogar Spaß machen.

Produkttester zu werden ist leicht, wenn du ein paar simple Grundlagen beachtest.

Was sind die Aufgaben eines Produkttesters?

Die meisten Produkte werden vor ihrer Markteinführung getestet.

Wenn du für einen Anbieter ein Produkt testest, wird dir der Anbieter üblicherweise einige Vorgaben machen, was du testen musst. Ein Produkt wird meistens auf folgendes getestet:

° Handhabung

° Funktionalität

° Benutzerfreundlichkeit

° Geschmack (wenn relevant)

Deine Aufgabe als Produkttester besteht darin, das Produkt nach den Vorgaben des Unternehmens zu testen und in einem Bericht deine Erfahrungen zusammenzufassen.

Aber, es gibt auch Produkttests für Produkte, die bereits im Handel sind.

Diese Form von Tests kommt zum Beispiel besonders häufig bei Produkten vor, die auf Amazon angeboten werden. Das Ziel von diesen Tests ist es, möglichst viele echte Kundenmeinungen zu einem Produkt zu erhalten, was in der Folge die Verkaufszahlen auf Amazon nach oben treibt.

Wie viel kannst du als Produkttester verdienen?

Vorweg gesagt, als Produkttester wirst du nicht reich und in den meisten Fällen kannst du dir deinen Lebensunterhalt nicht mit Produkttests verdienen.

Davon ausgenommen sind natürlich Blogs und andere Internetauftritte, die gezielt mit Produkttests und Reviews Geld verdienen.

Es gibt mehrere Varianten, wie Produkttest bezahlt werden (manchmal auch eine Kombination):
Produkte:

In vielen Fällen kannst du das Produkt behalten (nur bei wenigen musst du es zurückschicken).
Tipp: Hier bietet sich ein möglicher Verkauf an.

Prämien:
Bei einigen Plattformen sammelst du Punkte, die du dann in Prämien oder Bargeld einlösen kannst.

Geld:
Einige Plattformen zahlen Geld aus. Es ist realistisch, von einem Verdienst von zwischen 5 € - 50 € pro Produkttest auszugehen.

Wie viel Geduld du monatlich mit Produkttests verdienen kannst, ist kaum vorauszusagen. Denn neben der einzelnen Vergütung musst du abschätzen, wie viele Aufträge du pro Monat erhältst.

Musst du das Geld aus Produkttesten versteuern?

Die Beträge, die du dir als Produkttester dazu verdienst, musst du also Nebenverdienst bei deiner Steuererklärung angeben.

Du musst für dich selbst prüfen, ob du die Erträge steuerfrei behalten darfst oder besteuern musst.

In Deutschland kannst du dir als Produkttester im Jahr bis zu 410 € hinzuverdienen, ohne dass du darauf Steuern zahlen musst, siehe § 46 Abs. 2 Nr. 1 EStG (ohne Gewähr, bitte eigenverantwortlich prüfen). Dafür musst du aber verschiedene Voraussetzungen erfüllen.

Welche Vorteile du als Produkttester hast:

Keine Qualifikation

Für die meisten Produkttests benötigst du keine Qualifikation.

Viele Menschen glauben zwar, dass sie nicht als Produkttester arbeiten können, da sie nicht das notwendige Fachwissen haben. Aber tatsächlich suchen die meisten Anbieter von Produkttests genau nach dem Gegenteil.

Es ist gar keine detaillierte, besonders fachliche Kritik erwünscht, denn dafür haben die Produktentwickler ihre eigenen Experten. Bei Produkttests geht es vor allem darum, Erkenntnisse zu sammeln, wie der Durchschnittsverbraucher die Produkte wahrnimmt. Deswegen spielen bei Produkttests so gut wie nie die Schulabschlüsse bzw. Bildungsabschlüsse eine Rolle.

Aber natürlich gibt es Produkttests, die nur für bestimmte Zielgruppen Sinn ergeben.

Einen Kinderwagen kannst du zum Beispiel nur testen, wenn du ein Baby hast. Genauso unverhältnismäßig wäre es, mit dem Rauchen anzufangen, um eine neue Zigarettensorte zu testen.

Nebenjob von zu Hause

Als Produkttester kannst du dir ein nettes Nebeneinkommen aufbauen. Und das einfach von zu Hause.

Du musst nirgendwohin reisen und verlierst keine Zeit dabei. Das macht die Arbeit als Produkttester insbesondere für Menschen interessant, denen es wegen ihrer Umstände oder Familiensituation schwerfällt zu verreisen.

Interessante Produkte

Du lernst neue Produkte kennen, die du sonst eventuell nicht kennen würdest. Je nach Produkt kannst du die Produkte nach dem Test behalten. Wenn du sie weiter verwendest, sparst du zudem Geld.

Vielleicht macht es dir auch Spaß, bei der Entwicklung der Produkte durch deine Tests mitzuhelfen.

Welche Produkttester sind seriös?

Wenn du als Produkttester arbeiten möchtest, kannst du seriöse Aufträge über folgende zwei Wege erhalten:

° Registriere dich als Produkttester auf Anbieterplattformen von Produkttests

° Wende dich direkt an Unternehmen

Anders als du denkst, sind viele Unternehmen Produkttestern sehr offen gegenüber, da sie den Wert von Produkttests besonders kennen. Falls du noch einen eigenen Blog betreibst, auf dem du deine Produkttests mit der Öffentlichkeit teilst, wirst du offene Türen einrennen.

Anbieterplattformen von Produkttests:

Es gibt eine große Anzahl von Plattformen, auf denen du dich als Produkttester bewerben kannst.

Zu den bekanntesten Plattformen gehören:

1.) Testerheld

Online-Tests von Webseiten, Apps oder Spielen

Auszahlung ab 50 € via Paypal oder Überweisung
Verdienst pro Monat: 50 € möglich

2.) Empfohlen.de

Produkttest, Online-Test von Webseiten oder Apps und Online-Umfragen

Ab 18 Jahren

Auszahlung ab 70 € via Überweisung

Verdienst pro Auftrag: 1 bis 50 €, meist 10 bis 20 €

3.) Meinungsort.de

Produkttests, Werbeanzeigen ansehen, an Aufgaben teilnehmen

Ab 16 Jahren

Auszahlung ab 5 € via Paypal, oder per Gutschein

Verdienst pro Produkttest: keine Angaben (1-2 € pro Umfrage)

Unternehmen:

Viele Unternehmen nehmen Produkttests sehr ernst. Das kannst du zum Beispiel daran erkennen, dass viele große Unternehmen eigene Webseiten haben, die sich nur um Produkttests drehen.

Bei diesen Tests gibt es meist keine zusätzliche Bezahlung. Das Produkt ist die Vergütung. Häufig kann man zusätzlich an Gewinnspielen teilnehmen.

Lebensmittel:

REWE Produkttests

dm Produkttester

Nestlé Marktplatz

Biopinio

Diverses:

brands you love

MediaMarkt

Für Frauen:

gofeminin

Konsumgöttinnen

Für Mütter & Väter:

Kidsgo

Mama Reporter

Tierfutter:

FutterTester

Ähnlich wie bei Plattformen kannst du dich bei Unternehmen, die Internetauftritte für Produkttests haben, registrieren und im Anschluss musst du nur noch auf Aufträge warten.

Wie seriös ist gratis Produkte testen? Erkenne unseriöse Anbieter:

Wie bei so gut allen Tätigkeiten im Internet gibt es leider auch bei Produkttests schwarze Schafe. Glücklicherweise kannst du unseriöse Anbieter schnell erkennen.

Anbieter von Produkttests solltest du sofort ausschließen, wenn:

° Es wird für das Testen von Produkten Vorkasse verlangt (Gebühren für den Versand zum Beispiel).

° Es werden weitere Kosten, teilweise versteckte Kosten, während und nach dem Test gefordert.

° Es wird eine Gebühr für die Registrierung und Mitgliedschaft verlangt.

° Teilweise ist nicht klar, was eigentlich getestet werden soll.

Sollte nur eins der genannten Merkmale auf einen Anbieter von Produkttests zutreffen, ist es nicht empfehlenswert, sich auf eine Zusammenarbeit einzulassen.

Anleitung: Produkttester werden

Schritt 1: Suche dir Unternehmen und/oder Plattformen heraus
Suche dir Plattformen oder Unternehmen heraus, die dich interessieren und zu dir passen. Wir haben dir hier einige vorgestellt. Es ist auch sinnvoll, mit 2 bis 3 Anbietern zu starten - aber nicht zu viele.

Schritt 2: Registriere bzw. bewirb dich
Wenn du dich entschieden hast, registriere dich bei den Plattformen oder Unternehmen online oder schicke den Unternehmen eine E-Mail.

Schritt 3: Warte auf Rückmeldung
Eventuell werden noch weitere Angaben benötigt. Wenn du zugelassen wirst, kannst du dich schon bald auf deinen ersten Produkttest freuen. Es kann aber auch etwas dauern, bis es einen Test gibt, der auf dein Profil passt.

Schritt 4: Sei pünktlich und gewissenhaft
Wenn du ein Produkt erhalten hast, solltest du es in jedem Fall testen. Sei dabei gewissenhaft, achte auf die Rechtschreibung und halte die Frist ein.

Wenn du ein Produkt zu spät oder gar nicht testest, wird sich das sehr wahrscheinlich auf zukünftige Tests auswirken. So könnte es schwieriger für dich werden, neue Produkttests zu erhalten.

Tipp: Richtig bewerben für Produkttests:

Gerade, wenn du dich direkt bei Unternehmen meldest, entweder über eine Webseite für Produkttests oder per E-Mail, musst du folgendes bedenken: Du bewirbst dich damit als Produkttester (wie bei einem anderen Job).

Wenn du ein paar persönliche Angaben über dich machst und auf die Rechtschreibung in deiner Nachricht achtest, steigen deine Chancen stark, als Produkttester angenommen zu werden.

Wenn du ernsthaft daran interessiert bist, als Produkttester Geld zu verdienen, solltest du bei deinen Bewerbungen etwas Zeit investieren.

Überlege dir, welche Details über dich für das Unternehmen interessant sein könnten. Hierzu könnte folgendes zählen: Hobbys, Kinder, Sport, Erfahrungen, besondere Kenntnisse.

Fazit:

Als Produkttester kannst du dir einen netten Nebenverdienst erarbeiten, ganz einfach von zu Hause. Das geht über Plattformen oder bei Unternehmen direkt.

Um langfristig erfolgreich zu sein, solltest du ausführliche, fehlerfreie Angaben in deinem Profil machen und deine Tests pünktlich und gewissenhaft abgeben.

Dann kann diese Nebentätigkeit dir, neben finanziellen Benefiz, sogar viel Spaß bringen.

WEBSITE TESTER

Du willst als Website-Tester Geld verdienen – einfach und komfortabel von zu Hause aus?

Für das Browsen im Internet bezahlt zu werden klingt sehr attraktiv, das kann es tatsächlich auch sein. Unternehmen suchen Homepage-Tester, die als Mitglieder ihrer potenziellen Kundengruppe über die Benutzerfreundlichkeit, die sogenannte Usability, einer Webseite berichten und Feedback abgeben.

Eigene Testing-Anbieter haben sich genau hierauf spezialisiert. Du kannst dich bei diesen Anbietern registrieren und für das Durchführen von Website-Tests einen guten Nebenverdienst erhalten.

Doch was macht ein Website-Tester genau? Wie läuft so ein Website-Test ab? Was kannst du als Homepage-Tester verdienen? Und welche sind die besten Anbieter im deutschsprachigen Raum? Die Antwort auf all diese Fragen erhältst du in diesem Kapitel.

Warum müssen Websites getestet werden?

Unternehmen geben 5-, oft 6-stellige Beträge für die Erstellung und Einrichtung von Webseiten aus.

In Zeiten der Digitalisierung wird immer mehr Umsatz im Online-Shopping erzielt, viele Unternehmen verkaufen nur über ihre Webseiten.
Andere Dienstleister stellen ihren Kunden Online-Services zur Verfügung.

Der Erfolg von Unternehmen steigt und fällt mit der Benutzerfreundlichkeit, der Usability einer Webseite.

Selbst wenn Entwickler und Grafiker hunderte Stunden in das Design und Gestaltung von Webseiten gesteckt haben, übersehen sie dabei oft kleinere oder gar wichtigere Details, die für Nutzer allerdings wichtig sind.

Damit man vor dem Launch einer Webseite sicherstellen kann, dass auch die kleinsten Fehler und Macken behoben wurden, werden Website-Tester engagiert. Ihre Aufgabe ist es, das Nutzererlebnis auf der Webseite zu testen und Feedback zu geben.

Außerdem ist es Unternehmen wichtig, dass ihre Website von Mitgliedern ihrer Zielgruppe getestet wurde bzw. das sie Feedback von potenziellen Kunden erhalten. Eine Webseite muss nicht jedem gefallen, aber bei der Zielgruppe des Unternehmens sollte das Nutzererlebnis positiv sein.

Entsprichst du der Zielgruppe des Unternehmens, sind sie besonders an deinem Feedback und möglichen Verbesserungsvorschlägen interessiert.

Welche Aufgabe hat ein Website-Tester?

Ein Website-Tester hat die spannende Aufgabe, eine Webseite auf Herz und Nieren zu prüfen. Konkret geht es darum, die Usability bzw. das Nutzererlebnis zu testen und Feedback zu geben. Dabei muss der Homepage-Tester sehr aufmerksam und detailgenau vorgehen, um sicherzustellen, dass keine Elemente oder Inhalte bestehen bleiben, die Nutzer verwirren oder irritieren könnten. Solche Elemente können nämlich rasch dazu führen, dass Webseitenbesucher die Seite sofort wieder verlassen.

Du siehst dir eine Website gründlich an und folgst den Anweisungen, die du im Briefing zum Test erhältst. Meist wirst du dabei aufgefordert, auf der Webseite zu navigieren.

Du notierst dir, was dir besonders positiv und negativ auffällt bzw. bildest dir eine allgemeine Meinung über die Website und was man noch verbessern könnte. Genau dieses Feedback ist für Unternehmen besonders wertvoll.

Unternehmen haben Tausende von Euro für die Webseite und noch mehr für das Anziehen von Besuchern ausgegeben. Darum muss die Website durch und durch perfekt sein, sie muss relevante Informationen enthalten und diese so präsentieren, dass sie von ihrer Zielgruppe verstanden und aufgenommen werden.

Wie viel verdient man als Website-Tester?

Wie viel man als Homepage-Tester verdienen kann, hängt vor allem davon ab, wie viele Website-Tests du durchführst und wie detailreich diese ausfallen. In der Regel wirst du für einen Test zwischen 10 und 30 Minuten benötigen, du kannst je nach Anbieter zwischen 5-20 € verdienen. Damit verdient man doch deutlich mehr als mit online Umfragen.

Du bekommst dabei umso mehr Angebote als Homepage-Tester aktiv zu werden, desto mehr Unternehmen nach Website-Testern mit deiner Erfahrung und deinem Profil suchen. Meistens wirst du ausgesucht, weil du der potenziellen Zielgruppe des Unternehmens entsprichst (Alter, Geschlecht, Ausbildung, Wohnort,…).

Wie funktioniert das Website-Testing?

Bei den meisten Website-Tests wird dein Bildschirm bzw. dein Browserfenster aufgezeichnet.

Keine Angst, niemand möchte dich ausspionieren.

Allerdings möchte der Anbieter nachvollziehen können, wie du auf der Webseite navigierst, auf welche Buttons du klickst oder auf welcher Unterseite du dich gerade befindest, während du dein Feedback in das Mikrofon sprichst.

Während des Website-Tests wird also dein Bildschirm sowie dein gesprochenes Feedback per Mikrofon aufgezeichnet.

Für den Websitebesitzer ist das wichtig, weil er anhand deines Videos analysieren kann, wie sich potenzielle Interessenten bzw. Kunden auf der Webseite zurechtfinden, wonach sie suchen, und welche Elemente vielleicht noch verbessert werden müssen. Zudem wird dadurch sichergestellt, dass du dich wirklich die gewünschten Minuten auf der Seite befindest und den Anweisungen gefolgt bist.

Du erhältst mit jeder Testeinladung ein ausführliches Briefing, in dem genau steht, was du auf der Website machen sollst. Folge den Anführungen des Anbieters während du den Test durchführst.

Je nach Wünschen des Anbieters kann es sein, dass du dich einfach auf der Webseite umsehen sollst. Manchmal sollst du aber auch einen konkreten Vorgang, wie z.B. eine Testregistrierung, die Bedienung eines Kontaktformulars, oder ähnliches durchführen. Folge einfach den Anweisungen des Anbieters.

Ebenso wird das Briefing vielleicht die Aspekte nennen, auf die du besonders achten sollst, bzw. zu denen das Unternehmen dein Feedback hören möchte. Manchmal geht es mehr um das Design, manchmal um die Art und Fülle der Informationen, die geschriebenen Texte oder andere Aspekte.

Als Website-Tester musst du die jeweiligen Websites gewissenhaft testen und dir dabei die folgenden Fragen stellen:

1.) Werden alle Elemente der Seite in meinem Browser auf meinem Desktop-PC richtig dargestellt?

2.) Gilt das für jeden Browser – Mozilla Firefox, Google Chrome, Internet Explorer, Edge, Opera?

3.) Wird die Webseite auf meinem Smartphone für mein Gerät optimiert angezeigt?

4.) Werden alle meine Fragen einfach und gut beantwortet?

5.) Gibt es irgendwelche wichtigen Informationen,
die ich auf der Webseite nicht finden kann?
Wenn ja, welche Informationen sind das?

6.) Werden die Informationen einfach und übersichtlich dargestellt?

7.) Muss ich ein Browser-Plugin installieren, um die
Webseite einwandfrei und vollständig darstellen zu können?
Wenn ja, welches Plugin ist das?

8.) Funktionieren alle Links auf der Webseite und führen diese zu einer gültigen Seite? Oder gibt es Links, die zu einer nicht (mehr) existierenden Webseite verlinken?

9.) Was könnte man an der Webseite noch verbessern? Was fehlt vielleicht noch?

Wie wird man Website-Tester?

Hast du dich für ein Testing-Portal entschieden kannst du in 3 einfachen Schritten beginnen, als Website-Tester Geld zu verdienen:

Schritt 1:
Registriere dich als Website-Tester bei einem Testing-Portal.

Schritt 2:
Führe einen Website-Test durch und gib dein Feedback.

Schritt 3:
Werde für das Website-Testen bezahlt.

Wo kann man Geld verdienen als Website-Tester?

Vielleicht denkst du jetzt, dass du mit den Betreibern der Webseite direkt zusammenarbeiten wirst. Das ist allerdings meist nicht der Fall. Wie bei vielen anderen Heimarbeiten, gibt es auch beim Websiten-Testen im Internet eigene Serviceanbieter, die sich speziell auf die Durchführung von Website-Tests spezialisiert haben.

Dort können sich Unternehmen anmelden und ein paar Kriterien angeben. Die Webseite wendet sich dann an ihre Mitglieder, die Geld verdienen als Website-Tester.

Kurz gesagt: Du wirst dich bei Testing-Websiten als Website-Tester registrieren. Wenn du die kurze Bewerbung bzw. Einstiegstest erfolgreich absolviert hast, kannst du mit dem Geld verdienen beginnen.
Worauf muss man achten bei Anbietern von Website-Testing?

Bekanntheit:

Wie bekannt ist der Anbieter, bei dem du dich registrieren möchtest?

Umso bekannt der Anbieter ist, desto mehr Unternehmen wird er als Kunden haben, was mehr potenzielle Aufträge und

Verdienstmöglichkeiten für dich bedeutet. Bei weniger bekannten Anbietern kannst du ansonsten wochenlang auf einen ersten Auftrag warten. Achte darum auf genannte Kunden des Anbieters.

Reputation:

Welche Erfahrungen und Reviews gibt es über den Anbieter? Die Reputation hilft natürlich auch wieder, dass der Anbieter mehr Kunden gewinnt, welche dir Aufträge bescheren können. Wichtig ist vor allem, ob der Anbieter pünktlich und zuverlässig bezahlt, schließlich investierst du Zeit und willst Geld verdienen als Website-Tester.

Sprache:

Wenn du fließend bzw. sehr gutes Englisch sprichst, kannst du als Website-Tester noch viel mehr Geld verdienen, weil die meisten Webseiten im englischsprachigen Raum sind. Kannst du dein Feedback in fließendem Englisch abgeben und Webseiten beurteilen, dann hast du die Chance auf mehr Aufträge.

Dein Englisch ist nicht perfekt?

Keine Angst, selbst wenn du nur Deutsch sprichst, kannst du als Website-Tester Geld verdienen, auch in Deutschland gibt es genügend Unternehmen, die Homepage-Tester suchen. Suche dann konkret nach Anbietern im deutschsprachigen Raum.

Vergütungsstruktur:

Wie wirst du bei dem Testing-Anbieter für das Durchführen von Tests bezahlt? Gängig sind dabei entweder ein pauschaler Betrag pro durchgeführtem Test, je nach Komplexität und Umfang der Anweisungen sowie ein Betrag für das Auffinden von Fehlern (Bugs). Die Entlohnung für gefundene Bugs kann variabel oder fix sein. Wichtig ist, dass du dir den Verdienst auch in eine Art Stundenlohn umrechnest, um ihn gut vergleichen zu können.

Zahlungsmethoden:

Über welche Zahlungsmethode wirst du für das Homepage-Testen bezahlt? Die meisten internationalen Testing-Webseiten verwenden hierfür PayPal, was eine komfortable und praktische Zahlungsweise ist, ohne deine Kontodaten offenlegen zu müssen. Falls du also noch kein PayPal-Konto hast, solltest du dir eines registrieren. Anbieter in Deutschland überweisen hingegen auf dein Bankkonto. Überprüfe zur Sicherheit die verwendete(n) Zahlungsmethode(n), bevor du dich bei einem Anbieter registrierst.

Die besten Website-Testing Anbieter im Überblick:

Hier sind 3 bekannte deutsche Anbieter, bei denen du als Website-Tester Geld verdienen kannst.

Test.io

Bei Test.io kannst du ebenfalls als Homepage-Tester aktiv werden und dem Pool der „Crowd" beitreten. Neben Webseiten werden hier übrigens auch Smartphone-Apps getestet.

Dass es sich bei Test.io um einen seriösen Anbieter handelt, erkennt man einem namhaften Kundenkreis mit Unternehmen wie Lacoste, Soundcloud oder auch eine Auszeichnung des Technology Council der Zeitschrift Forbes.

Die Vergütungsstruktur von Test.io ist ein wenig anders als bei anderen Webseiten. Hier wirst du nicht nach Zeit, sondern nur für gefundene Bugs bezahlt.

Pro Bug gibt es allerdings bis zu satte 50 €, was also ein lukrativer Verdienst werden kann.

Allerdings gibt es auch Test Cases, bei denen du einen Pauschalbetrag für das Testen einer Webseite erhältst. Insgesamt hast du hier also mehrere Verdienstmöglichkeiten. Die Auszahlung erfolgt einmal monatlich per PayPal, Payoneer, Skrill oder Banküberweisung.

Bei der Registrierung wirst du gebeten, alle testfähigen Geräte, wie PC, Mac, Tablet, Smartphone, die du besitzt, anzugeben. Damit können dir die entsprechenden Projekteinladungen zugeschickt werden. Bereits direkt nach der Registrierung wirst du deinen ersten Test starten, die natürlich bezahlt wird wenn du Bugs findest.

Nach dem ersten Projekt erhältst du laufend weitere Projekteinladungen per E-Mail, wenn du dem gesuchten Profil entsprichst. Umso mehr Tests du absolvierst, desto höher die Chance zum Test-Champion zu werden und zu exklusiven, besonders lukrativen Testings eingeladen zu werden.

Du musst dir keine Software am Gerät installieren, denn es geht primär darum, Fehler zu finden.

Testbirds-

Dieser deutsche Anbieter von Usability-Tests sucht ständig nach neuen Website-Testern, die auf Desktop oder Mobilgeräten die Websites ihrer Kunden testen. Außerdem kannst du auch für das Testen von Software, Smartphone-Apps und Online-Shops bezahlt werden.

Testbirds wurde bereits von Magazinen wie Focus Business oder Financial Times ausgezeichnet. Dabei kann Testbirds mit namhaften Kunden wie Audi, Allianz, BMW, Otto-Versand oder T-Mobile aufwarten, die Bekanntheit der Plattform ist also gegeben.

Die Vergütungsstruktur bei Testbirds: Umso komplexer das Projekt, desto höher deine Bezahlung.

Im Normalfall erhältst du 15 € pro Usability-Test. Wenn du einen Fehler (Bug) auf der Webseite bzw. einer Software findest, wirst du mit einem variablen Betrag belohnt. Zum Abschluss jedes Tests musst du einen Testbericht verfassen, für den du einen Fixbetrag bekommst. Die Auszahlung erfolgt per Banküberweisung (IBAN) oder PayPal.

Wenn du dich einmal registriert hast und in den Pool von Testern (die „Crowd") aufgenommen wurdest, erhältst du E-Mail-Einladungen zu Projekten, die deinem Profil entsprechen. Darin werden konkrete Termine für einen Test angegeben, aus denen du bei Interesse einen passenden wählen kannst.

Meldest du dich für einen Test an, dann erhältst du Zugangsdaten und zusätzliche Informationen, wie dein Test ablaufen wird. Normalerweise gibt es 1 oder 2 Tage, an denen der Test durchgeführt werden kann. Am Ende des Tages musst du dann deinen Testbericht einreichen.

Bei Testbird wird keine Software auf deinem Gerät installiert, der Test erfolgt über eine Internetverbindung. Dort wird dein Testverhalten aufgezeichnet, damit Kunden die Testergebnisse auswerten und mit deinem Testbericht verknüpfen können.

RapidUserTests-

Auch bei RapidUserTests kannst du als Homepage-Tester Geld verdienen. Hierfür musst du über einen Desktop-PC oder Mac verfügen und über 18 Jahre alt sein, auch ein PayPal-Konto musst du dir einrichten sofern du noch keines hast.

Du kannst dich hier auf einen zuverlässigen und reputablen Anbieter verlassen, der Unternehmen wie Zalando, Adobe, Deutsche Telekom oder Sixt zu seinen Kunden zählt.

Der Verdienst liegt laut Angaben von RapidUserTests bei rund 6-10 € für eine halbe Stunde Arbeit, das entspricht also einem Stundensatz zwischen 12-20 €.

Tests am PC/Mac werden mit 6 €, Tests auf Mobilgeräten werden mit 10 € vergütet. Ein einfacher Nebenverdienst im Internet lässt sich somit also realisieren. Die Bezahlung erfolgt im Folgemonat nach dem Test per PayPal.

Hast du dich einmal als Tester registriert, werden dir passende Testeinladungen per E-Mail zugeschickt. Alternativ kannst du auch auf der Webseite aus der Liste an aktuell verfügbaren Tests wählen, sofern du dem gesuchten Profil entsprichst. Für jeden Test erhältst du ein Briefing mit konkreten Aufgaben und Anweisungen, um die Usability der Webseite zu testen.

Dein Besuch auf der Webseite wird am Bildschirm aufgezeichnet, per Mikrofon sollst du dabei aktiv dein Vorgehen kommentieren. Du musst keine Software am Gerät installieren, der Test erfolgt dirckt in einem Browser-Fenster, nur dieses wird aufgezeichnet. Niemand sieht also, was du sonst auf deinem PC geöffnet hast.

Fazit:

Als Website-Tester Geld verdienen kann ein
interessanter, spannender und lukrativer Nebenverdienst im Internet sein.

Du wirst dafür bezahlt, die Nutzererfahrung und Usability von Webseiten zu überprüfen, Fehler zu finden und dein Feedback abzugeben. Das kann in Form von schriftlichen Testberichten, oder aber auch aufgezeichneten Screencasts und Sprachkommentar per Mikrofon erfolgen.

VIRTUELLER ASSISTENT

Möchtest du einen Job, den du von überall auf der Welt ausführen kannst? Findest du den Gedanken toll, dein eigener Chef zu sein und würdest dir deine Arbeitszeit gerne frei einteilen?

Dann ist der Beruf der virtuellen Assistenz (kurz VA) genau richtig für dich.

Hier bietet sich dir die Möglichkeit, nebenberuflich tätig zu werden, auch als alleinerziehendes Elternteil.

Eine Tätigkeit als virtueller Assistenz aka „virtual Assistant" bietet beste Voraussetzungen um ortsunabhängig und flexibel zu arbeiten. Nicht zuletzt in der Corona-Pandemie haben Online-Geschäftsmodelle bewiesen, dass sie krisentauglich sind.

Was bedeutet virtuelle Assistenz?
In Deutschland ist dieses Tätigkeitsfeld aktuell noch nicht ganz so weit verbreitet, wie in Amerika.

Spätestens der Bestseller „Die 4-Stunden-Woche" von Tim Ferris hat auch einige deutsche Unternehmer auf die Idee gebracht, virtuelle Assistenten zu beauftragen. Die vielseitigen Tätigkeiten eines Assistenten sind sicher jedem klar.

Virtuell bedeutet allerdings, dass die Zusammenarbeit völlig unabhängig von Ort und Zeit stattfindet.

Es ist also egal, ob der Auftraggeber in Hamburg sitzt und die virtuelle Assistenz in Bangkok – Hauptsache, das Internet funktioniert.

Das Ziel ist es, Unternehmern Aufgaben abzunehmen, die sie nur vom eigentlichen Kerngeschäft abhalten.

Viel zu oft haben Unternehmer mehr Arbeit, als der Tag Stunden zählt – und dann kommst du ins Spiel.

Wie erfolgt eine virtuelle Zusammenarbeit?

Als virtuelle Assistenz ist eine Zusammenarbeit vor Ort nicht notwendig, da die Abstimmung ganz unkompliziert via E-Mail, Skype, Facebook-Messenger oder WhatsApp erfolgt. Ebenso können Dokumente über moderne Arbeitsräume wie Dropbox oder Google Drive ausgetauscht werden. Aufgrund der weltweit voranschreitenden Digitalisierung, gibt es mittlerweile eine immer größer werdende Auswahl an verschiedenen Projektmanagement-Tools.

Diese Tools können für eine Zusammenarbeit sehr hilfreich sein:

° Trello

° Evernote

° ClickUp

° ActiveCollab

° WorkFlowy

° Todoist

Wie gelingt der Einstieg in die virtuelle Assistenz?

Um als virtuelle Assistenz tätig zu werden, ist meist keine spezifische Ausbildung und die Teilnahme an einem Kurs erforderlich.

Dennoch gilt:
Je mehr Kompetenzen du vorzeigst oder dir aneignest, desto höher ist die Chance, neue und wiederkehrende Aufträge zu generieren.

Die wichtigste Voraussetzung ist schon mal der Umgang mit dem PC oder Laptop und den gängigen Office-Anwendungen.

Zunächst solltest du dir Gedanken darüber machen, worin deine Stärken liegen, was du besonders gut kannst und vor allem, was du auch gerne tust.

Diese Tätigkeiten kannst du dann als Dienstleistung anbieten. Häufig lernen dich Kunden aber auch in verschiedene Tätigkeiten ein.

Somit wirst du sozusagen dafür bezahlt, dass du etwas Neues lernst, was du wiederum anderen Kunden anbieten kannst.

Wichtig zu beachten ist jedenfalls, dass du an eine Gewerbeanmeldung denken musst.

Sobald du deine Steuernummer zugeteilt bekommst, kannst du dann Rechnungen stellen.

Solltest du nur nebenberuflich als virtuelle Assistenz arbeiten und einen Jahresumsatz von 22.000 Euro nicht überschreiten, genügt sogar die Anmeldung eines Kleingewerbes. Das heißt, du bist von der Umsatzsteuer befreit und musst diese nicht auf deinen Rechnungen ausweisen. Zudem unterliegst du nur der einfachen Buchführung und musst lediglich deine Einnahmen den Ausgaben gegenüberstellen und mit der Steuererklärung beim Finanzamt einreichen.

Wie finde ich Kunden und Aufträge?
Um einen geeigneten Job als virtuelle Assistenz zu finden, gibt es verschiedene Möglichkeiten. Die kannst du alle nutzen oder dich auf einzelne fokussieren.

1.) Jobportale-
Für den Anfang können verschiedene Portale hilfreich sein, um die ersten Jobs zu finden. Diese dienen sozusagen als Vermittler zwischen dir und deinen künftigen Auftraggebern. Auf den Webseiten sämtlicher Agenturen findest du meist eine Beschreibung, wie du dort als virtuelle Assistenz aufgenommen wirst. Der Vorteil ist, dass du keine Kundenakquise betreiben musst, da dies die Agenturen für dich übernehmen und dich je nach deinen Qualifikationen einem Kunden zuordnen. Somit kannst du dir deine ersten Referenzen aufbauen und Erfahrungen sammeln, ohne dich auf Kundensuche zu begeben.

Diese Jobportale eignen sich dafür:

°Fernarbeit.net

° my-vpa

° mytalent.io

° eAssistentin

° Strandschicht

° MachDuDas

° osourced.is

° va-finden.de

° va vermittlung

Der Nachteil ist allerdings, dass viele Jobportale für die Vermittlung an deinen Dienstleistungen mitverdienen möchten. Teilweise kannst du auch nicht selbst entscheiden, für welchen Stundenlohn du deine Dienste als virtuelle Assistenz anbietest.

2.) Social-Media-
Um neben der Nutzung von Portalen, solltest du ebenfalls auf Social Media-Plattformen setzen. Erstelle dir eine Facebook-Seite, die du in einfachen Schritten anhand deines bisherigen Profils anlehnst.

Auf dieser Seite kannst du einige Infos zu dir selbst preisgeben aber vor allem auf deine Dienstleistungen als virtuelle Assistenz aufmerksam machen.

Daher solltest du deine Freunde und Bekannte einladen, deine Seite zu liken und sorge damit für Reichweite.

Bitte alle Kunden, egal ob du ihnen über ein Jobportal vermittelt wurdest, oder sie selbst akquiriert hast, um eine Bewertung auf deiner Facebook-Seite. Diese hilft neuen potentiellen Kunden wiederum bei ihrer Entscheidung, dich für Jobs zu beauftragen.

Zudem gibt es einige Facebook-Gruppen, in welchen immer wieder virtuelle Assistenten gesucht werden.

3.) Eigene Website erstellen:

Neben einer Facebook-Seite kannst du dir natürlich auch eine eigene Webseite erstellen bzw. erstellen lassen. Dort kannst du ebenfalls ein Portfolio anfertigen und auf deine Referenzen als virtuelle Assistenz hinweisen. Eine Website hat zudem den Vorteil, seriös und professionell zu wirken, wenn du sie ansprechend gestaltest. Achte darauf, dass du gut sichtbar die Funktion zur Kontaktaufnahme platzierst, sodass Interessierte dich auch direkt anfragen können.

Tipp:

Unter dem Punkt 2 „Erstellen von Digitalen Produkten" findet ihr das Kapitel „Eigene Website erstellen".

4.) Profitiere von deine eigenen Netzwerk-

Was viele unterschätzen ist das eigene Netzwerk. Wenn du vorher schon wo anders gearbeitet hast und bereits Kontakte durch deinen alten Arbeitgeber sammeln konntest, dann nutze diese auch.

Oftmals ergeben sich Jobs durch Bekannte, ehemalige Kollegen oder Partner und auch Freunde. Nutze also auch dein privates Netzwerk und erzähle Freunden und Familie von deinem Vorhaben. Wer weiß, vielleicht ergibt sich schneller als gedacht ein Jobangebot.

Welche Tätigkeiten kann ich als virtuelle Assistenz anbieten?

Die Tätigkeitsbereiche eines virtuellen Assistenten sind sehr vielfältig. Ohne große Vorkenntnisse kannst du problemlos Recherchetätigkeiten oder Datenpflege für Kunden übernehmen aber auch die Termin- oder Reiseplanung.

Aber auch Aufgaben zu Reise– und Eventplanung können vermehrt zu den Aufgaben einer virtuellen Assistenz gehören. Tatsächlich ist für jeden Bereich etwas dabei und du hast sehr viele Möglichkeiten, online Geld zu verdienen.

Zusammengefasst sind dieses typische Aufgaben einer virtuellen Assistenz:

° einfache Büroaufgaben bzw. Sekretariatstätigkeiten

° Erstellen von Präsentationen

° Buchhaltung und Steueraufgaben

° Datenpflege

Was sind die Vorteile einer virtuellen Zusammenarbeit?
Eine virtuelle Zusammenarbeit bringt für deinen Kunden einige Vorteile. Entgegen eines Angestelltenverhältnisses entfallen die monatlichen Lohnnebenkosten sowie Krankheits- und Urlaubstage. Zudem muss einer virtuellen Assistenz auch kein Büroarbeitsplatz zur Verfügung gestellt werden und sie wird nur nach tatsächlich geleisteten Arbeiten entlohnt. Zudem kann der Kunde für jedes Tätigkeitsfeld entsprechend seine Aufgaben an verschiedene virtuelle Assistenten auslagern.

Und auch für dich selbst liegen die Vorteile auf der Hand. Du kannst arbeiten wann und von wo du möchtest, kannst Aufträge theoretisch sogar im Schlafanzug erledigen und dein Arbeitsweg entfällt. Dementsprechend bist du bist nicht mehr gezwungen, von 9 bis 17 Uhr deine Zeit im Büro zu verbringen. Zudem kannst du dir deine Kunden und sogar die Arbeiten selbst aussuchen.
Vor allem für Mütter ist es eine perfekte Gelegenheit, online und von Zuhause Geld zu verdienen. Aber auch, wenn du von der Reiselust infiziert bist und am liebsten das ganze Jahr um die Welt reist, kannst du als virtuelle Assistenz jederzeit für ein Einkommen sorgen.

Fazit:

Virtuelle Assistenz – ein Job mit Perspektive

Outsourcing spielt in der zunehmend digitalisierten Unternehmerwelt eine immer größere Rolle.
Das heißt, zeitintensive Aufgaben werden ausgelagert, um den Fokus auf die gewinnbringenden Unternehmensaufgaben zu setzen.

Nutze diesen Trend also, um selbstständig als virtuelle Assistenz tätig zu werden. Die Nachfrage ist groß, du findest sicher ein für dich optimales Tätigkeitsfeld und kannst dich zudem ständig weiterentwickeln.

Digitales Gold: Online Geld verdienen leicht gemacht

INFLUENZER

Neben Online Handel und Werbung, wohl der Klassiker, um online Geld zu verdienen.

Ein Traumjob mit guten Aussichten:
Influencer*in werden und im Internet Geld verdienen – diesen Berufswunsch hegen viele junge Menschen. Aber ist das überhaupt realistisch? Ja, durchaus. Mit interessanten Inhalten und einem guten Konzept kannst du es schaffen, damit deinen Lebensunterhalt zu verdienen.

Unternehmen erhöhen jedes Jahr ihre Budgets für Marketing über Influencer*innen. Sie wissen, dass sie damit sehr wirkungsvoll für ihre Produkte werben können. Es gibt Schätzungen, wonach Influencer*innen in Deutschland, Österreich und der Schweiz im Jahr 2017 rund 560 Millionen EUR erwirtschaftet haben. Und das Wachstum hält an. Bis 2020 könnte der Betrag sogar auf 990 Millionen EUR steigen!

Trotz dieser beeindruckenden Zahlen: Deine Mission sollte nicht sein, reich und berühmt zu werden und ein ausschweifendes Leben zu führen. Das schaffen die Wenigsten. Aber wenn du vorhast, dir im Internet nach und nach eine treue Anhängerschaft aufzubauen, die dir ein solides Einkommen sichert, hast du echte Chancen, dein Ziel zu erreichen.

Voraussetzungen:
Die wichtigste Voraussetzung, um als Influencer*in Geld zu verdienen, ist eine zündende Idee. Du brauchst etwas, was du den Leuten erzählen kannst. Das muss keineswegs etwas total Abgefahrenes sein,

aber es sollte Interesse wecken – und zwar nicht nur kurzfristig, sondern möglichst über einen längeren Zeitraum.

Außerdem solltest du deine Zielgruppe kennen und ihre Sprache sprechen. Das Geheimnis vieler Social-Media-Stars ist, dass sie mit ihren Follower*innen die Begeisterung für ein Thema teilen und dass sie authentisch und sympathisch darüber berichten können.

Umfangreiche technische Vorkenntnisse sind dagegen nicht unbedingt nötig. Die meisten Plattformen lassen sich mit einfachen Mitteln bespielen. Eine hohe Affinität zu sozialen Netzwerken und Freude am Ausprobieren sollten ausreichen.

Ein Gespür für Trends hilft dir dabei, aktuelle Entwicklungen nicht zu verschlafen. Nimm aufmerksam wahr, was sich in deiner Community tut und reagiere darauf. Gerade im Onlinebusiness ändern sich die Rahmenbedingungen schnell und was heute in ist, interessiert vielleicht morgen schon niemanden mehr.

Und bei aller Kreativität solltest du keinesfalls die finanztechnische Seite deines Berufes vergessen. Einen Sinn für Zahlen solltest du mitbringen, wenn du als Influencer*in deinen Lebensunterhalt verdienen willst. Du solltest stets den Überblick über deine Einnahmen behalten und deine Rechnungen und Steuern pünktlich zahlen.

Das Geheimnis vieler Social-Media-Stars ist, dass sie mit ihren Follower*innen die Begeisterung für ein Thema teilen und dass sie authentisch und sympathisch darüber berichten können.

Muss ich ein Gewerbe anmelden?
Solange du mit deinen Onlinebeiträgen kein Geld verdienst, interessieren sich die Finanzbehörden nicht für das, was du tust. Aber sobald eine Gewinnabsicht erkennbar wird, musst du deine Tätigkeit offiziell anmelden.

Streng genommen darfst du keinen einzigen Affiliate-Link setzen, ohne ein Gewerbe angemeldet zu haben. Das ist aber keine große Sache und geht teilweise sogar online.

Wenig später meldet sich das Finanzamt mit der Bitte bei dir, einen „Fragebogen zur steuerlichen Erfassung" auszufüllen.

Darin geht es unter anderem um Folgendes:

° Was genau bietest du an?

° Womit verdienst du dein Geld?

° Hast du vor, Mitarbeiter*innen einzustellen?

° Für welche Rechtsform entscheidest du dich?

° Mit welchen Umsätzen und Gewinnen rechnest du?

Aufgrund deiner Angaben werden die Art und die voraussichtliche Höhe der Steuern ermittelt, die du zu zahlen hast.

Auch von der IHK bekommst du Post. Die Mitgliedschaft ist für alle Gewerbetreibenden unumgänglich und mit regelmäßigen Beiträgen verbunden. Solange du noch nicht viel Geld verdienst, musst du aber nur einen ermäßigten Beitragssatz zahlen.

Brauche ich einen Businessplan?
Es ist immer sinnvoll, einen Businessplan zu schreiben, denn mit ihm durchdenkst du dein ganzes Businessprojekt von vorn bis hinten. Du beschreibst darin nicht nur das inhaltliche Konzept deines Internetauftritts, sondern beleuchtest auch die finanztechnische Seite: Womit verdienst du dein Geld? Mit welchen Einnahmen rechnest du? Und ab wann reichen sie aus, um deinen Lebensunterhalt zu finanzieren?

Angebot: Wie finde ich die richtige Nische?
Eine der wichtigsten Fragen, die du in deinem Businessplan beantwortest, ist die Frage nach deinem Angebot: Womit willst du die Leute überzeugen, dir zu folgen? Worüber kannst du berichten, weil du selbst Erfahrung hast oder weil du Menschen kennst, die etwas zu einem Thema zu sagen haben? Und reichen diese Themen aus, um dauerhaft spannenden Content zu liefern?

Deine Inhalte müssen nicht total außergewöhnlich sein. Es genügt manchmal schon, das eigene Leben mit anderen zu teilen – und das auf eine besonders unterhaltsame oder informative Weise.

Erfahrungen aus deinem Beruf, Begeisterung für ein Hobby oder eine besondere Lebenssituation können als Ausgangspunkte für deinen Kanal oder Blog fungieren.

Dabei gilt es, ein Thema zu finden, dass noch nicht zu stark besetzt ist. Das Zauberwort lautet: Spezialisierung.

Überlege dir ein Nischenthema, das noch niemand so intensiv bearbeitet hat, wie du es vorhast. Anstatt zum Beispiel allgemein über deine Kochleidenschaft zu berichten, könntest du dich auf Gerichte für berufstätige Eltern konzentrieren. Dann würdest du von allen, die sich für alltags- und familienfreundliche Rezepte interessieren, leichter gefunden – und hättest zugleich eine Zielgruppe definiert, die für werbetreibende Firmen interessant wäre.

Welche Investitionen sind nötig?

Die Schwelle, dein Konzept umzusetzen und deine Karriere als Influencer*in zu beginnen, ist gering. Über Plattformen wie Instagram, YouTube, Facebook, Twitter oder Snapchat kannst du deine Inhalte verbreiten, ohne viel investieren zu müssen. In der Regel reichen modernen Smartphones aus, um zumindest zu Beginn z.B. adäquate Videos und Fotos zu produzieren.

Wie kann ich Geld verdienen?

Es gibt verschiedene Möglichkeiten, als Influencer*in Geld zu verdienen. Sie alle haben mit Marketing und Werbung zu tun. Dass deine Follower*innen direkt für deinen Content bezahlen, ist nämlich ausgesprochen unwahrscheinlich – zumindest in der Startphase. Es gehört viel Vertrauen dazu, die Gefolgschaft bis zu diesem Punkt zu bringen.

Stattdessen wirst du hauptsächlich mit Firmen zusammenarbeiten, die mit ihren Produkten oder Dienstleistungen eine ähnliche Zielgruppe ansprechen wie du. Diese möchten deine Reichweite nutzen, um für sich zu werben.

Die gängigsten Wege, wie du als Influencer*in Geld verdienen kannst:

1.) Affiliate-Marketing
(siehe Kapitel „Affiliate Marketing)

2.) Sponsored Post

Ein Sponsored Post ist ein Artikel oder Beitrag, für den du von einem Unternehmen bezahlt wirst. Achte darauf, dass du diese Beiträge als gesponsert kennzeichnest, und setze sie nur in Maßen ein. Deine Follower*innen sind schließlich nicht an Werbung interessiert, sondern an echten Informationen. Auch die gesponserten Artikel auf deiner Seite sollten deinen Fans einen Mehrwert bieten. Anfragen, die diesem Anspruch nicht gerecht werden, solltest du lieber ablehnen.

3.) Werbung
Wenn du dich bei YouTube anmeldest, kannst du auswählen, dass die Plattform Werbung ausspielen darf – unabhängig vom Content. Dann bekommst du einen kleinen Anteil an den Werbeerlösen, die rund um dein Video gemacht werden. Die Beträge liegen zwischen wenigen Cent bis zu einigen Euro, je nachdem, wie häufig dein Video angeschaut wird und wie spezifisch die Inhalte sind. Mit diesen Einnahmen wirst du vermutlich nicht reich, aber sie können sich immerhin zu einem Basiseinkommen summieren.

4.) Markenkooperationen
Am lukrativsten ist es, direkt und dauerhaft mit Unternehmen zusammenzuarbeiten, die zu deiner Zielgruppe passen. Wenn du dir einen Namen und eine ausreichend große Reichweite erarbeitet hast, kannst du dich auf die Suche nach passenden Geschäftspartner*innen machen, die dich dafür bezahlen, dass du auf ihre Marke hinweist oder ihre Produkte in einem deiner Videos platzierst (Productplacement).

Die nächste Stufe erreichst du, wenn du aufgrund deiner Bekanntheit und des Ansehens, das du bei deiner Zielgruppe genießt, als Gesicht einer Marke für eine ganze Kampagne eingekauft wirst oder wenn du sogar selbst zu einer Marke wirst. Das gelingt aber nur wenigen Influencer*innen und sollte am Anfang nicht dein Ziel sein.

5.) Merchandising und eigene Produkte
Viele Influencer*innen gehen ab einem gewissen Beliebtheitsgrad auch dazu über, eigene Produkte zu vermarkten. Meistens handelt es sich dabei um Merchandisingprodukte (Shirts, Becher, Mützen etc.). Vor allem im Mode- und Lifestylesegment schaffen es einige Stars der Szene sogar, eigene Produktlinien auf den Markt zu bringen, etwa Kosmetikprodukte oder Kollektionen.

Was muss ich beachten, wenn ich Werbung für andere Unternehmen mache?

Sobald du von einer Firma, über deren Produkte du sprichst, Geld oder andere wirtschaftliche Vorteile erhältst, musst du das offenlegen und ggf. als Werbung kennzeichnen. Andernfalls besteht der Verdacht auf Schleichwerbung – und die ist verboten.

Leider ist die Rechtslage zu diesem Punkt nicht eindeutig und ständig im Fluss. Du solltest dich also auf dem Laufenden halten und gründlich informieren.

Wie viel Geld kann ich verdienen?

Wie viel Geld du im Social-Media-Business verdienst, hängt von deiner Reichweite ab. Dabei kommt es nicht nur auf die Größe, sondern auch auf die Zusammensetzung deiner Anhängerschaft an. Wenn du eine kleine, aber sehr homogene und spezielle Zielgruppe hast, können schon wenige Follower*innen reichen, um für Werbetreibende interessant zu sein. Ein Kanal zum Thema Schwangerschaft mit 50.000 Follower*innen findet wahrscheinlich eher passende Werbepartner*innen, als ein Comedy-Kanal mit 500.000 Zuschauer*innen, die aber nur sehr wenige Gemeinsamkeiten miteinander teilen.

Bei meiner Recherche zu diesem Kapitel, war ich auch auf der Suche nach Insidertipps. Also machte ich mich auf die suche nach Beiträgen von professionellen Social media Managern. Gefunden habe ich folgendes Interview:

Insidertipps:

Nehmen wir an, ich möchte gerne Influencer*in werden. Wie fange ich am besten an?

Erstmal solltest du testweise Content produzieren, also mit einfachen Mitteln ein paar Videos oder Blogbeiträge erstellen. Du setzt quasi eine Testversion von dem auf, was du dir vorstellst.

Dann musst du für Aufmerksamkeit sorgen. Hier sind am Anfang Supporter*innen hilfreich, die bereits einen Namen in der entsprechenden Szene haben. Überlege, mit wem du im Netz interagieren könntest. Wer spricht eine ähnliche Zielgruppe an, wie du? Wer könnte dir helfen? Suche Kontakt zu diesen Leuten und frage, ob sie nicht Lust haben, ihren Follower*innen von deinem tollen neuen Angebot zu berichten.

Nutze auch dein persönliches Umfeld, um Traffic zu generieren. Sag deinem ganzen Facebook-Freundeskreis Bescheid und bitte um Feedback. Dann siehst du bald, ob deine Inhalte wahrgenommen und geteilt werden - und von wem.

Erklärung anhand eines konkreten Beispiels:
Nehmen wir an, ein*e Bäcker*in konzentriert sich auf Backwaren für Menschen, die sich für körperliche Fitness begeistern. Die Person befasst sich im eigenen YouTube-Kanal mit Themen wie: Woraus besteht Eiweißbrot? Wie backe ich einen Low-Carb-Kuchen? Damit werden schnell Anknüpfungspunkte bei Influencer*innen gefunden, die in der Fitnesswelt unterwegs sind. Wenn einige von denen über den neuen Back-Kanal sprechen, werden bald immer mehr Menschen erreicht.

Wie viel Traffic brauche ich, um davon leben zu können?
Das hängt davon ab, wie individuell dein Thema ist. Handelt es sich um ein Angebot speziell für Angler*innen, fängt es schon bei 50.000 abonnierenden Personen an, interessant zu werden. Machst du Comedy und Entertainment für die breite Masse, sollten es schon mehrere hunderttausend sein.

Um als Influencer*in Geld zu verdienen, braucht man einen gewissen Vorlauf, bis die Reichweite groß genug ist, um davon leben zu können.
Folgt daraus, dass man in jedem Fall nebenberuflich anfangen sollte?
Ja, in der Regel schon. Wobei diese Phase auch sehr kurz sein kann. Das lässt sich schwer vorhersagen. Die meisten, die heute groß sind, haben am Anfang erst mal sehr viel ausprobiert und ihre Themen mehrfach verändert.
Im Rückschluss bedeutet das: Man kann durchaus erstmal anfangen und ausprobieren, was funktioniert, ohne sich für immer festzulegen?
Schon. Aber das sollte nicht dazu verleiten, sich vorher gar keine Gedanken über das Konzept zu machen. Ohne zu wissen, welche Inhalte aus dem eigenen Leben im Fokus stehen könnten, wie bei dem/der Bäcker*in das Fitness-Brot, wird es schwer.

Wann sollte ich aufhören?
Es kann eine Weile dauern, bis du Fuß gefasst hast. Am Anfang brauchst du viel Geduld. Aber wenn deine Inhalte auch nach Monaten noch kein Echo finden, dann ist es besser, etwas anderes zu machen. Aufgeben ist überhaupt nicht schlimm, denn du hast auf jeden Fall viel gelernt, was dich für andere spannende Jobs in der Medienwelt qualifiziert.

Du solltest wissen:

Auch eine erfolgreiche Karriere als Influencer*in ist endlich. Es gibt niemals den Punkt, an dem du dich zurücklehnen und sagen kannst, ich habe es geschafft. Der Druck bleibt hoch, die Reichweite der letzten Inhalte wieder zu erreichen, besser noch zu toppen. Das ist eine große Belastung, die viele nicht sehen.

Aber es ausprobiert zu haben, lohnt sich. Das wirtschaftliche Risiko ist klein und der Erfahrungsschatz, den du gewinnen kannst, ist umso größer.

Fazit:

Der Beruf Influenzer, hat ausgezeichnete Zukunftsaussichten. Doch man sollte Nebenberuflich starten. Mit genug Zeit und viel Glück, gibt es definitiv die Möglichkeit, genug Profit zu generieren, um Hauptberuflich als Influenzer zu arbeiten

MIT DOMAINS HANDELN

Domains sind wie die Grundstücke im Internet.

Klar, du kannst sie nur mieten. Aber, wenn du viele attraktive Domains besitzt, die du günstig buchst und dann mit Gewinn verkaufst, kann du eine Menge Geld damit machen.

Auch wenn es zu den Anfangszeiten des Internets noch deutlich einfacher ging - auch heute lässt sich noch, die richtige Strategie vorausgesetzt, ordentlich Geld mit Domains verdienen.

Mit rund 127 Millionen .com-Domains und 16 Millionen .de Domains sind die besten Domainnamen, leider bereits vergeben.

Doch genau das ist der springende Punkt beim Domain Handel.
Der Mangel an Domains sorgt dafür, dass insbesondere Start-ups und Unternehmen aus dem Online-Business oft bereit sind, für Internetadressen zu bezahlen.

Den möglichen Wert der Domains ermitteln:
Möchte man im Domain-Handel erfolgreich sein, muss man zunächst in Erfahrung bringen, was bestimmte Domains wert sind. Erste Anzeichen für die Wertigkeit der Domain findet man bereits in der URL.
Äußerst gefragt sind oftmals kurze, generische Begriffe mit attraktiven Endungen – diese erzielen teilweise Preise von Tausenden bis zu mehreren Millionen Euro.
Mit attraktiven Endungen, sind Domain-Endungen gemeint, denen die Benutzer Vertrauen – wie .com und .de.

Aber keine Sorge, auch mit neueren Domain-Endungen wie .online werden gute Preise erzielt.

Um sich einen Eindruck vom Markt zu machen, kann man Onlinetools wie Namebio verwenden. Diese zeigen die Verkaufspreise von ähnlichen Domain-Namen an. So kann man ungefähr ermitteln, welchen Preis man verlangen könnte.

Natürlich möchten man möglichst viel aus einer Webadresse herausholen, aber ein zu hoher Preis wird Käufer abschrecken. Daher ist es ratsam, einen guten Mittelweg zu finden.

Sehr gute Domains, werden als Premium-Domains angeboten.
Ob eine Internetadresse als solche angeboten wird, entscheidet die für die Top-Level-Domain zuständige Domain Name Registry (Domain-Vergabestelle).

Für eine erste Einschätzung-
Diese Faktoren lassen den Wert einer Domain in die Höhe schießen:

1.) Aufbau des Domainnamens
Der Domainname setzt sich aus zwei Teilen zusammen. Der erste Teil bildet den eigentlichen Namen und der zweite Teil die Domainendung. Ein Beispiel wäre z.B. dein-name.de – dein-name als Domainname und .de als Domainendung.

2.) Relevanz für die organische Suche
Die SEO-Relevanz für organischen Traffic ist zwar in den letzten Jahren ein wenig von Google heruntergestuft worden, aber dennoch relevant. Er hat immer noch rund 200 Ranking-Bausteine in der Google-Suche und Einfluss auf das direkte Ranking.

3.) Marktpotenzial und Nutzbarkeit
Du solltest das Marktpotential und die Nutzbarkeit deiner (künftigen) Domain vor dem Kauf checken.

4.) Verhandlungsmacht und rechtliche Situation
Preisverhandlungen sind ein sensibles Thema. Das gilt auch für den Domain Handel, deswegen solltest du den Domain Wert vorher ungefähr schätzen. Indem du dein erstes Angebot deutlich unten ansetzt, kannst du versuchen, den Gesamtrahmen tief halten.

Auf den ersten Blick könnte man sagen, dass eine Domain immer nur so viel wert ist, wie ein Käufer bereit ist, dafür zu zahlen. Denn bei Domains spielen die Punkte Marktpotenzial und Nutzbarkeit eine ausschlaggebende Rolle. Für den reinen Domain Handel mag dies stimmen.

Es gibt aber auch die Möglichkeit, eine Domain „wertvoller und begehrter" zu machen. Bei generischen Domains, die im Idealfall ein gutes Suchvolumen haben, lohnt sich eine Projektierung, das heißt eine thematische Website oder einen Blog mit URL aufzubauen. Platzierst du diese Seite dann mit Keywords in den Top 10, werden Mitbewerber aufmerksam und unterbreiten dir unter Umständen ein Angebot. Mit dieser Strategie bist du nicht davon abhängig, dass sich der Domain Wert aufgrund von Branchentrends von einem auf den anderen Tag verändert. So kann eine Domain, die vor Jahren noch keinen interessiert hat, schnell Höchstpreise erreichen, sobald sie zum Beispiel für ein neu gegründetes Unternehmen interessant wird.

Tipp:
Du rechnest mit dem nächsten Trend? Dann reserviere dir jetzt die entsprechenden Top-Level-Domains. Ein Gefühl für Domainpreise erhältst du auf dem Blog domain-recht.de, in dem Experten regelmäßig über den Domain Handel berichten.

Insidertipp- Sonderfall: Tippfehler(Typos)-

Einen Sonderfall, stellen die so genannten Typos (englisch für Tippfehler) dar. Das sind Domains, die bekannten Adressen ähneln – bis auf einen Tippfehler: Das können Buchstabendreher sein, es können aber auch Satzzeichen wie etwa ein Punkt ausgelassen werden.

Diese Typos werden so oft in den Browser eingegeben, dass sich ihr Besitz lohnt. Diese können per Domain Parking, zu beachtlichen Einnahmen führen.

Domain Parking, wird im nächsten Kapitel ausführlicher erklärt.

So handelst du mit Domains:

Grundsätzlich gibt es kein Standardverfahren für den Kauf und Verkauf einer Domain.

Die unterschiedlichen Wege vor, wie du deine Domain an den Mann bringen kannst:

Käufer und Inhaber einigen sich direkt:

Über die meisten Registrare, die Stellen, bei denen die Domains registriert werden, zum Beispiel DENIC als Verwalter der deutschen TLDs, sind Name und Kontaktdaten des Domaininhabers frei einsehbar. Käufer und Verkäufer nehmen darüber direkt Kontakt miteinander auf und legen den Kaufpreis sowie die Zahlungsmethode fest.

Domain aktiv anbieten:

Gewerbliche Domainhändler geben in der Regel auf der unter der Domain erreichbaren Website den Hinweis, dass diese Domain zu verkaufen ist, und stellen ihre Kontaktdaten zur Verfügung. Eine weitere Methode ist, dass der Inhaber selbst nach potenziellen Interessenten und Käufern sucht.

Domain-Handel über Verkaufsportale:

Internetadressen werden auch auf speziellen Webseiten angeboten. Hier wird für den Verkäufer eine Extra-Gebühr fällig. In Deutschland führt zum Beispiel der internationale Online-Dienstleister Sedo verkaufsbereite Domaininhaber mit Kaufinteressenten zusammen.

Über Provider Domains verkaufen:

Bei vielen Hostinganbietern, wie zum Beispiel GoDaddy, kannst du deine Domain zum Verkauf freigeben – inklusive öffentlicher Listung.

Verkauf deiner Domain über Domain-Auktionen:

Neben zahlreichen anderen Anbietern kannst du, unter anderem bei GoDaddy Auktion, Domains kaufen oder verkaufen.

Vorteile-

- Die niedrigsten Provisionsbeiträge im Internet.

- Professionelle Treuhanddienste: Eine Drittpartie verwaltet die Domain bis beide Vertragspartner den Vertrag erfüllt haben.

- Domainüberwachung: du kannst 100 deiner Domains gleichzeitig überwachen.

- Leistungsstarke Suchwerkzeuge zum schnellen Finden der passenden Domain

- Exklusive, bald ablaufende Domains: Als weltweit größter Registrar kann GoDaddy Domains anbieten, die du sonst nirgendwo findest.

Handel mit Domains über Domain Broker:

Die Koordinierung und Verhandlung des Verkaufs einer Domäne kann ein mühsamer und zeitaufwändiger Prozess sein. Mit dem Domain-Broker-Service könnt ihr euch zurücklehnen und entspannen, während euer Makler die ganze Arbeit erledigt.

Vorteile-

- Schutz der Privatsphäre. Man bleibt während des gesamten Prozesses anonym. Der Domänenbesitzer wird die Identität des Käufers nie erfahren.

- bestehendes Netzwerk. Als weltweit führender Anbieter von Domains ist niemand besser in der Lage herauszufinden, wem eine Domain gehört und wie man ihn erreichen kann.

- Vertrauen. Domaininhaber sind eher bereit, sich auf eine Anfrage von Brokern einzulassen als auf die von einzelnen Käufern.

Notwendigen Informationen bekannt geben:

Generell muss jeder Domain-Besitzer Kontaktinformationen im sogenannten Whois-Eintrag bekannt geben. Dabei handelt es sich um einen Registereintrag, der im Standardfall öffentlich zugänglich ist. Da einsehbare Whois-Einträge nicht nur datenschutzrechtlich bedenklich sind, sondern auch regelmäßig für Spam-Angriffe sorgen, werden diese

Informationen allerdings oftmals geheim gehalten. Anders jedoch beim Domain-Handel: Wer seine Domain möglichst gewinnbringend verkaufen möchte, sollte seine Kontaktdaten einsehbar machen. So können interessierte Käufer, z. B. professionelle Händler, unkompliziert Kontakt aufnehmen.

Tipp:

Bereits im Whois-Eintrag kann man auf den Verkauf aufmerksam machen. Wenn ihr beispielsweise euren Unternehmensnamen mit der Erweiterung „Domain for Sale" verseht, wissen Interessierte direkt, dass sich eine Kontaktaufnahme bei euch lohnt.

Domain-Listing:

Wenn ihr euch für eine Plattform entschieden habt, auf der ihr die Domain anbieten möchtet, erstellt ihr dort einen Eintrag.

Genau wie bei anderen Verkäufen auch sind hierbei ein paar Regeln zu beachten: Wer einfach nur Domain-Name und Preis nennt, wird vermutlich nicht allzu viele Kunden ansprechen. Der Eintrag auf der Plattform ist nicht attraktiv genug. Wer aber zusätzliche Informationen liefert, kann Interessenten eher zu einem Kauf bewegen.

Es scheint zunächst abwegig, aber auch eine Domain kann man mit einer Produktbeschreibung versehen.

Hinterlegt beispielsweise Informationen zum bisherigen Ranking der Domain und gebt Hinweise, für welchen Bereich die URL passend ist.

Sogar ein Bild ist möglich: Eine grafische Aufarbeitung des Domain-Namens oder ein Screenshot der ehemaligen Webpräsenz regen Besucher des Marktplatzes an, sich näher mit dem Angebot zu befassen. Falls möglich könnt ihr auch auf den bestehenden oder zu erwartenden zukünftigen Wert der Domain eingehen und damit einen geforderten Preis rechtfertigen.

Ablauf - Kaufen/Verkaufen:

Grundsätzlich gehört eine Domain niemandem. Sie ist ein rein ideelles Gut.

Beim Verkauf einer Domain wird nur die Inhaberschaft übertragen. Dabei wechseln die Rechte am Domainnamen den Besitzer. Generische Domains wie eis.de oder software.de stehen unter keinerlei rechtlichen Schutz und können von jedem reserviert werden. Du kannst somit mit jeder Domain handeln, vorausgesetzt, du begehst keine Marken- oder Namensrechtsverletzung.

Hast du einen Käufer gefunden, wird die Domainadresse auf seinen Namen übertragen. Den Domaintransfer kannst du bei deinem Registrar beantragen.

Tipp:
Um sich rechtlich abzusichern, empfehlen wir dir, einen Kaufvertrag abzuschließen.

Fazit:
Die wichtigste Frage ist, kann man heutzutage noch mit dem Domain Handel und mit Domains Geld verdienen?

Klar: die goldenen Jahre, um Domains und eine Website zu verkaufen, sind vorbei. Allerdings gibt es noch immer Fälle, in denen der Verkauf einer Domain bis zu siebenstellige Erlöse einbringt. Doch solche Summen sind die Ausnahme. Die meisten Domains werden zu zwei- oder dreistelligen Summen verkauft. Heute braucht es, um Domains erfolgreich zu verkaufen, ein sehr gutes Gespür für kommende Trends.

DOMAIN PARKING

Ungenutzte Domains verursachen nicht selten Kosten. Da liegt eine Kündigung nahe. Allerdings gibt es eine Alternative: Mit Domainparking kannst Du Deine ungenutzten Domains behalten – und dabei noch Geld verdienen!

Die passende Domain für ein Web-Projekt wie ein Blog oder einen Shop ist schnell registriert. Doch wenn die Umsetzung am Zeitmangel scheitert, liegt die Domain nur herum und verursacht – wenn es sich nicht um eine Inklusivdomain handelt – auch noch Kosten. Viele kündigen solche Domains dann, obwohl der Domainname eigentlich zu gut ist, um ihn aufzugeben. Zum Glück gibt es eine Alternative: Mit Domainparking kannst Du Deine ungenutzten Domains sogar für Dich arbeiten lassen und mit ihnen Geld verdienen.

So funktioniert Domainparking:
Statt einfach auf ein vorhandenes Webprojekt weiterzuleiten oder im Nichts zu enden, hinterlegst Du die Domain bei einem Domainparking-Anbieter. Dieser bespielt die Domain dann mit Werbung, bei der Du mit jedem Klick Geld verdienst. Grundsätzlich gilt: Je einfacher die Domain ist, desto höher die Chance, dass sie angeklickt wird, was wiederum die Werbeklicks und damit den Umsatz steigert. Übrigens: Beim Marktführer sedo ist Domainparking kostenlos, weil das Unternehmen bei jedem Werbeklick ein wenig mitverdient.

Domain Parking Anbieter:
Dies ist gar nicht so einfach. Manche sind sehr Einsteigerfreundlich, manche nur für Profis geeignet. Es hängt auch immer von der Art der

Besucher ab (Länder, Adult Traffic usw.). Hier hilft nur optimieren (= das Anpassen der Keywords bzw. Landing Pages), beobachten und weiter optimieren. Allgemein kann man dazu keine klaren Regeln finden - die gibt es beim Domain-Parking einfach nicht. Zuviele Faktoren spielen eine Rolle und sind immer stark auf die jeweilige Domain bezogen.

Trotzdem noch ein Tipp:

Einfach experimentieren. Falls es bei einem Domain-Parking-Anbieter nicht wirklich klappt, sollte man diesen wechseln. Dies kann erhebliche Verdienstunterschiede bringen. Und kostenlos sind die Domain-Parking-Anbieter alle (ihr habt also nichts zu verlieren).

Da das Domain-Parking mittlerweile sehr erfolgreich geworden ist, gibt es dementsprechend viele Anbieter auf dem Markt - und wöchentlich kommen neue hinzu. Die größten und wichtigsten Domain-Parking-Anbieter, die den Domain-Markt dominieren, sind:

(Zur besseren Übersicht, ein besonders für **Einsteiger** geeignete Anbieter, mit # Markiert)

#Sedo-

Das Domain-Parking-Programm von Europas Marktführer benutzt die Anzeigenpools verschiedener Partner, allen voran den Google-Feed. Das Managementsystem der geparkten Domains ist übersichtlich und gelungen. Besonders hervorzuheben ist die Einsteigerfreundlichkeit: kinderleichtes Setup und einfache Optimierung. Hier ist jedoch auch gleich das Ende erreicht: Profis wünschen sich häufig detailliertere Einstellungsmöglichkeiten. Profis haben hingegen die Möglichkeit, auch sehr umfassendes Feintuning zu betreiben: so können für verschiedene Länder verschiedene Keywords angelegt werden. Dies ist nur eine der zahlreichen Optimierungsmöglichkeiten. Sehr positiv ist der Synergieeffekt von Domain-Parking und Domain-Verkauf: Besucherzahlen werden automatisch auf der Verkaufsseite angezeigt, was Kaufinteressenten einen seriösen Anhaltspunkt für den Traffic der Domain gibt. Der Support bei Sedo ist gut, ist allerdings manchmal nicht so schnell wie der von kleineren Parking-Anbietern.

NameDrive-

NameDrive ist ein noch junges Unternehmen, aber dafür umso erfolgreicher. Sie bieten schicke Domain-Parking-Templates. Inwiefern sich ein schickes Design positiv auf die Klickrate ausübt, ist natürlich nicht allgemeingültig zu beantworten - schaden tut es aber nicht. Ansonsten finden ihr die gewohnten Optimierungsmöglichkeiten und eine hilfreiche FAQ-Sektion. Das Domain-Management ermöglicht dem Inhaber umfassende Sortierungsmöglichkeiten und eine einfache Optimierungsprozedur mit sofortiger Vorschaufunktion. Bei der Auswahl der Werbeanzeigen greift NameDrive wie der Konkurrent Sedo auf den Google-Feed zurück. Der Domain-Parking-Anbieter NameDrive bietet eine gute Verkaufssparte für geparkte Domains an.

#DomainSpa-

Auch DomainSpa bietet hervorragende Templates für eure Domain. Wie der Name schon vermuten lässt („nomen est omen"), bieten euch DomainSpa ein kleines Wellness-Programm für Ihre Domains an: eine kontinuierliche Beobachtung und Anpassung der geparkten Domains anhand der Domain-History und des Besucherverhaltens. Dies ist somit für Einsteiger besonders gut geeignet. Für die Anmeldung müssen ihr allerdings eine kleine Auswahl eurer Domains angeben und sich um die Aufnahme in das Domain-Parking-Programm bewerben. Auf diesem Wege will DomainSpa die Qualität des Programmes bzw. der geparkten Domains sicherstellen. Sollten ihr in den Genuss des Spa-Programmes kommen, findet ihr ein gutes Domain-Management mit einer gut funktionierenden Autoanpassung vor. Das System von DomainSpa weiß dabei zwischen direktem Type-Ins, Linktraffic und expired Traffic zu unterscheiden. Der Support von DomainSpa ist sehr gut. DomainSpa benutzt für die Werbeeinblendungen auf den Landing-Pages den Yahoo-Feed.

Domainsponsor-

DomainSponsor wurde 2002 gegründet und gehört weltweit zu den führenden und beliebtesten Domain-Parking-Programmen. Domainsponsor benutzt einzigartige und über Jahre entwickelte Algorithmen für Ihr Domain-Parking-Programm. Dies schlägt sich in sehr guten Klickraten nieder. Der Domaininhaber kann über zahlreiche Einstellungsmöglichkeiten verfügen, wobei Domainsponsor selbst bei der Optimierung hilft (dies kann allerdings auch deaktiviert werden). Eigentlich ein toller Parking-Anbieter für Einsteiger, jedoch müssen Sie mit mindestens 50 Domains zu Domainsponsor umziehen, was für Anfänger u.U. schwer sein kann. Ein weiterer kleiner Wermutstropfen: Es ist ein wenig Einarbeitungszeit nötig. Besonders hervorzuheben sind allerdings die detaillierten und exzellenten Domain-Statistiken. Ein einfaches und gelungenes Verkaufsprogramm wird euch ebenfalls angeboten. Angebote für eine Domain werden an euch weitergeleitet (wobei ihr genaue Einstellungen vornehmen könnt), die schnell und problemlos angenommen oder abgelehnt werden können.

GoldKey-

Der Domain-Parking-Anbieter GoldKey ist eine Division der NameMedia Gruppe (spezialisiert auf Internet-Business und Konsumentennetzwerke). GoldKey benutzt ebenso wie DomainSpa den Yahoo-Feed. Es wird keine Mindestanzahl an Domains benötigt, jedoch wird jede zum Parking angemeldete einer automatischen Markenrechtkontrolle unterzogen (dies kann jedoch nur von Vorteil sein). Besonderes Lob verdienen die Statistiken: sie sind überragend und werden in Echtzeit aktualisiert. Der Rest ist gutes bis sehr gutes Mittelfeld: die Designs und der Verkaufshinweis der Domain können individuell angepasst werden. Die Optimierung der Landing-Page kann man wahlweise selbst vornehmen, oder automatisch von GoldKey bzw. einem Mitarbeiter erledigen lassen. Dabei werden u.a. verschiedene Layouts getestet und das mit den höchsten Klickraten schließlich ausgewählt.

Nette Idee: für jede geparkte Domain kann man einen eigenen Slogan angeben, der dem Besucher gezeigt wird und ihm eine erste Impression über den Inhalt der Seite vermittelt.

iMonetize-

iMonetize ist seit 1999 als Domain-Parking-Anbieter etabliert. Dabei gehen sie seit jeher eigene Wege: anstatt mit den großen Werbeanbietern zu kooperieren, verteilt iMonetize das Domain-Portfolio auf viele kleine Sekundäranbieter - mit größerem Gewinn als Resultat. iMonetize überzeugt somit mit sehr guten Einnahmen. Diese gliedern sich im Gegensatz zu anderen Domain-Parking-Anbietern u.a. noch stärker nach der Anzahl der geparkten Domains. Ab ca. 100 Domains ist der Verdienst durch spezielle Partnerschaften und das intensive Optimieren seitens iMonetize höher als der Durchschnitt - aber Wunder sollte man sich nicht erwarten.

Somit kommen wir auch zur zweite interessanten Eigenschaft: durch einen exklusiven Optimierungsprozess wird das perfekte Programm für eure Domain, für jeden einzelnen Wochentag ermittelt. Wieviel das für jeden Einzelnen bringt, lässt sich natürlich nicht pauschalisieren - dies kann man nur mit Ihrem Portfolio testen.

Parked-

Parked bietet ein gutes Komplettpaket. Hunderte von Templates (mit der Besonderheit eigene erstellen zu können), manuelle oder automatische Optimierung der Domains und einen guten Service. Voraussetzung dafür sind mindestens 10 Domains, was aber auch für Anfänger machbar sein sollte.

Parked ist ebenfalls seit 1999 im Domain-Parking-Geschäft tätig und somit als Urgestein zu bezeichnen. Der Anbieter wirbt selbst mit seiner unerschütterlichen Zuverlässigkeit (selbst angesichts von Hurrikanen u.ä.) - ob dies für einen von Bedeutung ist, muss man selbst entscheiden. Der Support von Parked ist gut und stellt euch einen Account-Betreuer bei der Anmeldung zur Seite, der bei der Optimierung der Domains behilflich ist. Dieser überwacht von nun an das Portfolio und die Performance im Parking-Programm und bessert (ggf. mit euch zusammen) nach.

TrafficZ-

Ein weiterer der großen im Geschäft: sehr gute Verdienste (mit manueller Optimierung der grafischen Banner/Header noch mehr) dank einem einzigartigen System im Domain-Parking-Geschäft. Dieses nennt sich MAXPAY, und bezahlt sowohl für CPC (also Klicks) und CPM (also reinen Traffic).

Eine weitere Besonderheit: Man kann eigenen Text auf Ihre Landing-Page einbauen, was einen den Weg zu einer kleinen Suchmaschinenoptimierung öffnet. Der Domain-Parking-Anbieter TrafficZ kooperiert mit den meisten Werbe- und Trafficpartnern in der Parking-Branche und bietet somit die weitgestreuteste Werbebasis für große Domain-Portfolios. Ein weiteres Highlight sind die Statistiken von TrafficZ: sehr detailliert versorgen Sie den Benutzer mit allen wichtigen Informationen - auch was die Wertabschätzung eines Domain-Namen anhand von Besucherzahlen, Klickverhalten usw. angeht. Hier fühlen sich vor allem Domainbesitzer mit High-Traffic-Domains sehr wohl und sind auch gern gesehene Kunden. Der Support von TrafficZ ist gut und kompetent.

#DomainHop-

Bei DomainHop braucht man keine Mindestanzahl an Domains. Außerdem hilft ein Mitarbeiter (also keine Maschine) bei der Einrichtung und Optimierung - perfekt für Unerfahrene.

Dieser überwacht auch die geparkten Domains. Natürlich kann man auch selbst Vorschläge und Wünsche äußern, falls man mit der Zusammenarbeit unzufrieden ist oder andere Zielsetzungen besitzt. Bei besonders gut laufenden Domains, erhaltet man einen Bonus im Form von höheren Klickpreisen. Weiterhin hervorzuheben sind die guten Landing-Pages, die nicht den Eindruck einer Werbeseite vermitteln. Zahlreiche Einstellungsmöglichkeiten runden das Angebot auch für Profis ab.

Da DomainHop keine zwischengeschalteten Partner besitzt, teilen man sich den Gewinn direkt mit DomainHop. Die Werbebasis kommt bei DomainHop vom Unternehmen Pulse 360 (tätig in der Link bzw. Werbebranche), da DomainHop eine Division von Pulse 360 ist. So erhaltet man auf den eigenen Landing-Pages die gleichen Werbeanzeigen, wie z.B. renommierte große Firmen auf Ihrer Internetpräsenz. Der Support ist sehr gut.

#inpado-
inpado ist der einzige Parking-Anbieter im Feld, der neben seinem Domain-Parking-Programm auch die gleichzeitige Möglichkeit von Domain-Registrierungen offeriert - und dies sogar zu günstigen Preisen. Dies ist vor allem für Einsteiger im Domain Business interessant, da bei inpado durch ein durchdachtes Domain-Management von der Registrierung, über die Verwaltung bis zum Parking alles unter einem Hut zu finden ist. Ferner ist auch keine Mindestanzahl an Domains zur Teinahme erforderlich. Dabei ist das Domain-Parking-Programm von inpado sehr transparent:Es wird gezeigt, wieviel der Werbeeinnahmen inpado an einen ausschüttet (derzeit sind es rund 70 bis sogar 100%). Neben einer großen Auswahl an individuellen und guten Templates sind auch die Statistiken und Einstellungs- bzw. Optimierungsmöglichkeiten durchweg gut gelungen. Der Support ist tadellos.

Die Anmeldungen sind wie bereits gesagt natürlich alle kostenlos.

Einrichtung des Domain-Parkings:
Vor allem für nicht versierte Internetnutzer stellt die Einrichtung des Domain-Parking für die eigene Domain oder sogar die eigenen Domains ein echtes Problem dar. Dies muss jedoch nicht sein, denn die Einrichtung ist mit ein paar einfachen Handgriffen erledigt.
In dieser Schritt-für-Schritt Anleitung wird die Einrichtung, von der "Erstellung" der Parking-Seite (Landing-Page genannt) bis hin zur

Umstellung der Nameserver, erklärt.

Natürlich braucht ihr zuerst eine ungenutzte Domain, die Logindaten eures Domain-Hosters (z.B. 1und1, STRATO, all-inkl.com usw.) und einen Domain-Parking-Anbieter (natürlich auch hier die Logindaten). Falls ihr euch für einen Anbieter entschieden und angemeldet habt, kann es nun mit der Einrichtung bzw. Konfiguration Ihrer Domains losgehen
Fünf kleine Schritte und fünf Minuten Zeit sind dafür nötig - dann kann es schon losgehen.

1.)Einloggen:
Bei dem ausgewählten Parking Anbieter anmelden.

2.) Domains hinzufügen:
Fügt die zu parkenden Domains, zu der Domainliste des Anbieters hinzu.

3.) Optimierung:
Jetzt kommen die Optimierungseinstellungen. Sucht ein passendes Design (Templates), Farben und vor allem ein oder mehrere Key-words. Wird kein Keyword angegeben, wird in der Regel, der Domainname als Schlüsselbegriff ausgewählt. Alle Einstellungen, sollten zu dem Domainnamen passen.

4.) Name Server modifizieren-
Nachdem die Einstellungen für alle Domains vorgenommen und gespeichert wurden, könnt ihr euch ausloggen. Doch bevor die Seite des Parking Anbieters verlassen wird, muss man noch nachschauen, welche Adresse die Parking-Nameserver haben (diese findet man normalerweise in den FAQ oder in der Hilfe)

Jetzt ruft man die Seite des Domainhosters auf. Dort mit euren Benutzernamen einloggen. In den Einstellungen der Domain muss man nun den Nameserver modifizieren.

Sind z.B. die Nameserver der Parking Anbieter „Nsx.PARKING.COM", werden folgende Einstellungen vorgenommen:

DNS1 = NS1.PARKING.COM
NDS2 = NS2.PARKING.COM

Wenn man jetzt diese Modifikation speichert und sich ausloggt, erscheint in den nächsten Minuten bis max. 1-2 Stunden, unter eurer Domain, die in Schritt 3 erstellte Parkingseite.

Dieser Schritt, muss bei jeder Domain, welche unter Schritt 2 und 3 zum Parking hinzugefügt und optimiert wurde , analog wiederholt werden

5.)
Die Einrichtung ist nun abgeschlossen. Jetzt heißt es: in den nächsten Tagen die Umsatzentwicklung beobachten und gegebenenfalls, bei nicht zufriedenstellenden Klickraten, die Keywords in Schritt 3, anpassen.

Domain Parking – Tipps:

Abschließend noch ein paar goldene Regeln bzw. Tipps.

1.) Ständiges Pflegen und Optimieren der geparkten Domains ist äußerst hilfreich: beobachtet das Klickverhalten und die Umsätze mit Hilfe der Statistiken. Der Markt ist einem ständigen Wandel mit Hochs und Tiefs unterworfen, was für euch Anpassung bedeutet. Auch die Parking-Anbieter verändern Ihr Programm, Partner und Algorithmen ständig.

2.) Sollte man mit einem Anbieter nicht zufrieden sein oder plötzlich einen Einbruch in den Umsätzen bemerken, sollte man auch einen Wechsel des Anbieters in Erwägung ziehen. Dies kann Wunder bewirken.

3.) Kein Anbieter ist für jede Art von Traffic gleichgut geeignet. Hier hilft häufig nur testen (als Beispiel: Sedo ist z.B. für europäischen Traffic häufig sehr gut geeignet, für amerikanischen ist man aber bei Domainsponsor oftmals besser aufgehoben).

4.) Fragt euch selbst bei der Optimierung, was man auf der Seite erwarten würde oder was euer Interesse wecken würde. Nehmt keine Keywords, von deren Werbeanzeigen ihr hohe Klickpreise erwartet, aber die inhaltlich nicht im Geringsten zu der Domain passen (z.B. Erotikanzeigen auf einer Urlaubsdomain). So verärgern ihr nur die Besucher, was sich in sehr niedrigen Klickraten (und dadurch niedrigen Verdienst) niederschlägt.

Sonderform: Adplosive-
Adplosive ist kein klassicher Parking-Anbieter, der auf einer Domain eine Landing-Page mit Textlinks schaltet. Hier wird ein kleiner Shop eingerichtet mit mehreren Landing-Pages. Bezahlt wird generell nach dem PPS-Prinzip (Pay per Sale), solltet ihr mehr Adsense einblenden, sinkt prozentual euer Verdienst an den Sales.

Die kleinen Shops sind allesamt Suchmaschinen-optimiert, jedoch benötigen ihr einen eigenen Webspace, um Adplosive nutzen zu können. Adplosive senden euch die individuell erstellten Seiten zu, die ihr dann auf euren Webspace hochladen könnt. Sollte man keinen eigenen Webspace besitzen, kann man sich mit Adplosive in Verbindung setzen. Hierbei wird euch dann, durch Kooperation mit verschiedenen Providern, ein individuelles Angebot gemacht.

Der Vorteil liegt vor allem in der Suchmaschinen-optimierung und der Verwendung von vielen Landing-Pages (jede Shopseite ist eine eigene Landing-Page), die allesamt untereinander verlinkt sind. Eine Aufnahme in den Index von Suchmaschinen ist somit problemlos möglich und kann die Besucherzahl drastisch erhöhen.
Der Support von Adplosive ist gut und schnell.

Das Impressum beim Domain-Parking:
Generell gilt in Deutschland für eine gewerbliche Seite eine Impressumspflicht. Darunter fallen auch geparkte Domains mit Werbelinks. Dennoch sieht man solch ein Impressum sehr selten auf Domain-Namen, die an einem Domain-Parking-Programm teilnehmen. Häufig liegt das daran, dass der Parking-Anbieter die Option eines Impressums nicht anbietet oder nur auf besonderen Wunsch einen zusätzlichen Impressumslink auf der geparkten Seite anbietet. Die Notwendigkeit ist unter Domainhändlern häufig umstritten.
Für das Impressum einer geparkten Seite gelten die gleichen Richtlinien, wie für jedes andere Impressum auch. Nach dem §6 TDG (bzw. §5 TMG) gehören dazu unbedingt:

° Name und Anschrift (Vor- und Nachname, bei juristischen Personen der Vertretungsberechtigte sowie eine ladungsfähige Adresse)

° Angaben zur Kontaktaufnahme (mindestens Telefonnummer, zusätzliche besser noch eMail-Adresse oder Faxnummer)

° eventuell Angabe des Handelsregisters etc. (falls zutreffend)

° Angabe der Umsatzsteueridentifikationsnummer nach §27a UStG (falls zutreffend, keine Angabe der Steuernummer)

Ansonsten sollten im Impressum keine weiteren Angaben, Werbung, Bilder o.ä. auftauchen.

Fazit:
Das Parking guter Domains kann sich lohnen
Insgesamt ist Domainparking eine gute Methode, um ungenutzte Domains zu monetarisieren und zumindest die Kosten für die Domain selbst wieder reinzuholen.
Wenn Du eine oder mehrere einprägsame Domains besitzt, die Du derzeit nicht verwendest, ist Domainparking sogar die beste Alternative.

KLEINANZEIGEN

Auch auf Online Kleinanzeigen, ergibt sich immer wieder die Möglichkeit, beachtliche Einnahmen zu erzielen.

Günstig kaufen – teurer Verkaufen

Als Beispiel, möchte ich meinen Laptop anführen, mit welchem ich gerade diese Zeilen schreibe.

Mit diesem habe ich natürlich, durch einen Verkauf, noch kein Geld verdient. Ansonsten könnte ich diese Zeilen ja nicht schreiben.
Aber ich könnte diesen jederzeit, mit einem beachtlichen Gewinn verkaufen.

Gefunden habe ich mein MacBook Pro,
vor 3 Jahren auf Willhaben.at.

Das Problem (oder der Vorteil), war, dass laut Anzeige der Bildschirm in einem äußerst schlechten Zustand war. Um genauer zu sein – Der Bildschirm war mit Kratzern übersehen, so das ein komfortables arbeiten damit nicht mehr möglich gewesen wäre.

Doch das Angebot, stand bei gerade mal 120 Euro. Und somit deutlich unter den durchschnittlichen Preisen, von bis zu 650 Euro (im Prinzip lagen alle funktionstüchtigen, gebrauchten Modelle, zwischen 550-650 Euro) .

Um keine zeit verstreichen zu lassen, habe ich den Verkäufer gleich angeschrieben und um weitere Informationen zu dem Modell gebeten. Bis dieser geantwortet hat, habe ich bereits recherchiert, ob eine günstige Reparatur möglich wäre und welche Einnahmen der Laptop als Ersatzteile Spender bringen würde.

So bin ich auf einen Artikel gestoßen, der auf die Originale Schutzfolie, dieser MacBook Reihe, die zu solchen extremen Kratzer neigt, eingeht.

Auch eine einfach durchführbare Reparatur Anleitung, lieferte der Artikel.

Grob gesagt, konnte die Schutzfolie, durch u.a Isopropanol entfernt werden.

Weiters habe ich rausgefunden, dass ein Modell mit defekten Bildschirm, ohne großen Aufwand, bereits 100-150 Euro erzielen kann.
Im Endeffekt, habe ich mein MacBook dann, für 100 Euro gekauft. Nach weiteren 10 Euro für Isopropanol, Putztücher und Klebeband, habe ich den Wert auf knapp 4-500 Euro gesteigert. Selbst heute noch, nach 3 Jahren, könnte ich problemlos 3-400 Euro verlangen.

Klar, es war ein absoluter Glücksgriff. Aber wer etwas Sucht, genau Recherchiert und sich einen Plan B überlegt, findet immer wieder lukrative Angebote.

Gratis Artikel:

Noch besser geeignet, wäre eine Suche, in der Kategorie „zu verschenken". Zwischen den vielen ungeeigneten Artikel, findet man immer wieder Perlen, welche sich ausgezeichnet für einen Wiederverkauf eignen. Sollte man in der nähe Wohnen, erlangt man diese Artikel, ohne jede Investition. Somit gilt: Umsatz = Gewinn.

Wohnt man weiter weg, muss man natürlich die Anfahrtskosten, oder mögliche Versandkosten, von dem erwarteten Gewinn abziehen.

Dienstleistungen/ selbstgemachtes anbieten:

Eine weitere Möglichkeit wäre, Dienstleistungen – wie z.B Transportdienste, oder Selbstgemachtes – wie z.B Marmelade, zum

Verkauf anzubieten.

Fazit:

Mit etwas Kreativität in Kombination mit realistischen Einschätzungen, bieten Online Kleinanzeigen, einige Interessante Möglichkeiten.

Daher: Wer suchet, der findet.

2. ERSTELLEN VON DIGITALEN PRODUKTEN

Das Erstellen und Vermarkten digitaler Produkte und ist eine facettenreiche Methode des Online-Geldverdienens, die sowohl Kreativität als auch Fachkenntnisse erfordert. Digitale Produkte können eine breite Palette abdecken, darunter E-Books, Online-Kurse, Software, Grafikdesigns, Fotografie und vieles mehr.

Der Schlüssel liegt darin, einen Bedarf in der Online-Community zu erkennen und hochwertige, ansprechende Inhalte zu erstellen. Bei digitalen Dienstleistungen kann es sich um Beratung, virtuelle Assistenz, Social-Media-Management oder Webdesign handeln. Plattformen wie Etsy, Udemy und Gumroad ermöglichen es, eigene digitale Produkte zu verkaufen, während Freelancer-Plattformen eine Möglichkeit bieten, digitale Dienstleistungen anzubieten.

Die Vermarktung spielt hier eine entscheidende Rolle, sei es durch Social Media, Content-Marketing oder gezielte Werbekampagnen, um die Sichtbarkeit und den Erfolg digitaler Produkte und Dienstleistungen sicherzustellen.

Dieser Ansatz bietet nicht nur die Möglichkeit, kreative Fähigkeiten zu nutzen, sondern eröffnet auch die Chance, wiederkehrende Einnahmen durch den Verkauf digitaler Inhalte zu generieren.

Viele dieser Methoden, benötigen eine mehr oder weniger umfangreiche, technische Anleitung. Diese werde ich natürlich, gerne bereitstellen.

Also beginnen wir mit...

EBOOKS SCHREIBEN

Mir ist die Ironie durchaus bewusst: ein Buch (eBook) mit dem Titel „Online Geld verdienen" mit dem Kapitel - eBooks.

Da Menschen immer wieder auf der Suche nach den neusten Informationen sind, wissen sie hochwertige und sorgfältig aufbereitete Informationen extrem zu schätzen. Dementsprechend sind sie ohne Weiteres bereit, für solche Informationen auch Geld zu bezahlen. Und das je nach Branche und Thema auch nicht zu knapp! Der Versandhaus-Riese Amazon setzt voll auf eBooks und verkauft davon heute mehr als gedruckte Bücher. Gründe dafür gibt es sicherlich viele, aber hauptsächlich spielen hier die zunehmende Verbreitung von eBook-Readern und die Vorteile von eBooks als digitale Bücher eine entscheidende Rolle. Es liegt in der digitalen Natur von eBooks, dass diese nur ein einziges Mal erstellt werden müssen und dann nicht nur unendlich oft vervielfältigt, sondern auch sofort auf das Käufer-Endgerät übermittelt werden können. Das eBook wird so zum Produkt, dass online sofort verfügbar und immer auf Lager ist.

eBooks werden bei den Käufern immer beliebter, weil immer mehr Menschen einen Reader besitzen und immer mehr Menschen auf ihrem Smartphone eBooks lesen, etwa indem sie die Kindle-App benutzen. Gleichzeitig müssen sich eBooks, die im Eigenverlag publiziert wurden, nicht hinter digitalen Büchern verstecken, hinter denen professionelle Verlage stehen.

Und gerade für digitale Nomaden sind elektronische Bücher auf Kindle und Co. sehr effizient. Denn sie sparen Platz im Reisegepäck und lassen sich durch eingebettete Links oftmals viel intelligenter nutzen als herkömmliche Bücher.

Außerdem braucht man auf Reisen nicht noch einen Extra-Koffer für die ganzen Bücher mitschleppen, wenn man mal länger weg ist. Denn mittlerweile lassen sich problemlos komplette Bibliotheken auf einem Gerät speichern, dass so groß ist wie ein kleines Tablet oder ein kleines Schreibheft ist. Da macht die Verwaltung für viele sehr bequem.

Und dadurch steigen auch die eBook Absatzzahlen immer stärker von Jahr zu Jahr in Deutschland. Nur 2019 gab es einen leichten Rückläufer gegenüber 2018 (Quelle: Statista). Dennoch kann man im eBook-Markt viel Geld verdienen.

In diesem Kapitel möchten ich dir daher zeigen, worauf es ankommt, um selber regelmäßig mit eBooks Geld zu verdienen.

Wichtige Faktoren:

Es kommt auf sehr viele Faktoren an. Nachfolgend mal einige, um ein Gefühl dafür zu bekommen, was alles Einfluss auf die Absatzzahlen im eBook Bereich hat.

1.) Ist das Thema gerade gefragt bzw. im Trend?

2.) Wie stark ist die Konkurrenz in dem Bereich?

3.) Der wievielte bist du der in diesem Bereich Fuß fassen will? Oder bist du der Erste?

4.) Warum bist du der Erste? Weil das Thema uninteressant ist oder weil du eine echte Nische gefunden hast, die bislang noch
niemand bearbeitet hat?
5.) Hast du ein eher saisonales Thema (zum Beispiel Tipps und Tricks zum Schneeschippen) oder lässt sich das eBook das gesamte Jahr über verkaufen?

6.) Gibt es etwas das massiven Einfluss auf den Verkauf haben kann (zum Beispiel Corona)

Gerade am Anfang solltest du aber deine Erwartungen nicht zu hoch setzen und sofort auf einen Bestseller hoffen.

Dafür brauchst du normalerweise viel Erfahrung.

Aber in diesem Kapitel wird dir gezeigt, wie du deine Chancen stark begünstigen kannst auch regelmäßig gute Einnahmen zu erzielen.

Es wird auch oft gefragt, ob das Ganze eigentlich legal ist.

Doch warum sollte es nicht legal sein eBooks zu verkaufen, solange man sich an die gesetzlichen Rahmenbedingungen hält, was den Verkauf angeht (und sich natürlich auch inhaltlich an die Gesetze hält).
Aber auch dazu gibt es praktikable Lösungen, mit denen man gut aufgestellt ist.

Denn gerade in Deutschland musst du im Bereich e-Commerce einiges achten. Viele Fragen sich, ob man unbedingt ein Unternehmen braucht, um mit eBooks Geld zu verdienen. In Deutschland brauchst du auf jeden Fall ein Gewerbe, wenn Gewinnerzielungsabsichten bestehen. bspw. eine UG (Kapitalgesellschaft) mit der man selbstständig ist und über die man die Einnahmen abrechnen und auch versteuern kann.

Das schöne ist nun mal, dass wenn man einmal das Konstrukt aufgebaut hat, sich dadurch auch relativ konstant passive Einnahmen (passives Einkommen) aufbauen kann.

Das heißt, dass man nicht mehr klassisch Zeit gegen Geld tauschen muss.

Aber natürlich muss man auch erstmal viel Zeit und Arbeit in ein solches eBook stecken.

Das richtige Thema:

Bevor wir meinen ersten eBook gestartet bin, habe ich mir immer erstmal Gedanken über das richtige Thema gemacht. Denn das Thema ist im Endeffekt das, was du verkaufst. Daher solltest du dir vorher ausreichend Gedanken darüber machen.Und dabei solltest du auch berücksichtigen, was es bislang auf dem Markt gibt, worin du vielleicht sogar deine eigenen Stärken hast (und diese mit Einbringen kannst) und ob du dazu vielleicht selber Reichweite hast, die du nutzen könntest.

Sollte ein Socialmedia Account, mit entsprechender Reichweite vorhanden sein, würde sich hier eine Umfrage lohnen.

Und diese Reichweite kann dann mit einer simplen Frage konfrontiert werden:

„Was macht dir in dem jeweiligen Bereich am meisten Kopfzerbrechen bzw. was bereitet dir die größten Schwierigkeiten?"

Und anhand der Antworten kannst du dann sehen, was den größten Teil deiner Umfrageteilnehmer am stärksten beschäftigt. Antworten die dazu immer wieder auftauchen sind in der Regel das worauf du setzen solltest. Bei der genannten Frage kann bspw. herauskommen, dass das größte Problem ist an Geld zu kommen, um eine Wohnimmobilie zu finanzieren.

Und dein eBook behandelt dann später genau dieses Thema: Wie man schnell und günstig an Geld für Wohnimmobilien kommt.

Das kann auch gleichzeitig dein Titel sein: "Schnell und günstig Wohnimmobilien finanzieren". So setzt du gleichzeitig ein Versprechen im Titel was zeitgleich Lust darauf macht da eBook zu lesen.

Und das schöne ist, dass du dir durch die Antworten auch zeitgleich eine Zielgruppe aufbaust, die für das Buch infrage kommt.
Eineine einfache Umfrage kann auch kostenlos, bspw. über Google Forms gemacht werden. Hier kannst du Umfragen erstellen und diese kostenlos mit anderen teilen. Und du bekommst im Anschluss eine Auswertung über die jeweiligen Antworten. Also alles was du benötigst um zu starten.

Um den Leuten einen kleinen Anreiz zu geben an dieser Umfrage teilzunehmen, kannst du auch zunächst etwas kostenlos anbieten (z.B., dass sie das eBook kostenlos bekommen, wenn es fertig ist).

Das funktioniert in der Regel hervorragend.

PC, benötigte Software,usw…

Wenn du dann ein gutes Thema für dein eBook gefunden hast, solltest du dir auch eine produktive Arbeitsumgebung schaffen, mit der es dir relativ einfach fällt, dein eBook zu erstellen. Ich nutze in erster Linie, einen gebraucht gekauften MacBook pro. Gerade die MacBook Pros arbeiten sehr zügig und bieten eine hohe Performance.

Zum Schreiben nutzen ich in der Regel libreoffice da es hervorragend ist, um Bücher zu strukturieren. Aber, wäre es kostenlos, würde ich wohl Word von Microsoft nutzen.

Wenn auch du einfach kostenlos starten willst,
aber libreoffice nichts für dich ist, eignet sich auch Google Docs.

Das einzige, was du hier brauchst, ist ein kostenfreier Google Account.

Das gute an Google Docs, ist, dass du das Dokument auch später problemlos mit anderen teilen kannst die es Korrekturlesen sollen. So gibt es immer nur eine aktuelle Version.

Tipps zum schreiben:

Sobald dann Thema und die Ausrüstung stehen, kannst du im Prinzip mit dem Schreiben anfangen.

Dafür strukturieren wir erstmal das Inhaltsverzeichnis (für mich, erledigt meist ChatGPT diese Arbeit – zumindest den ersten Entwurf).

Wir machen uns also Gedanken darüber wie das Ganze aufgebaut werden soll. Am besten ist es, wenn du dir dafür ein Ziel setzt.Und dein komplettes Inhaltsverzeichnis richtest du Schritt für Schritt darauf aus, dieses Ziel zu erreichen.

Genau so ist, bspw. auch dieser Kapitel entstanden. Lass dir mit dem Inhaltsverzeichnis ruhig auch ein wenig Zeit. Denn du wirst merken, dass du einzelne Abschnitte und Kapitel verschieben und nochmal umstellen wirst umso länger du dich mit dem Thema beschäftigst. Auch kann es sehr gut sein, dass Kapitel rausschmeißt und neue ergänzt.

Plane für das Inhaltsverzeichnis daher einige Tage ein und lass deine einmal gesetzte Logik auch nochmal von Freunden und Bekannten überprüfen.

Und wenn das Verzeichnis irgendwann steht, geht es tatsächlich ans Schreiben. Und umso schneller du schreibst, umso eher wird dein eBook fertig sein.

Damit du nicht mittendrin aufhörst, weil so ein eBook doch mehr Arbeit ist als man zunächst denkt, wird folgenden Tipp empfohlen:

Plane jeden Tag ein bestimmtes Ziel ein. Also schreibe jeden Tag mindestens 10 Seiten. Und erst, wenn du diese 10 Seiten geschafft hast, kannst du dich etwa anderem widmen. So wirst du das eBook schnell und konsequent innerhalb weniger Wochen (je nach Umfang) fertigstellen können.Wenn du alle paar Tage mal für eine Stunde oder zwei daran schreibst, wirst du es schwer haben das Projekt fertigzustellen. Mit dieser Methode wirst du dein Ziel der Fertigstellung aber schnell und konsequent erreichen können.

Schreiben lassen:

Alternativ, kann man sich sein eBook auch von einem Ghostwriter schreiben lassen.
Finden kannst du Ghostwriter auf Fiverr.

Fiverr eignet sich auch sehr gut dafür, um fertige eBooks zu kaufen.
Diese sind oftmals mit einer Lizenz ausgestattet damit du sie wieder verkaufen kannst.Wenn du allerdings fertig eBooks kaufst (die bereits vor deine Anfrage geschrieben wurden), dann läufst du auch in die Gefahr, dass diese schon auf anderen Plätzen vermarktet werden.

ChatGPTt nutzen:

Ein Chatbot wie ChatGPT kann dir bei der Themensuche behilflich sein, indem er dir Fragen stellt, um deine Interessen am besten nachvollziehen zu können. Auf Basis dieses Wissen generiert die Künstliche Intelligenz Themenfelder, die für dich interessant sein könnten.

Eine weitere Alternative wäre der Kostenlose KI, ChatGPT, die Schreibarbeit zu überlassen.

Dazu muss man nur die passenden Fragen, an ChatGPT richten.
Als Beispiel…

...die Frage:
wie kann mit ChatGPT helfen ein ebook schreiben?

Die Antwort:
Um mit ChatGPT ein eBOOK zu schreiben, kann man den folgenden Ansatz verwenden:

1. Klare Struktur festlegen: ChatGPT kann euch die Struktur eures eBooks definieren. Somit habt ihr gleich einen groben Überblick darüber, wie viele Kapitel es haben sollte/könnte und welche Themen jedes Kapitel abdecken sollte.

2. Gebt die richtigen Anweisungen: Teilt ChatGPT klare Anweisungen mit. Man kann beispielsweise schreiben: „Erstelle mir eine Struktur für ein Buch mit dem Titel:......"

3. Interaktives Schreiben: Beginne mit einem groben Entwurf (der erstellten Struktur) und verfeinere ihn schrittweise. Werden weitere Informationen zu bestimmten Themen benötigt, diese einfach als Frage verfassen (z.B „erzähle mir mehr zu dem Thema …). So geht ihr, Kapitel für Kapitel, durch.

4. Zwischenzielsetzungen: Teilt das Schreiben in kleine Teile auf und setzt euch Zwischenziele. Dies erleichtert die Kontrolle über den Fortschritt und ermöglicht es euch, den Fokus bezubehalten.
5. Überarbeitung und Anpassung: Den generierten Text durchlesen, um sicherzustellen, dass er euren Anforderungen entspricht.

Wie man sehen kann, werden hier von ChatGPT sehr klare Anweisungen gegeben, welche man Schritt für Schritt befolgen kann – bzw. durch Folgefragen, tiefer in die Materie eintauchen kann.

Zusammengefasst:
Lasst euch gleich zu beginn, von ChatGPT ein Inhaltsverzeichnis, oder eine Struktur geben. Arbeitet von dort aus, mit Folgefragen die einzelnen Punkte ab.

Mehrwert in den Vordergrund stellen:

Wichtig ist, dass du beim Schreiben von deinem eBook immer wieder den Mehrwert bzw. den Nutzen in den Vordergrund stellst.

Dein ganzes Buch muss darauf ausgelegt sein den größten "painpoint" (das Kopfzerbrechen deiner Leser) zu lösen.

Frage dich also beim Schreiben ständig, ob du das noch gewährleistest.

Dein eBook wird sich häufiger verkaufen, wenn du das Problem deiner Leser wirklich löst. Und dann ist die Chance auch groß, dass es weiterempfohlen wird. Denn der Leser will in der Regel, dass sein Problem gelöst ist, wenn er das Buch zu Ende gelesen hat.Vor allem, natürlich, wenn es sich um Sachbücher handelt. Bei Romanen ist bspw. nochmal anders vorzugehen.

Die passende Verkaufsplattform:

Hast du nun dein eBook soweit fertig, solltest du dir Gedanken über die geeignete Verkaufsplattform machen. Denn tatsächlich brauchst du nicht unbedingt einen Verlag um ein Buch zu veröffentlichen. Mittlerweile gibt es zahlreiche Verkaufsplattformen, auf denen du dein eBook im Eigenverlag publizieren kannst. Eigenverlag bedeutet, dass du dich um alles kümmerst, was normalerweise ein Verlag übernimmt. Dazu zählen unter anderen das Marketing, das Design des Buches und die Werbung. Entscheidest du dich dazu, dein eBook im Eigenverlag zu veröffentlichen, hast du eine große Wahl an Verkaufsplattformen. Folgend werden sieben Verkaufsplattformen vorgestellt, auf denen das Self-Publishing reibungslos funktioniert.

Amazon Kindle direct Puplishing-

Amazon war vor Jahren mit die erste Plattform, welche die eBooks mit ihren Kindle Geräten so richtig gepushed hat. Mit einem Marktanteil von knapp 40 Prozent ist und bleibt Amazon einfach die wichtigste Verkaufsplattform, was Bücher angeht. Daher wirst du bei deiner Suche nach der richtigen Verkaufsplattform um Amazon Kindle Direct Publishing nicht herum kommen. Bei Amazon kannst du deine eBooks kostenlos im Selbstverlag veröffentlichen und so Millionen Leser durch das riesige Netzwerk erreichen. Dein eBook wird über Amazon auch in vielen anderen Ländern verkauft und du verdienst dabei 70 Prozent an Tantiemen bei Verkäufen. Zudem kannst du hier die Preise selbst festlegen und jederzeit ändern. Du profitierst hier also vor allem von der riesigen Leserschaft, die Amazon täglich erreicht.

Tipp: Besorgt euch von der Amazon KDP Seite, die App „Kindle Create". Diese wandelt euer Manuskript in eine, für Amazon KDP passende eBook Datei, mit benötigten Inhaltsverzeichnis um. Somit spart ihr euch den ganzen Ärger, den ich zu Beginn hatte, als ich mein erstes Manuskript veröffentlichen wollte.

Epubli-

Mit einer der bekanntesten Plattformen für eBooks und gedruckte Bücher ist ePubli. Beim Kauf eines eBooks liegt dieses den Kunden im ePub-Format vor. Das heißt, dass die Buchdatei von dir in einem PDF- oder ePub-Format hochgeladen werden muss. Das Hochladen und Verkaufen von eBooks ist auch hier kostenlos, nur wenn du eine ISBN-Nummer für dein eBook haben willst, musst du hier 14,95 Euro zahlen. Möchtest du eine professionelle ePub-Konvertierung inklusive ISBN-Nummer, bezahlst du 60 Euro. Der Vorteil von ePubli ist das große Vertriebsnetzwerk des Anbieters. So werden die Bücher über Kobo, Google Play, Apple iTunes, Hugendubel, Bücher.de, Thalia und Weltbild verkauft.

Tolino Media-

Tolino Media ist neben Amazon auch einer der großen Anbieter auf dem Buchmarkt. Bei Tolino kannst du einfach eine Word-Datei hochladen, die Tolino dann in eine ePub-Datei umwandelt, ohne Zusatzkosten zu erheben. Hier erhält jedes der eBooks eine ISBN-Nummer, die kostenlos von Tolino vergeben wird. Ab einem Verkaufspreis von 2,99 Euro erhältst du 70 Prozent vom Nettoverkaufspreis. Bei einem Preis von unter 2,99 Euro sind es 40 Prozent. Das Vertriebsnetzwerk von Tolino umfasst books.ch, buecher.de, buchhandlung.de, buch.de, Hugendubel, Mayersche, Osiander, Thalia und Weltbild.

XINXII-

Auf der Plattform Xinxii lassen sich eBooks schnell, kostenlos und unkompliziert hochladen. Diese Plattform ist also besonders gut für Einsteiger ins eBook-Business geeignet. Möchtest du dein Buch hierüber verkaufen, musst du dich lediglich auf der Plattform anmelden, dein Buch beispielsweise als Word-Datei hochladen, eine kurze Beschreibung zum Buch angeben und einen Preis festlegen – das war es schon. Kauft dann ein Kunde dein Buch, verdienst du daran 70 Prozent des Nettoverkaufspreises. Den Rest behält Xinxii als Provision. Das Vertriebsnetzwerk umfasst, neben den Anbietern, die schon bei Tolino

Media genannt wurden, Indigo, Nook, WHSmith, Rakuten, Livraria cultura, Scribd und Mondadori.

Digistore24-

Bei Digistore24 handelt es sich um einen Marktplatz für digitale Produkte. Dieser Marktplatz bildet im Grunde einen Treffpunkt für Verkäufer und Affiliates. Als Verkäufer kannst du dein eBook dort zum Verkauf anbieten und Affiliates können sich auf der Plattform registrieren und für die dort angebotenen Produkte werben. Verkaufen sie diese dann, erhalten sie eine Provision am Verkaufspreis. Auf Digistore24 werden nur Infoprodukte verkauft. Solltest du also einen Roman auf den Markt bringen wollen, ist diese Plattform nicht geeignet für dich. Wenn du mit deinem eBook aber großes Wissen vermitteln willst, wirst du auf Digistore24 mit Sicherheit Abnehmer finden. Da die Provisionszahlungen hier recht hoch sind, sollte der Verkaufspreis etwas höher liegen, als bei anderen Verkaufsplattformen. 25 bis 30 Euro pro Buch kommen hier nicht selten vor. Das Vertriebsnetzwerk von Digistore24 kann sich ebenfalls gut sehen lassen: Rund 50.000 Verkäufer und Affiliates sind auf dieser Plattform tätig.

Ibook Store von Apple-

Auch Apple hat eine eigene Plattform, auf der du deine eigenen eBooks verkaufen kannst. Dein eBook wird hierbei zunächst in ein ePub-Format oder ein iBooks-Format (.ibooks) umgewandelt. Anschließend kann es im Apple Book Store verkauft werden. Hast du noch kein iTunes-Konto, musst du dieses zunächst erstellen. Wenn du bereits ein Konto hast, kannst du direkt starten.

Google Play-

Bei Google Play hast du ebenfalls die Möglichkeit, dein eigenes eBook zu verkaufen. Auch hier musst du dein eBook zunächst als ePub- oder PDF-Datei hochladen. Danach wählst du die Länder aus, in denen das Buch verkauft werden soll. Deine Bücher werden dann direkt über den Google Play Store verkauft und Google übernimmt für dich das Hosting, den Verkauf und den Vertrieb. Hier kannst du von der enormen Reichweite von Google profitieren. Zudem beansprucht Google keine Exklusivrecht. Hier gehen 30 Prozent an Google und 70 Prozent des Verkaufspreises bekommst du.

Bei diesen sieben Anbietern handelt es sich nur um eine kleine Auswahl an Anbietern. Du siehst also, dass es viele Möglichkeiten für dich gibt, mit deinem eigenen eBook Geld zu verdienen. Falls du mehrere Verkaufsplattformen ins Auge gefasst hast, solltest du dich also nochmal genauer mit den Anbietern auseinandersetzen und dir die passende Plattform für dein eBook raussuchen.

Tipps für den Verkauf:

Wichtig ist, dass du potenziellen Käufer von deinem eBook vor dem Kauf so viele Informationen wie möglich gibst, um ihm die Kaufentscheidung zu erleichtern.

Dafür würde sich unter anderem eine eigene Webseite die du bspw. selber über All Inkl. erstellen kannst eignen.

Wesentliche Kernelemente, die beim Verkauf auf einer solchen Seite (und auch teilweise in den Beschreibungen auf der jeweiligen Plattform) keinesfalls fehlen dürfen, sind die folgenden:

1.) Logo (dein Logo für eine hohe Wiedererkennbarkeit und der Markenbildung)

2.) Headline / Subline (beantworte die Frage, ob der potenzielle Kunde hier richtig ist und das findet wonach er gesucht hat)

3.) Hero Shot (hier reicht ein einfaches Produktbild von dem e-Book)

4.) Einleitung (hier hebst du kurz den wichtigsten Nutzen für den Kunden hervor)

5.) UVP (konzentriere dich hier darauf was dein eBook besonders macht – beantworte dabei folgende Fragen: Wer? Was? Wann? Wo? Warum?

6.) Preis (hier zeigst du den Preis. Preise die "erklärt" werden eignen sich besonders gut. Also zum Beispiel: "statt 49,90 Euro nur 12,90 Euro".

7.) Call-to-Action (vordere den Kunden immer auf den nächsten Schritt zu tun. Klassisch durch einen "Jetzt bestellen" Button zum Beispiel)

8.) Reason Why (in dem Abschnitt kannst du durch Statistiken, Grafiken etc. belegen, warum es genau das richtige Produkt ist)

9.) Funktionsprinzip (erkläre nochmal in aller Ausführlichkeit, warum dein eBook funktioniert und warum dein Kunde mit dem Produkt sein Problem lösen kann. Illustrationen können hierbei helfen).

10.) Testimonials (Testimonials sind sehr gut, um Vertrauen zu schaffen – versuche daher Käufer zu finden, die von deinem Produkt überzeugt und bereit für eine kurze Aussage sind. Video-Testimonials funktionieren in der Regel noch besser)

11.) Trust Elemente (durch Sigel, Marken oder Zertifikate kannst du zusätzliches Vertrauen schaffen und zeigen, warum du als Autor auf jeden Fall in Frage kommst)

12.) Autoren-Beschreibung (stelle dich außerdem kurz vor und lege dar, warum du als Autor der richtige bist)

Wenn du diese Tipps auf deiner Verkaufsseite zum Verkaufen von deinem eBook berücksichtigst, machst du schon mehr als die meisten die im Internet Geld verdienen wollen.

Und hier noch ein Tipp:
Wenn du den Link zum eBook bei Amazon über die sozialen Netzwerke oder auch auf deiner eigenen Webseite streust, dann nutze zusätzlich das Partnernet von Amazon. Es handelt sich dabei um das hauseigene Affiliate-Programm von Amazon. Hier suchst du einfach nach der ISBN-Nummer von deinem eBook und lässt dir dann einen speziellen Affiliate Link erstellen. Dadurch kannst du noch zusätzliche weitere Einnahmen generieren, wenn ein Verkauf über diesen Link zustande kommt.

Bewertungen:

Gerade, wenn du mit Amazon arbeitest, stellt sich irgendwann die Frage wie du an Bewertungen kommen kannst. Denn durch viele (positive) Bewertungen verkauft sich dein eBook in der Regel noch besser.

Bewertungen kaufen ist leider verboten.

Daher solltest du unbedingt darauf verzichten. Wenn Amazon, das herausbekommt, kann es sein, dass die Bewertungen ohnehin gelöscht werden oder im schlimmsten Fall dein Angebot nicht mehr gelistet wird.

KDP bietet bspw. im Bereich Marketing verschiedene Möglichkeiten an, wie du die Anzahl der Verkäufe und auch die Anzahl der Bewertungen steigern kannst. Ein Programm ist bspw. KDP Select.Wenn du dich mit deinem eBook im optionalen KDP Select-Programm anmeldest, kannst du mehr Leser erreichen und mehr Umsatz erzielen. Es handelt sich dabei um ein kostenloses Buchprogramm von Amazon.

Denn du kannst Einnahmen aus dem KDP Select-Fonds erzielen, die auf den Seiten basieren, die von Kunden aus Kindle Unlimited oder der Kindle-Leihbücherei gelesen wurden.

Außerdem hast du Zugriff auf eine Reihe neuer Werbetools: Kindle Countdown Deals und Gratis-Werbeaktionen.

Auch kannst du Werbung schalten auf Amazon. Du zahlst nur, wenn jemand auf dein Buch klickt. Auch solltest du in diesem Bereich unbedingt Autor Central nutzen. Denn hier kannst du dich auf Amazon nochmal persönlich als Autor vorstellen und den Buchverkauf auf Amazon attraktiver gestalten.

Das Cover:

Wichtig ist bei der Gestaltung auch ein ansprechendes Cover.

Fiverr bietet verschiedene Designer an, die dir für sehr wenig Geld bereits ein professionelles Cover erstellen.

Meine Cover, stelle ich selber her. Hauptsächlich mit Fotojet lite und lizenzfreie Bilder, welche ich über Printerest suche.

Diese wirken natürlich lang nicht so professionell, wie gewünscht. Aber mir geht es hierbei ja mehr um die Wissensvermittlung, als um die Einnahmen.

Wenn der Inhalt stimmt, dein Text frei von Grammatik- und Rechtschreibfehlern ist (leider übersieht man immer wieder gewisse Fehler) und das Cover noch einigermaßen professionell aussieht, dann kannst du in der Regel nicht viel falsch machen.

Zumindest hast du dann schon eine sehr gute Grundlage gelegt, was die Qualität von deinem eBook angeht.

Werben mit gratis eBook:

Was auch gut funktioniert, ist erstmal ein kostenloses eBook anzubieten (bspw. die abgespeckte Version deiner Vollversion). Und diese kostenlose Version bekommt man, wenn man sich bspw. mit seiner E-Mail-Adresse dafür einträgt. Als E-Mail-Programm kannst du zum Beispiel Klick-Tipp nutzen. Und anschließend lieferst du erstmal kostenlosen weiteren Content über einen sog. Autoresponder zum Thema aus. Und nach ca. 5 bis 7 Tagen bietest du dann die Vollversion an. Denn in dieser Zeit haben die meisten schon mehr vertrauen zu dir aufgebaut und die Verkaufschancen sind in der Regel größer.

EIN EIGENER BLOG

Ein eigener Blog, eignet sich hervorragend als Einnahmequelle.

Im Grunde, ist es neben social media, die optimale Möglichkeit für Affiliate Marketing.

Doch, neben Affiliate Marketing, bietet ein eigener Blog auch noch weitere Einnahmequellen.

Bevor ich euch ein paar Beispiele zeige, durch die man einen eigenen Blog in eine Einnahmequelle verwandeln kann, schauen wir uns erst einmal an, wie und wo man einen eigenen Blog erstellt.

Wer mit bei der technischen Umsetzung keine Hilfe benötigt, kann auch gleich ab „Teil 2 – mit eigenen Blog Geld verdienen" weiterlesen.
Daher,…

… Teil 1 – eigenen Blog erstellen:

Du hast den Entschluss gefasst, einen eigenen Blog zu erstellen.

Doch es schwirren tausende Fragen in deinem Kopf herum:

Welche Blog-Plattformen gibt es? Wo kann ich kostenlos einen Blog erstellen? Wie finde ich das richtige Thema für den eigenen Blog? Wie bekomme ich Besucher?

Keine sorge, hier im 1. Teil werde ich - unterteilt in 8 einfachen Schritten zeigen, wie man am besten vorgeht.

Doch vorher, ein kleines…

… Website 1x1:

1.) Website: Gesamtheit aller Inhalte auf einer Domain.

2.) Webseite: Unterseite einer Website.

3.) Homepage: Startseite einer Website.

4.) Blog: Website mit (meist) chronologischer Anzeige von Beiträgen, oft auch Teil einer Website.

5.) URL: Komplette Internet-Adresse, die im Browser erscheint (z.B. https://www.meinblog.com)

6.) Domain: https://www.**google.com**-erstellen/ (Teil der URL, der Fett geschrieben ist).

7.) Sub-Domain: https://shop.meinblog.com (einer Domain untergeordnete Domain).

8.) Permalink: https://www.meinblog.com/begrüßung/ (der Teil der URL, der nach der Domain kommt).

9.) Host/Hoster: Dienstleister, der den Server bereitstellt, auf dem die Dateien und Datenbanken für deine Website liegen.

Jetzt können wir mit den 8 notwendigen Schritten fortfahren.

Um den Überblick nicht zu verlieren, hier erst einmal eine Zusammenfassung, welche...

... Schritte notwendig sind:

1.) Finde das richtige Thema für deinen Blog.

2.) Suche dir eine Blog Plattform aus.

3.) Finde einen Hosting Anbieter.

4.) Passenden Namen für Domain- und Blog wählen.

5.) Designe und erstelle deinen Blog.

6.) Schreibe deinen ersten Blogbeitrag.

7.) Erstelle einen Redaktionskalender.

8.) Promote deinen Blog.

1.) Finde das richtige Thema für deinen Blog:

Die Frage ist einfach zu beantworten, wie im eBooks Kapitel:

Etwas, wofür du Leidenschaft empfindest. Etwas, was dich wirklich und wahrhaftig interessiert. Etwas, wofür du brennst.
Nimm dir kurz Zeit, um die folgenden Fragen zu beantworten:

- Kannst du dir vorstellen, dich jeden Tag mit dem Thema zu beschäftigen?

- Kannst du dir vorstellen, Videos zu dem Thema zu machen oder ein Buch darüber zu schreiben?

- Oder Vorträge darüber zu halten?

- Wenn du dich mit Zettel und Stift für eine halbe Stunde hinsetzt, kommt du dann auf 20 Ideen für potenzielle Artikel?

- Erzählst du oft und viel deinen Freunden von diesem Thema?

Wenn du alle oder die meisten Fragen mit Ja beantworten kannst, ist das Thema das richtige.

Mit einem Thema Geld verdienen zu können, ist ebenfalls ein wichtiger Faktor. Vor allem, wenn du hauptberuflich Blogger werden möchtest.

Von Vorteil ist es auch, eine Nische innerhalb deines Themas zu finden. Die kannst du dann als Alleinstellungsmerkmal für deinen Blog nutzen.

2.) Suche dir eine Blog Plattform aus:

Die Blog-Plattform ist die Technik, die hinter deiner Website steht, also die Software, auf der du deinen Blog starten, gestalten, schreiben und dann veröffentlichen kannst.

Wenn du keine teure Designagentur beauftragen willst, steht dir alternativ eine große Auswahl an Homepage-Baukästen zur Verfügung, die sich für das Starten eines eigenen Blogs eignen.

Die meisten Anbieter stellen dir verschiedene Preispakete inklusive Web-Hosting und eigener Domain zur Verfügung. Die Kosten für einen eigenen Blog sind mit einem Homepage-Baukasten relativ gering. Bei den meisten Anbietern, kannst du bereits kostenlos starten.

Wenn du es mit dem Bloggen ernst meinst, kannst du später zu einem Premiumpaket upgraden.

Plattform Empfehlungen:

Es gibt zahlreiche Anbieter, wie Blogger.com, Tumblr, Wix oder Jimdo, bei denen du kostenlos einen Blog erstellen kannst.

Wenn du es halbwegs ernst mit dem Bloggen meinst, solltest du deinen Blog jedoch auf einem eigenen Webhosting-Paket betreiben.

Mit einer selbst eingerichteten WordPress-Installation und einer eigenen Domain.

Der Einstieg in WordPress ist zwar etwas schwieriger. Aber du bist deutlich flexibler und kannst deinen Blog so gestalten und erweitern, wie du möchtest.

Dort bist du Besitzer und nicht Mieter.

Auf WordPress, komme ich noch am Ende von Teil 1 zurück.

3.) Finde einen Hosting Anbieter:

Wenn du mit deinem Blog im Internet gefunden werden willst, benötigst du eine Domain und Webhosting.

Webhosting oder Hosting macht deinen Blog im Internet verfügbar und speichert ihn unter einer individuellen Adresse auf einem Server. Solltest du dich für einen Homepage-Baukasten entscheidest, ist kostenloses Hosting, wie bereits erwähnt, meist in deinem Preispaket mit inbegriffen.

Falls Hosting bei deiner Blog-Platform nicht inklusive ist, musst du dir einen separaten Webhost suchen und extra bezahlen. Bei der Wahl eines Webhosts solltest du Faktoren wie Uptime bzw. Betriebszeit, Bandbreite und Kundenservice berücksichtigen.

Auch das Thema Datensicherheit ist wichtig, besonders dann, wenn du deinen Blog monetarisieren und personenbezogene Daten erheben willst. Alle Websites, die du z.B. auf Wix erstellst, sind über ein SSL und das HTTPS-Zertifikat geschützt.

Insider Tipp:

Die Luxus Variante von Webhosting, bezogen auf das Hosten eines Blogs, wäre Managed WordPress Hosting. Hierbei wird dir ein Großteil, die Verwaltung und Administration abgenommen. Dieser Luxus kostet natürlich dementsprächend.

Aber: Bei meiner Suche nach einem Preisvergleich, bin ich auf zwei Anbieter gestoßen, welche ein dauerhaftes gratis testen, ihres Services anbieten.

Und zwar: WPspace und WordPress.com.

4.) Passenden Namen für Domain- und Blog wählen:

Wenn du einen Blog starten willst, braucht dieser natürlich einen Namen und eine Domain, die im besten Fall den Namen deines Blogs trägt.

Eine Domain ist deine einzigartige Adresse, mit der du im Internet gefunden wirst und setzt sich zusammen aus dem Namen selbst und der Top Level Domain, also der Endung oder Suffix.

Um hier die richtige Auswahl zu treffen, ist es wichtig zu definieren, was dein Blog ausstrahlen soll: Soll er eher formell und professionell sein? Niedlich und romantisch? Punkig und ausgefallen?
Vielleicht hast du bereits einen Namen im Hinterkopf?

Falls nicht, kannst du diese Tipps befolgen:

- Mache klar, worum es auf deinem Blog geht

- Verbinde die Domain mit deinem Namen, dem deiner
Firma oder Marke (falls vorhanden)

- Kurz und einprägsam statt lang und umständlich

- Einfache Namen ohne Zahlen und Umlaute, um Tippfehler
zu vermeiden

- Domains mit einer .de Top-Level-Domain sind für
deutsche Blogs am besten geeignet

Die Wahl deines Blognamens hängt natürlich auch vom Thema deines Blogs ab. Wenn es sich bei deinem Blog um einen Corporate Blog handelt, macht es Sinn den Firmennamen in der Domain und im Namen zu verwenden.

5.) Designe und erstelle deinen Blog:

Jetzt geht es daran, deinen Blog zu erstellen und zu designen. Da auch im Internet der erste Eindruck zählt und entscheidend für den Erfolg ist, sind das Layout und das Design deines Blogs besonders wichtig.

5.1) Wähle eine Blog-Vorlage-

Du kannst mit einem Blog-Template beginnen und es so anzupassen, wie es dir gefällt. Das ist bei Weitem der effizienteste Weg, um deinen Blog zu starten und mit einem Homepage-Baukasten kannst du verschiedene Vorlagen testen, bevor du dich auf ein Design festlegst. Solche Vorlagen haben außerdem den Vorteil, dass sie dir bereits ein schönes und vor allem nutzerfreundliches Layout bieten.

Es gibt Vorlagen für Blogger aus allen Bereichen: von Food-Blogs über Fotografie-Blog bis hin zu Business-Blog ist alles mit dabei.

- Was passt am besten zu deiner Nische?

- Welche Stimmung willst du vermitteln?

- Wie viele Bilder willst du integrieren?

5.2) Welche Seiten braucht dein Blog-

Da Blogs viele Artikel beinhalten, brauchst du Unterseiten, die deinen Blog sortieren und deinen Lesern dabei helfen, sich zurechtzufinden. Die meisten Blogs sind in verschiedene Kategorien unterteilt. Bei einem Back-Blog könnten dies zum Beispiel „Kuchen"; „Kekse"; „Hefeteig" etc. sein.

Abgesehen von inhaltlichen Kategorien gehören eine „Kontakt"-Seite, eine „Über mich"-Seite und ein Online-Shop zu den wichtigsten Unterseiten auf einem Blog sowie Pflichtangaben im Impressum und der Datenschutzerklärung.

Deine Blog-Kategorien und die „Über mich"-Seite sollten im Navigationsmenü in der Kopfzeile oder am Rank verlinkt sein. Informationen zu Kontakt, Impressum und die Datenschutzerklärung kannst du hingegen in der Fußzeile verlinken.

5.3) Indexiere deinen Blog bei Suchmaschinen-

Damit dein Blog bei Suchmaschinen gefunden wird, wenn Leser nach einem deiner Themen suchen, musst du ihn indexieren. Dies machst du am besten, indem du deine Sitemap an die Google Search Console sendest.

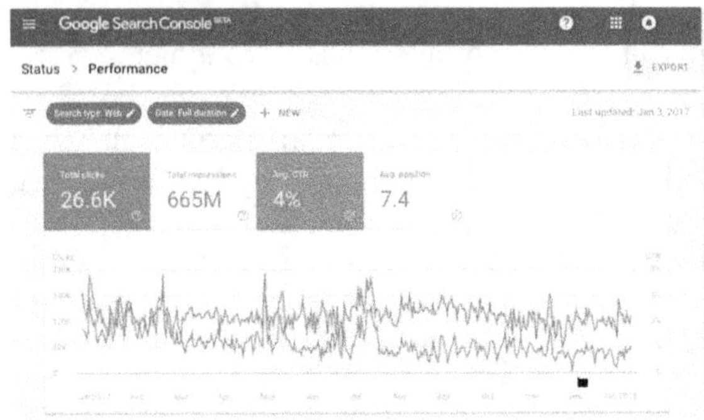

Google Search Console Analyse Tool

5.4) Erstelle ein Blog-Logo-

Du kannst ein Logo erstellen, mit dem du deinem Blog noch mehr Persönlichkeit verleihst und deine Markenbekanntheit steigerst. Achte bei der Wahl der Logofarben, Schriftarten und Symbole darauf, dass sie zur Gesamtgestaltung deines Blog-Designs passen.

Der beste Platz für dein Logo ist in der oberen linken Ecke oder oben mittig auf deiner Website und auf jeder deiner Unterseiten. Auf den Unterseiten kannst du das Logo dann mit deiner Homepage verlinken, sodass es deinen Lesern auch als Navigationstool dient.

6.) Schreibe deinen ersten Blogbeitrag:

Jetzt, da dein Blog technisch einsatzbereit ist, kannst du mit der Hauptarbeit beginnen und deinen ersten Blogartikel schreiben.

6.1) Führe Keyword-Recherche durch-

Damit deine Beiträge auch gefunden und gelesen werden, solltest du dich ausführlich mit dem Thema SEO auseinandersetzen. Ein Teil davon ist die Recherche von Keywords oder Schlüsselwörter, die in direktem Zusammenhang zu deinem Thema stehen und nach denen Leute im Internet suchen. Indem du diese Begriffe in deine Artikel einbaust, steigerst du die Wahrscheinlichkeit, dass dein Blog für diese Suchanfragen auf Suchergebnisseiten erscheint.

Empfehlenswert, für deine Keyword-Recherche sind die folgenden Tools: Google Keyword Planner, SEMrush oder Ahrefs zu nutzen.

6.2) Skizziere die wichtigsten Punkte-

Im Zuge deiner Keyword-Recherche wirst du auch herausfinden, was andere Blogs zu deinem Thema schreiben. Diese Information kannst du nutzen, um deinen eigenen Artikel zu gliedern und zu entscheiden, welche Abschnitte du integrieren willst und welches Format dein Beitrag haben soll. Achte darauf, dass du etwas Neues und Interessantes mit auf den Markt bringst, von dem andere Blogs noch nicht schreiben.

Tolle Blog-Formate sind zum Beispiel: Anleitungen, Empfehlung, Kommentare, Rezension oder Erfahrungsberichte.

6.3) Überlege dir einen Titel-

Ein ansprechender Titel entscheidet oft darüber, ob deine Beitrag gelesen wird oder nicht. Oft ist es sinnvoll den Titel am Ende zu finalisieren, wenn du genau weißt, worum es bei deinem Blogbeitrag geht.

Versetze dich in die Lage deiner Leser und überlege dir, welche Art von Titel du an ihrer Stelle interessant finden würdest und was Lust aufs Lesen macht.

- Formuliere den Titel klar und direkt

- Erwähne den Mehrwert, den dein Artikel schafft

- Sprich die Emotionen deiner Leser an

- Wecke die Neugier deiner Leser

- Nutze ggf. Humor, Alliteration oder Wortspiele

6.4) Schreibe ansprechende Inhalte-

Die Qualität deiner Texte ist das wichtigste, wenn du einen erfolgreichen Blog starten willst. Daher sollte jeder Abschnitt eines Artikels – Überschrift, Unterüberschrift, Fließtext, Einleitung und Fazit – einen Sinn ergeben und Mehrwert schaffen.

In deiner Einleitung geht es darum, die Aufmerksamkeit deiner Leser zu packen und sie zum Weiterlesen zu überzeugen.

Im Fließtext teilst du dein Wissen und deine Expertise über das Thema deiner Wahl mit deinem Publikum.

Achte darauf, überflüssige Inhalte und Füller zu vermeiden, die nichts zu deinem Thema beitragen. Stattdessen sollte jedes Wort und jeder Satz eine Bedeutung haben. Ist dies nicht der Fall, kannst du ihn streichen.

Der Ton deines Artikels kannst du an deine Zielgruppe anpassen, das hängt aber natürlich auch von deinem eigenen Stil ab.

Im Fazit hast du die Gelegenheit, die Hauptpunkte des Artikels und deine eigene Meinung zusammenzufassen. Das ist kein Muss, macht aber bei langen Artikeln Sinn.

Sei dir dessen bewusst, dass das Schreiben eines Blog-Beitrags mehrere Stunden dauern kann. Überstürze es nicht und nimm dir Zeit, um deinen ersten Entwurf zu schreiben.

6.5) Füge visuelle Elemente hinzu-

Bilder, Statistiken und Grafiken können dazu eingesetzt werden, den Gesamteindruck deines Artikels zu stärken. Daher sollten alle Fotos, Screenshots, Illustrationen etc., die du hinzufügst, sowohl funktional als auch schön sein und die wichtigsten Hauptpunkte deines Beitrags hervorheben.

Falls du keine eigenen Bilder hast, kannst du auch lizenzfreie Stockfotos aus dem Internet verwenden. Schöne Bilder gibt es bei Pexels, Printerest und Unsplash, für einige Bilder musst du allerdings eine kostenpflichtige Lizenz erwerben.

6.6) Optimiere deinen Beitrag für SEO-

Bevor du deinen fertigen Beitrag veröffentlichst, gibt es ein paar kleine, aber wichtige Schritte, mit denen du deinen Artikel für SEO optimieren kannst. Wir empfehlen dir, diese Schritte nicht außer Acht zu lassen, da sie die Conversion deines Blogs erheblich steigern können.

- Überprüfe deine Keywords
- Füge interne Links hinzu
- Integriere CTAs
- Verwende Alternativtext
- Nutze Meta-Tags
- Wähle deine URL

6.7) Redigiere und veröffentliche deinen ersten Post

Der letzte Schritt besteht darin, deinen Beitrag zu redigieren und Freund:innen, Kolleg:innen oder Familienmitgliedern zum Korrekturlesen zu geben. Du selbst solltest deinen Artikel natürlich auch mehrere Male lesen, um sicherzustellen, dass alle wichtigen Elemente enthalten sind. Manchmal müssen Inhalte auch etwas atmen. Nimm dir genug Zeit und Abstand, um deinen Beitrag mit frischem Kopf zu lesen.

Bist du mit dem Ergebnis zufrieden, kannst du deinen Artikel auf deinem Blog hochladen.

7.) Erstelle einen Redaktionskalender:

Um einen erfolgreichen Blog starten zu können, ist das regelmäßige Veröffentlichen neuer Beiträge ein wichtiger Bestandteil deiner Strategie. Ein Redaktionskalender kann dir dabei helfen, deine Beiträge auf lange Sicht hin zu planen. Denn dass dein Blog konstant neue Inhalte bietet, ist nicht nur für deine Leser wichtig, sondern beeinflusst auch das Gesamt-ranking deiner Website bei Suchmaschinen.

Die optimale Vorgehensweise wäre, mindestens 10 Ideen zu entwickeln, mit denen du dann deinen Kalender füllen kannst. Um einen erfolgreichen Redaktionskalender zu führen brauchst du kein neues Tool. Nutze dafür einfach eine Liste in Excel oder Google Sheets. Erstelle Spalten für: Veröffentlichungsdatum, Blogtitel, die wichtigsten Keywords, den Artikelstatus und Kommentar.
Wie oft sollte man bloggen?

Dies ist eine häufig gestellte Frage von Menschen, die einen Blog starten wollen. Als Faustregel gilt: Je öfter du bloggst, desto mehr Traffic erhältst du auf deiner Website.

Wie oft du bloggst, hängt letztendlich von deinen Zielen ab. Wenn dein Hauptziel darin besteht, deine Markenbekanntheit zu steigern, kannst du mit 1 - 2 neuen Posts pro Woche beginnen. Geht es dir hingegen eher um die Steigerung deines Traffics, kannst du idealerweise 3 - 4 neue Beiträge pro Woche schreiben.

Setze dir für deinen Redaktionskalender zu Beginn lieber kleine und erreichbare Ziele, um dich zu motivieren. Du kannst deinen Kalender

jederzeit updaten und größere Ziele stecken.
Wie lang sollte ein Blogartikel sein?

Die optimale Länge eines Artikels hängt vom Thema ab, der Art deines Posts und davon, wie tief du in deine Materie eintauchen willst.

Generell gilt – Qualität über Quantität! Versuche nicht ein Thema unnötig in die Länge zu ziehen, denn sonst verlieren deine Leser die Lust am Lesen. Eine gute Orientierungshilfe sind auch hier ähnliche Artikel anderer Blogger, an deren durchschnittlicher Länge du dich orientieren kannst.

8.) Promote deinen Blog:

Nachdem du nun alles hast, was du brauchst, um deinen Blog starten zu können, geht es darum, deinen Blog auch zu promoten und zu einer potenziellen Einkommensquelle zu machen.

Die Verbesserung deines SEO ist bereits ein wichtiger Schritt, um Leser zu gewinnen und den Traffic auf deinem Blog zu steigern. Hier sind einige weitere, kreative Methoden, um deinen Blog zu promoten und zu bewerben.

- Teile deine Beiträge auf Social Media: Social Media ist ein hervorragender Ort, um deine Inhalte zu veröffentlichen und Leute auf deinen Blog aufmerksam zu machen. Egal, ob Facebook, Instagram, Twitter oder LinkedIn, über Social Media hast du die Möglichkeit Massen zu erreichen.

- Erstelle einen Blog-Newsletter: Durch das Versenden wöchentlicher E-Mail-Newsletter kannst du deine Leserauf neue Inhalte aufmerksam machen und sie somit auf deinen Blog zurückholen. Dies wird dir auch dabei helfen, eine treue Fangemeinde aufzubauen. Um deine ersten Abonnenten zu gewinnen, einfach eine Schaltfläche mit dem CTA "Abonnieren" in die Navigationsleiste oder Fußzeile deiner Website hinzuzufügen und in auch in deine Blog-Posts selbst integrieren.

- Schreibe Gastbeiträge für andere Websites: Das Schreiben und Veröffentlichen auf anderen Websites und Blogs, ist eine perfekte Art, um deinen Ruf als Autor und Experte in deiner Nische oder deinem Fachgebiet zu stärken.

- Vernetze dich mit einer bestehenden Community: Menschen mit ähnlichen Interessen kommen oft in Facebook-Gruppen, Foren und LinkedIn-Gruppen zusammen. Wenn du eine Online-Community findest, die für deine Blog-Nische relevant ist, solltest du darüber nachdenken, dich mit den Mitgliedern dieser Gruppe zu vernetzten und deine Artikel in der Gruppe zu teilen.

- Beteilige dich an Frage- und Diskussionsforen: Seiten wie Quora und Reddit geben dir die Möglichkeit, deinen Blog in Diskussionsthreads einzubringen. Du kannst deine Posts dazu verwenden, gestellte Fragen zu beantworten oder auf einen Kommentar einzugehen. Wichtig ist hierbei zu beachten, dass du eher hilfreich und informativ als werbend rüberkommen solltest.

- Investiere in bezahlte Anzeigen: Natürlich kannst du deinen Blog auch mithilfe von bezahlten Anzeigen bewerben und somit noch mehr Menschen gezielt erreichen. Dies kannst du einerseits tun, indem du die Posts, die du auf Social Media teils bewirbst oder indem du Anzeigen über Google Ads schaltest.

- Probiere verschiedene Formate aus: Die Themen, die du in deinen Blogpostst behandelst, lassen sich mit großer Wahrscheinlichkeit auch für andere Formate adaptieren. Du könntest deinen Beitrag zum Beispiel in ein Video umwandeln und auf YouTube hochladen oder eine Podcast-Episode aufnehmen. Somit erreichst du auch solche Interessenten, die lieber Videos und Podcasts konsumieren als zu lesen.

WordPress:

WordPress(.org) ist eine kostenlose Open-Source-Software, mit der du einfach und schnell einen Blog erstellen kannst. Mittlerweile werden über 39 % aller Websites weltweit (!) mit WordPress betrieben, womit es die mit Abstand am meisten genutzte Plattform ist. Mithilfe von Themes und Plugins kannst du deine Website komplett nach deinen Wünschen gestalten und erweitern.

Der Dienst WordPress.com basiert ebenfalls auf WordPress, mit dem Unterschied, dass es weniger flexibel ist, weniger Funktionen bietet und man nicht in den Quellcode eingreifen kann, weswegen ich davon eher abrate.

WordPress installieren:

Schritt #1: webgo Webspace-Admin öffnen:
Als Erstes rufst du den webgo Webspace-Admin deines Hosting-Pakets auf. Dort kannst du sämtliche technischen Einstellungen vornehmen.
Dazu klickst du auf der Startseite des webgo Kundenportals auf den orangen Button webgo Webspace-Admin bei deinem Vertrag

Schritt #2: 1-Klick-Installation starten:
Um mit der 1-Klick-Installation zu starten, gehst du im webgo Webspace-Admin zu Paket-Verwaltung > 1Click Install.
Dort klickst du in der Zeile WordPress auf den kleinen Stift in der Spalte „zur Installation"

Schritt #3: 1-Klick-Installation konfigurieren:
Nachdem du auf den kleinen Stift geklickt hast, musst du für die 1-Klick Installation diverse Daten angeben:

1.) Domain: Wähle hier deine Domain aus der Liste (nimm am besten die Variante ohne www.)

2.) Pfad zu Zielverzeichnis: Kann so bleiben (nur für den Fall, dass du schon einmal eine 1-Klick-Installation gemacht hast, solltest du einen anderen Ordner auswählen)

3.) Domain auf Installationsverzeichnis weiterleiten: Hier muss auf jeden Fall ein Haken rein, sonst leitet deine Domain
nicht zur WordPress-Installation weiter

4.) Blog-Titel: Lege hier einen Titel für deinen Blog fest
(ist später änderbar, wenn du nicht sicher bist, trage einfach so etwas wie „Mein Blog" ein)

5.) E-Mail Adresse: die E-Mail-Adresse des
WordPress-Administrators. Diese ist wichtig zur Passworterstellung, bitte überprüfe sie also noch einmal auf Richtigkeit!

6.) WordPress-Passwort: Hier legst du ein Passwort
für den WordPress-Administrator fest. Das Feld wird bereits mit einem sicheren Passwort vorausgefüllt, du kannst aber auch ein eigenes

festlegen.

7.) WordPress-Benutzer: Hier legst du einen Benutzernamen für den WordPress-Administrator fest. Bitte nimm nicht „admin", sei ein wenig kreativer, das schützt dich besser vor Hacks.

8.) Passwort: Hier trägst du ein Passwort für die Datenbank ein (Achtung: Das ist nicht das Passwort für den WordPress-Login!). Klicke am besten auf generieren, danach auf anzeigen und speichere dir das Passwort in einer Textdatei oder einer Notizen-App

Anschließend klickst du am Ende auf installieren.

Jetzt musst du etwa 1 Minute warten, bis WordPress installiert wird.

Schritt #4: In WordPress einloggen:

Mit den Zugangsdaten, die dir im Installationsprozess angezeigt wurden, loggst du dich anschließend in WordPress ein:Dazu gibst du eine der folgenden URLs in den Browser ein (sie führen alle zum gleichen Ziel):

http://deinedomain.de/wp-admin
http://deinedomain.de/wp-login.php
http://deinedomain.de/wp-login (funktioniert nicht immer)

Den Platzhalter deinedomain.de musst du natürlich durch deine Domain ersetzen.

Schritt #5: Neue WordPress-Website auf HTTPS umstellen:

Im letzten Schritt stellst du deine WordPress-Website noch auf HTTPS um, was aus Datenschutz- und Performance-Gründen wichtig ist.

Dazu legst du zunächst ein SSL-Zertifikat im webgo Webspace-Admin an. Dazu klickst du auf Paket-Verwaltung > SSL und anschließend auf den grünen Button SSL anlegen

Anschließend musst das SSL-Zertifikat konfigurieren.

Das ist aber leichter, als es sich anhört.

Du musst **erstens** deine Domain auswählen (ohne www.), **zweitens** sicherstellen, dass alle drei Häkchen darunter gesetzt sind und **drittens** deine E-Mail-Adresse angeben. Alle anderen Felder kannst du leer lassen.Anschließend scrollst du runter und klickst auf den grünen Button ANLEGEN.

Jetzt wird das SSL-Zertifikat erstellt, was einige Minuten dauern kann.

Du musst jetzt nur noch WordPress sagen, dass deine Website über HTTPS und nicht mehr über HTTP abgerufen werden soll. Das ist (mittlerweile) auch mit nur einem Klick möglich.

Dazu gehst du im WordPress-Adminbereich zu Werkzeuge > Website-Zustand und klickst dann auf den Toggle mit dem Titel Deine Website verwendet kein HTTPS.

Dort klickst du auf den blauen Button Aktualisiere deine Website zur Verwendung von HTTPS:

Fertig!
Jetzt fehlt nur noch ein Schritt zum Abschluss der Installation:

Schritt #6: WordPress updaten:

In der Regel stellt webgo bereits die neuste Version von WordPress für den 1Click Install bereit.

Es kann aber immer mal sein, dass es kürzlich ein Update für WordPress herausgekommen ist und die installierte Version nicht mehr aktuell ist.

In dem Fall wird dir im gesamten WordPress-Dashboard ein kleiner gelber Hinweis angezeigt, dass du WordPress aktualisieren solltest:
Um das Update durchzuführen, klickst du im Hinweis einfach auf den Link Bitte aktualisiere jetzt.

Auf der darauffolgenden Seite klickst du dann auf den oberen blauen Button Jetzt aktualisieren (bitte nicht auf den unteren, denn sonst installierst du die englischsprachige Version):

Gestalte und konfiguriere deinen WordPress-Blog:

Du hast WordPress installiert?
Super!
Dann geht es jetzt daran, deinen WordPress-Blog zu gestalten und richtig zu konfigurieren.

Zuerst solltest du z. B. Folgendes tun, um optimal mit WordPress arbeiten zu können und deine Website grundlegend einzurichten:

1) Standard-Plugins löschen
2) Beispiel-Seite und -Beitrag löschen
3) Permalinks auf Beitragsname stellen
4) Medien nicht in monats- und jahresbasierten Ordnern sortieren
5) Die wichtigsten WordPress-Plugins installieren
   (wie ein Cookie-Plugin oder einen Page-Builder)
6) Ein WordPress-Theme finden
7) Seitentitel und Untertitel festlegen
8) Wichtige Seiten anlegen
9) Favicon einfügen
10) Navigationsmenü einrichten
11) Logo einfügen
12) Bei der Google Search Console anmelden (optional)
13) Analyse-Tool installieren (optional)
14) Datenschutz
15) WordPress absichern

So weit, so gut. Das wäre also die notwendige Erklärung, zur Erstellung eines Blogs.

Hoffentlich war das lesen dieses Teils, für euch genauso interessant, wie die Recherchearbeit für mich war.

Im folgenden Kapitel, wird das eigentliche Thema erläutert und euch somit die Möglichkeiten gezeigt, wie ihr zuverlässig, mit dem eigenen Blog Geld verdienen könnt.

...TEIL 2: MIT DEM EIGENEN BLOG
GELD VERDIENEN

Das Bloggen als Beruf hat viele Vorteile: Unabhängiges Arbeiten ohne starre Kernarbeitszeiten von überall in der Welt und du kannst dich jeden Tag mit deinem Lieblingsthema beschäftigen.

Wenn du einen Blog erstellen möchtest, dann beginnt dies meistens als Hobby und aus einer Leidenschaft für ein bestimmtes Thema heraus. Heutzutage bloggen jedoch auch viele Unternehmen, um dadurch mehr Traffic auf ihre Unternehmens-Website zu lenken.

Klingt doch super, oder? Viel stellen sich allerdings die Frage, wie sie mit einem Blog Geld verdienen können, um ihren Lebensunterhalt zu bestreiten.

Bevor wir uns in diesem Teil dieser Frage widmen, muss ganz klar gesagt werden, dass es nicht einfach ist, als Blogger Geld zu verdienen und dass viel Zeit und Energie nötig ist, um mit einem eigenen Blog erfolgreich zu sein. Wenn du deinen Content jedoch professionell vermarktest und das Bloggen zu einem ernst zu nehmenden Geschäftsmodell machst, zahlt sich deine Mühe aus.

Methoden, welche sich besonders eignen - auf die noch genauer eingegangen wird:

Überblick:

1.) Pay-per-Click-Werbung

2.) Direkt-Marketing

3.) Affiliate-Marketing

4.) Sponsored Posts

5.) Beratung und Dienstleistungen

6.) Produkte verkaufen

7.) Paid Content

8.) Events

9.) Spenden

10.) Gastbloggen

11.) Links verkaufen

12.) Blog-Nische optimal nutzen

13.) Traffic aufbauen

14.) Reputation und Netzwerk

15.) Blog promoten

1.)Pay-per-Click-Werbung:

Eine Möglichkeit durch den Blog Geld zu verdienen ist die Platzierung von Pay-per-Click-Anzeigen in deinem Blog. Der wohl bekannteste Dienst zum Schalten von Pay-per-Click-Werbung ist Google AdSense.

Du stellst Werbeflächen auf deinem Blog bereit, die dann von den Google AdSense mit Werbung gefüllt werden.

Die Größe, Form und Platzierung der Anzeigen kannst du selbst bestimmen. Durch die visuelle Optimierung deiner Anzeige kannst du für ein ungestörtes Surferlebnis sorgen und dadurch Klicks optimieren.

Technisch funktioniert Pay-per-Click-Werbung, indem ein Anzeigencode, ein sogenannter Code-Snippet (Code-Schnipsel) auf deiner Website eingebaut wird, über den die Anzeigen geschaltet werden.

Das Gute an dieser Art der Werbung ist, dass die Anzeigen auf die Inhalte und Thematik deines Blogs abgestimmt werden. Somit ist die Wahrscheinlichkeit groß, dass deine Leser Werbung zu sehen bekommt, die sie auch interessiert.

Du als Blogger verdienst immer dann Geld, wenn die Anzeigen geklickt werden und die meisten Blogger verdienen mit dieser Blog Monetarisierung circa einige hundert Euro. Pro Anzeigen-Klick kannst du im Durchschnitt zwischen 0,10 und 1,00 € verdienen. Je mehr Traffic du also durch deine Inhalte auf deinen Blog lockst, umso höher ist auch die Wahrscheinlichkeit, dass die Anzeigen geklickt werden und du mit deinem Blog Geld verdienst.

Wie du Google AdSense-Anzeigen zu deinen Blogbeiträgen hinzufügen kannst, erfährst du in unserem Hilfe-Center. Die Installation ist kostenlos.

Vorteile-

- Einfache und kostenlose Integration

- Automatisierte und angepasste Werbeinhalte

- Regelmäßige Auszahlung der Einnahmen

- Responsive Anzeigen

- Thematisch angepasste Werbung

- Flexibles Design

Nachteile-

- Muss im Cookie-Hinweisbanner und der
Datenschutzerklärung erwähnt werden

- Beeinflusst die Seitenperformance und Ladezeit

- Kann von Adblockern blockiert werden

- Wird von manchen Lesern ignoriert

Tipp:
Die visuelle Erscheinung von Werbung ist ein entscheidender Faktor, um Klicks zu erzielen. Deine Anzeigen sollte gut sichtbar, aber nicht zu aufdringlich sein. Am besten funktionieren Anzeigen, die sich optisch in den Stil deines Blogs integrieren, sodass sie niemanden stören oder verärgern.

2.)Direkt-Marketing:
Beim Direkt-Marketing vermietest du Werbeflächen in deinem Blog. Anders als bei Google AdSense arbeitest du hier direkt mit dem Werbetreibenden zusammen und wirst von diesem auch direkt bezahlt.

Diese Art der Blog Monetarisierung kann etwas aufwändiger sein, da du dich selbst um die Vermarktung deiner Werbeflächen kümmern musst. Hast du allerdings einen festen Werbepartner gefunden, kann das Ganze durchaus lukrativ sein und du kannst mehrere Hundert Euro damit verdienen. Genau wie bei der Pay-per-Click-Werbung sind deine Einnahmen umso höher, je mehr Traffic du auf deinem Blog bekommst.

Vorteile-

- Einfache Integration

- Muss nicht im Cookie-Hinweisbanner und der
Datenschutzerklärung erwähnt werden

- Beeinflusst die Seitenperformance und Ladezeit nicht

- Kann sehr lukrativ sein

Nachteile-

- Akquise von Werbepartnern kann aufwändig sein

- Passt sich nicht automatisch den Leser-Interessen an

- Wird immer häufiger als störend ignoriert

3.)Affiliate-Marketing:

Wenn du mit dem Blog schreiben Geld verdienen möchtest, dann gehört Affiliate-Marketing zu den beliebtesten und lukrativsten Einnahmequellen.

Was Affiliate ist und wie es funktioniert, wird im Kapitel „Affiliate Marketing", ausführlich erklärt.

Da ich die Seiten, nicht einfach nur, irgendwie mit Text füllen möchte, sondern meinen Lesern weiterhelfen möchte, konzentriere ich mich hier, nur auf die Vor- und Nachteile, bezüglich eures eigenen Blogs.

Vorteile-

- Sind unauffällig und behindern den Lesefluss nicht

- Kann hohe Einnahmen erzielen

- Große Auswahl an Programmen erhöhen die Chance auf
gute Kooperationen

- Fulfillment und Versand werden vom Hersteller
übernommen

Nachteile-

- Muss als Werbung gekennzeichnet werden

- Unregelmäßiges Einkommen

- Passt nicht zu jeder Blog-Nische

4.) Sponsored Posts:

Schreibe Sponsored Posts. Gesponsorte Beiträge oder „Kooperationen" sind eine gute Möglichkeit, um mit dem eigenen Blog Geld zu verdienen.

Hierbei erstellst du auf deinem Blog Beiträge, in denen du bestimmte Produkte oder Dienstleistungen gezielt bewirbst und dafür vom Anbieter bezahlt wirst.

Hierfür musst du zunächst eine Marke oder ein Unternehmen finden, mit dem du zusammenarbeiten kannst.

Wenn deine Blog so bekannt ist, dass er eine große Reichweite erzieht, kann es sogar vorkommen, dass sich Unternehmen direkt an dich wenden, um dich als Brand-Ambassador (Markenbotschafter) zu gewinnen. Du kannst auch selbst die Initiative ergreifen und dich bei deinen Lieblings-Marken nach Möglichkeiten für Partnerschaften erkundigen.

Gesponserte Beiträge enthalten meist Test- oder Erfahrungsberichte sowie Produktbewertung oder -Demonstration. Das Tolle an dieser Art der Blog-Monetarisierung ist, dass Sponsored Posts direkt bei dir in Auftrag gegeben werden und du daher genau weißt, wie viel du mit deinem Blogbeitrag verdienst.

Oft bekommst du die Produkte auch zur Verfügung gestellt oder reduziert. Außerdem kannst du auch einen Affiliate-Link zum beworbenen Produkt hinzufügen und deinen Lesern einen Rabatt anbieten, wenn sie über dieser Link kaufen.

Tipp:

Wenn du dich dafür entscheidest, mit deinem Blog durch gesponsorte Inhalte Geld zu verdienen, dann stelle bei der Wahl der beworbenen Artikel und Dienstleistungen unbedingt sicher, dass sie zu den Inhalten deines Blogs passen. Außerdem solltest du die Produkte auch wirklich verwendet haben und mit gutem Gewissen weiterempfehlen können. Nur so kannst du glaubwürdige Rezensionen verfassen, die bei deinen Lesern gut ankommen.

Vorteile-

- Kann hohe Einnahmen erzielen

- Ergänzt deine eigenen Inhalte gut

- Aufbau langfristiger Kooperationen

- Einfache Umsetzung

Nachteile-

- Unregelmäßiges Einkommen

- Bedarf der Akquise

- Muss klar als Werbung gekennzeichnet werden

- Wirkt nur dann authentisch, wenn es zu deinem
Bloginhalten passt

Pay-per-Click-Werbung, Sponsored Posts, Werbebanner und Affiliate-Marketing gehören zu den klassischen Methoden, durch die du mit einem Blog Geld verdienen kannst.

Hierbei wirst du dafür bezahlt, dass du für andere Unternehmen wirbst, indem du Links, Werbung oder Rezensionen in deinen Blog integrierst.

Es gibt allerdings auch die Möglichkeit, mit einem Blog Geld zu verdienen, indem du deine eigenen Inhalte in Form von Produkten, Dienstleistungen oder Paid Content verkaufst. Diese Methoden wirken auf Leser oft seriöser und authentischer und erzielen somit Erfolge.

5.) Beratung und Dienstleistungen:
Wenn du bereits eine Weile bloggst und somit eine gewisse Expertise in deiner Branche aufgebaut hast, kannst auch diese dazu nutzen Geld zu verdienen und Coachings und Beratungen anbieten. Dein Blog wird dir

dabei als Portfolio dienen.

Je nach Branche kannst du entweder mit Einzelpersonen arbeiten, oder deine Dienstleistungen für Gruppen und Unternehmen anbieten. Viele Arten von Blogs, von Marketing über Ernährung bis hin zu Design, sind ein natürliches Sprungbrett für ein Beratungsunternehmen.

Das Tolle an dieser Methode ist, dass du sofort damit anfangen kannst, indem du dein Angebot auf deinem Blog veröffentlichst. Du kannst sogar direkt auf deiner Website eine online Terminbuchung anbieten und Kunden gewinnen.

Vorteile-

- Du kannst hohe Einnahmen generieren

- Sofortige Umsetzung möglich

- Dezidierte Zielgruppenansprache

Nachteile-

- Erfahrung und Expertise benötigt

6.) Produkte verkaufen:

Verkaufe eigene Produkte.

Eine weitere profitable Option, mit dem Blog Geld zu verdienen, ist der direkte Verkauf von Produkten und Merchandise über deine Website. Dafür kannst du einen Online-Shop erstellen und ihn direkt mit deinem Blog verbinden. Viele Blog Templates beinhalten bereits die Option einen Online-Shop zu integrieren.

Obwohl ein solcher Online-Shop viel Zeit und Aufwand bedeuten kann, lohnt sich die Arbeit, da du deine Gewinne nicht mit anderen teilen musst. Wenn du Merchandise mit deinem Blog Logo erstellen willst, dann lohnt sich vielleicht die Kooperation mit einem Print-on-Demand Anbieter. Dieser Service erstellt deine Produkte für dich auf Anfrage und versendet sie, sodass du kein Lager verwalten oder dich um das Fulfillment kümmern musst.

Vorteile-

- Kann hohe Einnahmen generieren

- Du bist weitgehend unabhängig

- Du kannst deine Produkte in deine Nische und Zielgruppe anpassen

Nachteile-

- Viel Aufwand für Produktion, Versand, Buchführung etc.

- Online-Shops müssen gewisse rechtliche Voraussetzungen erfüllen

7.) Paid Content:

Kreiere eigenen Paid Content. Ähnlich wie der Verkauf von Produkten ist auf das Anbieten von zahlungspflichtigen digitalen Inhalten lukrative Chance, um mit dem Blog Geld zu verdienen.

E-Books, Cheatsheets, Whitepaper, Satistiken, Podcast-Episoden, Videos oder andere Tools sind eine tolle Möglichkeit, um deine Leser zusätzlich zu den kostenlosen Inhalten auf deinem Blog noch weitere Informationen zur Verfügung zu stellen.

Um mit Paid Content Geld zu verdienen, musst du eine sogenannte Paywall (Bezahlschranke) einbauen. Zum Beispiel einen Mitgliederbereich auf deinem Blog einrichten, deren Zugang deine Leser nur erhalten, wenn sie einmalig dafür bezahlen. Alternativ kannst du auch monatliche oder jährliche Abonnements anbieten.

Eine gute Methode, Leute für deine Abos anzuteasern ist es, ihnen eine gewisse Menge an Content kostenlos zur Verfügung zu stellen. Wenn ihnen deine Inhalte gefallen, werden sie gern bereit sein für mehr zu bezahlen.

Vorteile-

- Vermarktung deiner eigenen Inhalte

- Du brauchst keine Partner

- Vermarktung direkt auf deinem Blog

- Aufbau von Kundenvertrauen

Nachteile-

- Erfahrung und Expertise sind nötig

- Aufwand für die regelmäßige Erstellung der kostenpflichtigen Inhalte

- Erzeugt technischen Aufwand

- Erfordert regelmäßige Pflege

8.) Events:

Neben der persönlichen Beratung, dem Verkauf von Produkten und zusätzlichen kostenpflichtigen Inhalten, kannst du auch Events, Workshops und Kurse anbieten, um mit deinem Blog Geld zu verdienen.

Diese Events verhelfen dir nicht nur zu einem Einkommen durch Teilnahme deiner Leser, sondern sind auch eine tolle Vermarktungsstrategie, um deinen Blog noch bekannter zu machen.

Vorteile-

- Eignet sich zum Netzwerken

- Baut die Präsenz deiner Marke auf

Nachteile-

- Großer Zeit- und Kostenaufwand

- Funktioniert oft erst ab einer gewissen Reichweite

9.) Spenden:

Als Blogger kannst du auch Geld verdienen, indem du deine Leser um Spenden bittest. Anders, als beim Paid Content bekommen sie für ihre Spenden keine zusätzlichen Materialien, sondern bieten dir freiwillig ihre Unterstützung an.

Nimm Spenden entgegen, indem du zum Beispiel eine Spenden oder PayPal Button zu deinem Blog hinzufügst.

Vorteile-

- Wenig Aufwand

- Können nahtlos eingebunden werden

Nachteile-

- Unstetige Einnahme geringer Beiträge

- Spenden sind nicht immer mit anderen Werbemaßnahmen zu vereinbaren

10.) Gastbloggen:

Als Blogger kannst du nicht nur für deinen Blog schreiben, sondern auch anderen dabei helfen, mehr Beiträge für ihren Blog zu produzieren. Gerade Corporate Blogs oder Online-Magazine sind immer mal wieder auf der Suche nach erfahrenen Bloggern und gern bereit, dich für deine Artikel zu bezahlen.

Vorteile-

- Du gewinnst an Bekanntheit

- Du kannst für deinen eigenen Blog werben

Nachteile-

- Gastbeiträge nehmen viel Zeit in Anspruch

- Aufwand und Kosten sollten gut durchdacht sein

11.) Links verkaufen:
Backlinks sind ein wichtiges Geschäft im Internet, da sie Websites dabei helfen, bekannter zu werden und von Suchmaschinen besser bewertet zu werden. Besonders Websites wie Online-Shops kommen oft schwerer an Backlinks.

Du kannst also als Blogger Geld damit verdienen, Links auf deinem Blog einzubetten und somit zu verkaufen.
Solchen Textlinkverkäufe können über Verkaufsseiten wie Backlinkseller oder SeedingUp getätigt werden. Herbei kannst du nicht nur Links innerhalb deiner Artikel verkaufen, sondern auch aus Stellen wie der Sidebar oder dem Footer deiner Website.
Du kannst die Links zeitlich begrenzt vermieten oder permanent verkaufen, sodass er für immer in deinem Beitrag bleibt. Die Zahlung erfolgt entweder monatlich oder jährlich.
Vorteile-

- Geringer Aufwand

- Große Nachfrage

- Regelmäßiges und planbares Einkommen

Nachteile-

- Do-follow-Links verstoßen gegen Googles Richtlinien und werden abgestraft.

- Mögliche Verringerung des PageRanks und Verlust der Platzierung.

- Andere Werbetreibende können dadurch das Interesse an deinem Blog verlieren.

12.) Blog-Nische optimal nutzen:

Wenn du einen Blog schreiben willst, brauchst du natürlich erst einmal ein Thema bzw. eine Nische, in die dein Blog gehören wird.

Die richtige Nische zu finden, ist essenziell, um mit dem Bloggen Geld zu verdienen. Leider machen viele Blogger gerade zu Beginn den Fehler, dass sie ihren Themenbereich nicht klar genug abgrenzen.

Folgende Themen können Geld verdienen und sind besonders profitabel:

- Business- und Marketingblogs

- Finanzblog

- Gesundheitsblogs

- Modeblogs

- DIY- und Bastelblogs

- Ernährungs- und Foodblogs

- Lifestyle-Blogs

13.) Traffic aufbauen:

Die Zahl der Leserschaft und die Bekanntheit deines Blogs sind wichtige Kennzahlen, über die der Wert eines Blogs definiert werden. Das gilt besonders dann, wenn du Werbung auf deinem Blog schaltest, denn nur, wenn du genug Traffic erzeugst, werden Unternehmen ihre Werbung bei dir platzieren wollen.

Eine genaue Kennzahl lässt sich hier allerdings nicht pauschal festlegen, denn neben dem Traffic spielt auch die richtige Zielgruppenansprache eine wichtige Rolle. Wenn dein Blog nur wenige Hundert Klicks pro Tag erzielt, es sich hierbei aber um ein interessiertes Fachpublikum handelt, kann es durchaus sein, dass Unternehmen genau diese Zielgruppe erreichen und bewerben wollen und darum in deinen

Blog investieren. (Hierzu später mehr)

Hoher Website-Traffic auf deinem Blog entsteht natürlich nicht über Nacht.

Tipps, mit denen du dir eine Leserschaft zu „verdienen" und so den Traffic auf deinem Blog steigern kannst:

- Hochwertiger Content ist das A und O eines erfolgreichen Blogs. Wenn deine Blog-Beiträge nicht interessant und gut recherchiert sind oder keinen Mehrwert bieten, dann sind auch alle anderen Bemühungen umsonst.

- Schreibe gute Artikel, in denen du auf die Bedürfnisse deiner Zielgruppe eingehst und ihre Fragen beantwortest. Recherchiere gut und biete deinen Lesern so einen Mehrwert und umsetzbare Lösungen an.

- Verwende relevante Keywords mit hohem Suchvolumen in deinen Beträgen. Je höher das Keyword-Volumen, desto mehr Menschen sind an diesem Thema interessiert.

- Verfasse überzeugende Titel und Überschriften, die die Aufmerksamkeit potenzieller Leser auf sich ziehen.

- Blogge und veröffentliche regelmäßig neue Beiträge, um die Relevanz deines Blogs aufrechtzuerhalten.

14.) Reputation und Netzwerk:

Networking ist daher ein wichtiger Faktor für die Monetarisierung deines Blogs sowie für deine Reputation als Blogger. Verlinke Artikel anderer Blogs in deinen Artikeln. Das steigert einerseits deine Kompetenz und kann andererseits auch zu Backlinks führen, mit dem sich die zitierten Bloggern gern revanchieren.

- Gast-Blogging erweitert deine Online-Präsenz und damit deine Reputation, indem du Gastbeiträge für andere Blogs, Online-Magazine, Portale und Webseiten verfasst.

- Beim Linkbuilding platzierst du Links zu deinem Blog und deinen Artikeln auf anderen Websites und steigerst somit deine Reichweite.

- Über Social Media wie Facebook, Instagram, LinkedIn und Twitter kannst du mit anderen Bloggern in Kontakt treten und so dein Netzwerk aufzubauen und zu erweitern.

- Die Zusammenarbeit mit Experten kann dir dabei helfen, dich noch besser zu etablieren. Wende dich an Fachleute aus deiner Nische und lade sie zu einem Interview für deinen Blog oder Gast-Beitrag ein.

15.) Blog promoten:

Von dem Moment an, an dem du mit deinem Blog live gehst, solltest du auch damit beginnen, ihn zu promoten, um mehr Traffic zu gewinnen und somit auch mehr Geld mit dem Blog zu verdienen. Blog-Promotion ist ein andauernder Prozess, den du neben allen anderen Maßnahmen immer weiter betreiben solltest.

Einige Strategien zur Blog Promotion in Kürze zusammengefasst:

- SEO-Optimierung: Damit Leute deinen Blog finden können, muss er auf der ersten Seite der Suchergebnisse ranken. Dies erreichst du, indem du Blogbeiträge verfasst, die die Suchanfragen der Leser bestmöglich beantworten und darum von den Suchmaschinen im Ranking bevorzugt werden.

- Social-Media-Marketing: Social-Media-Marketing eine großartige kostenlose Möglichkeit, mehr Aufmerksamkeit für deinen Blog zu erzielen, indem du deine Blogbeiträge auf deinen Kanälen promotest und zum Teilen einlädst. So sorgst du für mehr Reichweite und Traffic. Du kannst auch YouTube Videos und Podcasts erstellen, die zu den Themen deines Blogs passen.

- Blog Newsletter: Bei einem Blog darf ein eigener Newsletter natürlich nicht fehlen, um deine Inhalte zu promoten, mehr Traffic zu generieren und somit auch mit dem Bloggen Geld zu verdienen. Versende regelmäßig Newsletter in denen du deine interessantesten Beiträge verbreitest. Du kannst Abonnenten direkt auf deinem Blog gewinnen, indem du einen anklickbaren CTA-Button einfügst: Abonniere den Blog von XYZ

Fazit:

Du erkennst dich in folgenden Punkten wieder:

1.) Schreiben bereitet dir Freude

2.) Du hast Expertenwissen und spezifische Interessen

3.) Du lernst gern dazu

4.) Du kannst mit Kritik umgehen und lernst aus deinen Fehlern

5.) Du bist bereit, Zeit zu investieren

6.) Du arbeitest gern allein und unabhängig

7.) Du kannst dich gut selbst organisieren

Dann starte einen Blog.

Im Prinzip, kann ein eigener Blog, zu einer Gelddruckmaschine werden. Möglichkeiten zur Monetarisierung, gibt es ja genug. Manche mehr, manche weniger aufwendig.

Da sollte tatsächlich für jeden was dabei sein.

EIGENE WEBSITE ERSTELLEN

Von den Einnahmequellen unterscheidet sich bei einer eigene Website, nicht großartig von einem eigenen Blog.

Somit werde ich in diesem Kapitel nur auf die Erstellung und nicht großartig auf die Monetarisierung eingehen.

Die einzige Ausnahme, stellt hier Website-Flipping dar. Wie der Name bereits verrät, benötigt man hierzu, eine Website.

Daher:

Website-Flipping:

Website-Flipping ist eine unterhaltsame Möglichkeit, mit Websites Geld zu verdienen. Du startest eine Website und hilfst ihr, an Popularität zu gewinnen. Du lädst andere ein, sich die Website anzusehen und ein Gebot für sie abzugeben. Dann verkaufst du die Website zu einem fairen Preis.

Wie profitabel eine Website sein kann, hängt von vielen Faktoren ab. Einer davon ist der Website-Traffic und die Gewinne, die er generiert. Weitere wesentliche Faktoren sind der SEO-Wert des Domainnamens und die Nische der Website.

Um dir ein gutes Bild davon zu machen, wie viel du für eine Website verlangen kannst, solltest du dir Plattformen wie Empire Flippers ansehen.

Du solltest auch bedenken, dass Website-Flipping viel Zeit und Ressourcen erfordert. Selbst wenn du also eine Website verkaufen möchtest, kannst du andere Methoden (aus dem Kapitel „eigener Blog") anwenden, damit die Website für dich Einkommen generiert.

Ab hier, konzentrieren wir uns mehr auf die Vorteile und das Erstellen einer eigenen Website.

Gründe, warum man eine eigene Website erstellen sollten:

1) Eine eigene Homepage ist eure Immobilie im Netz
Kunden und Interessenten suchen heute online: Während 2001 in Deutschland lediglich 37 % regelmäßig das Internet nutzten, betrug 2023 der Anteil schon 93 %. Tendenz steigend. (Quelle: Statista – Entwicklung der Internetnutzung in Deutschland)

Wenn man sich online präsentieren möchte, ist die Versuchung groß, einfach ein Konto bei einem der zahlreichen sozialen Netzwerke anzulegen, von Facebook über LinkedIn bis hin zu Instagram. Aber Vorsicht: Alle Inhalte, die man dort erstellt, gehören immer auch dem Betreiber des sozialen Netzwerks. Dieser entscheidet, was für wen sichtbar ist, welche Inhalte die Algorithmen nach oben spülen oder unter anderen Inhalten begraben, und welche Dienste mit kurzer oder gar keiner Vorwarnung eingestellt werden. Machet euren Erfolg nicht von seiner Willkür abhängig.

Die eigene Internetseite dagegen gehört euch. Sie sieht genauso aus, wie ihr das bestimmt, und bleibt so lange online, wie ihr das möchtet. Gleichzeitig kann man auf so vielen sozialen Netzwerken präsent sein, wie man möchte. Dort kann man immer einen Link auf die eigene Website setzen, dadurch haben eure Besucher und Kunden einen unveränderten Ankerpunkt und eure Inhalte ein sicheres Zuhause.

2) Eine Website eignet sich für unterschiedlichste Aufgaben
Ob privat oder geschäftlich, ob als Blog, Fotoalbum oder Online-Shop: Man kann praktisch für jede Aufgabe und jeden Zweck eine auf den eigenen Bedarf perfekt abgestimmte Website erstellen. Oder auch mehrere – für unterschiedliche Projekte, Marken, Anlässe.

3) Macht eure Website zur Visitenkarte und eurem Aushängeschild im Netz
Auf einer eigenen Website kann man sein Unternehmen, seine

Kompetenzen und sein Leistungsspektrum detailliert darstellen. So lassen sich Informationen umfangreicher und deutlich übersichtlicher präsentieren als z. B. in einem gedruckten Medium – ohne zusätzliche Kosten für Logistik.

4) Viele Produkte lassen sich heute viel besser online verkaufen

Ganz gleich, ob man Interessenten mit Print- oder Online-Anzeigen auf die eigene Website bzw. den eigenen Online-Shop aufmerksam macht: Mit einer Online-Präsenz können die eigenen Produkte und/oder Dienstleistungen verkaufsfördernd präsentiert werden, z. B. mit weiterführenden Informationen, Preisaktionen uvm., und so kann man deutlich einfacher neue Kunden gewinnen. In vielen Branchen erwarten Kunden von euch, dass ihr die Möglichkeit zum Online-Shopping bietet und euren Kunden keine Parkplatzsuche zumutet.

5) Mit einer Website sind ist man immer aktuell

Eine Website kann sehr leicht immer auf dem neuesten Stand gehalten werden. Veraltete Informationen, neue Preise, neue Bilder, aktuelle Sonderaktionen … – alles kein Problem. Für Aktualisierungen und Textänderungen genügen meist wenige Klicks. Zudem wird eine regelmäßig aktualisierte eigene Internetseite von den Suchmaschinen auch noch mit besserem Ranking belohnt.

6) Mit einer Website ist man rund um die Uhr erreichbar

Auf der eigenen Website können sich Kunden und Interessenten weltweit Tag und Nacht informieren und – wenn in einen zugehörigen Online-Shop – auch rund um die Uhr einkaufen.

7) Sich europaweit oder international präsentieren

Mit wenig zusätzlichem Aufwand kann eine Homepage auch in unterschiedlichen Sprachen erstellt werden. Das gibt einen die Möglichkeit, europaweit oder sogar weltweit neue Kunden zu gewinnen. So kann man heutzutage auch in Nischenmärkten und mit ungewöhnlichen Produkten und Dienstleistungen ein profitables Geschäft betreiben.

8) Eine Website muss nicht teuer sein

Risiko und Aufwand sind minimal. Man kann schon für wenige Euro im Monat eine eigene Internetseite erstellen.

Was man benötigt, um eine eigene Homepage erstellen zu können:

1.) Einen Domainnamen-
Jede Website braucht eine Adresse im Internet, unter der man sie aufrufen kann. Deshalb sollte man sich einen markanten Domainnamen überlegen, checken, ob er noch frei ist und diesen dann schnellstmöglich registrieren, bevor einen jemand diesen Namen vor der Nase wegschnappt.

2.)Einen Hosting-Anbieter-
Hosting-Unternehmen wie Host Europe bieten den Speicherplatz für die Daten eurer Website und sorgen dafür, dass die Webseite sicher ausgeliefert und von Interessenten aufgerufen werden kann.

3.)Eine eigenen E-Mail-Adresse-
Wird eine geschäftliche Website betrieben, sollten man mit Kunden und Interessenten auch professionell kommunizieren. Auf einem Hosting-Paket kann man in der Regel E-Mail-Postfächer einrichten und E-Mail-Adressen mit dem eigenen Domainnamen erstellen.

Erstellen einer eigenen Website:

Für die Entwicklung und Gestaltung einer Website hat man verschiedene Möglichkeiten:

1.) Ein Content-Management-System wie z.B. WordPress, Joomla, Drupal etc. verwenden:
Für diese Systeme gibt es eine ganze Reihe kostenloser oder kostenpflichtiger Gestaltungsvorlagen (Themes).
Bei Host Europe kann man zwischen verschiedenen komfortablen WordPress-Bundles wählen, bei denen die Installation automatisch erfolgt und Kosten und Funktionsumfang – etwa mittels Plugins – genau an die eigenen Bedürfnisse angepasst sind.

2.) Einen Static Site Builder nutzen: Hierbei handelt es sich um modernere Nachfolger der früher verbreiteten Homepage-Generatoren, die man lokal auf dem eigenen Rechner einsetzen konnte, um die fertig generierte Webseite später hochzuladen. Mit Static Site Builders entstehen sehr schlanke und performante Webseiten – allerdings werden die Tools in der Regel über die Kommandozeile benutzt, so dass etwas mehr IT-Kenntnisse benötigt werden, als beispielsweise beim Einsatz von WordPress.

Beispiele für aktuell beliebte Static Site Builders sind: Hugo, Gatsby oder Jekyll. Übrigens, auch eine lokale WordPress-Installation mit geeigneten Plugins für den HTML-Export kann man gewissermaßen als Static Site Builder nutzen.

3.) Website eigenständig programmieren: Hier kommt dann die Markup-Sprache HTML in Verbindung mit einer Programmiersprache wie JavaScript, PHP, Ruby oder anderen zum Einsatz. Es gibt außerdem vielfältige Möglichkeiten, auch zusätzlich mit Static Site Builders oder sogenannten Headless CMS zu arbeiten, also CMS, die tatsächlich nur Inhalte verwalten, aber diese nicht darstellen. All diese Möglichkeiten erfordern Programmierkenntnisse.

Ein SSL-Zertifikat verwenden-

Sorgt dafür, dass Besucher eure Website über eine geschützte und verschlüsselte HTTPS-Verbindung aufrufen. Das ist ein absolutes Muss, wenn Besucher auf dieser Seite Passwörter, persönliche Daten oder gar Bankverbindungen eingeben sollen, denn nach der Datenschutz Grundverordnung (DSGVO) ist man als Seitenbetreiber für die Sicherheit der Daten verantwortlich.

Für den Aufbau einer verschlüsselten Verbindung benötigt man ein SSL-Zertifikat. Ein SSL-Zertifikat schafft zudem Vertrauen, denn es informiert Besucher über die Echtheit der Website, auf der sie sich bewegen.

Es gibt noch einen weiteren wichtigen Grund für die Verwendung eines SSL-Zertifikats: Der marktführende Browser Google Chrome markiert alle Webseiten als nicht sicher, die noch über eine ungeschützte HTTP-Verbindung aufgerufen werden.

Host Europe stellt übrigens mit den Managed-WordPress-Paketen jeweils ein kostenloses SSL-Zertifikat zur Verfügung, und auch für alle anderen Hosting-Lösungen kann man komfortabel und preiswert ein SSL-Zertifikat hinzubuchen.

3 Wege, um eine Website zu erstellen:

Ok, ihr wisst jetzt, was man benötigt. Es wurde eine Domain gesichert, sich für einen Hosting-Anbieter entschieden und ein Webhosting-Produkt sowie ein SSL-Zertifikat bestellt. Dann steht man jetzt vor der Schlüsselfrage: Wie erstelle ich eine Website?

Wie oben gezeigt, gibt es dafür mehrere Möglichkeiten.
Die optimale Lösung hängt davon ab, ob man über technische Vorkenntnisse bzw. Programmierkenntnisse verfügt und vor allem, wie viel Zeit man selbst in die Erstellung der eigenen Website investieren möchten.

Wer ohne viel Erfahrung schnell zum Ziel kommen will, wählt ein vorinstalliertes System. Mehr Flexibilität bietet ein Content-Management-System und nahezu absolute Freiheiten, aber natürlich auch deutlich mehr Aufwand, wenn man selbst programmiert.

Variante 1: Website erstellen für Anfänger:
Man ist Einsteiger und hat keine technischen Vorkenntnisse?
Mit einem Managed WordPress von Host Europe kann man die eigene Homepage ohne Programmierkenntnisse ganz schnell und einfach selbst zusammenstellen und mit wenigen Klicks online stellen. Man braucht sich dabei weder mit HTML noch mit Programmier-Code zu beschäftigen.

Bei einem vorinstallierten WordPress von HostEurope kann man mit nur wenigen Klicks schon mit der Erstellung der Inhalte beginnen.

Variante 2: Homepage mit CMS erstellen
– für Einsteiger, Fortgeschrittene und Profis:

Soll die Webseite individueller gestaltet und selbst verwaltet werden? Dann sind Content-Management-Systeme (CMS) wie zum Beispiel WordPress, Joomla, Drupal etc. eine hervorragende Alternative zu einem Homepage-Baukasten-System.

Website mit einem CMS erstellen:
Ein Content-Management-System lässt sich mit wenig Aufwand installieren und einrichten. Mit Hilfe des CMS kann eine Website schnell erstellt und bequem verwaltet werden: Nehmt Text- und Bildänderungen vor. Wählt ein Website-Design oder tauscht ein bestehendes aus. Ergänzt oder erweitert die eigene Website. Und vieles mehr. Ein Content-Management-System gibt euch die Möglichkeit dafür.

Als Einsteiger könnt ihr den Umgang und die Verwaltung eines Content-Management-System schnell erlernen. Ein fortgeschrittener

Anwender oder Profi und möchten tiefer einsteigen und besitzt zudem auch HTML- und Programmierkenntnisse? Dann kann man die Möglichkeiten des jeweiligen Systems individuell erweitern. CMS eignen sich sowohl für die Erstellung einfacher Websites wie auch für komplexe Internetauftritte.

Website mit WordPress erstellen

Content-Management-Systeme (CMS) wie zum Beispiel WordPress, Joomla, Drupal etc. sind eine hervorragende Wahl, weil sie skalierbar sind – So können einfache, schlanke One-Pager oder auch komplexe Webseiten mit Shopsystemen und anderen Plugins erstellen, ganz nach dem aktuellen Bedarf.

WordPress ist eines der beliebtesten CMS-Systeme und kostenlos. Weltweit werden über 40 % aller Webseiten mit Hilfe dieses Content-Management-Systems erstellt. Aufgrund der weiten Verbreitung und der großen Community gibt es unendlich viele Erweiterungsmöglichkeiten (Plugins) für alle erdenklichen Anwendungsfälle: vom Kontaktformular, über die Bild und SEO-Optimierung bis zum Shop-System. Viele WordPress-Plugins sind sogar gratis.

Um WordPress auf einem Hosting-Produkt zu installieren, benötigt man drei Dinge:

1) Die aktuelle Version von WordPress. Diese findet man auf WordPress.org

2) Einen FTP-Zugang, damit ihr die Installationsdateien auf euer Hosting-Produkt hochladen könnt.

3) Eine Datenbank für WordPress. Diese muss man zuvor auf dem eigenen Hosting-Paket anlegen.

Ein Tutorial zur WordPress-Installation findet ihr im Kapitel „ein eigener Blog" unter „Teil 1 – eigenen Blog erstellen".

Ideale Hosting-Produkte für WordPress-Webseiten sind zum Beispiel die WebHosting- und WebServer-Pakete von Host Europe.

° WebHosting sind All-in-One Hosting-Pakete für einfache Webseiten bis zu speicherintensiven Webprojekten.

°WebServer sind leistungsstarke Server, die von Host Europe professionell administriert werden. Sie bieten zudem eine feste IP-Adresse.

Tipp:
Man kann es es sich einfach machen und WordPress per Schnellinstallation auf dem Hostingprodukt bei Host Europe installieren lassen. Noch einfacher ist es, wenn ihr direkt ein Managed WordPress bei Host Europe wählen. Wenn erst einmal nur einige Funktionen gebrauchen werden, kann der gesamte Funktionsumfang von WordPress auch später nach und nach erschlossen werden, je nach den eigenen Bedürfnissen, zum Beispiel mit der Installation von Plugins.

Website mit Joomla erstellen:
Viele Content-Management-Systeme lassen sich ebenso einfach einrichten wie WordPress. Die weltweite Nr. 2 der beliebtesten CMS ist Joomla. Joomla ist ebenfalls eine Open Source Software und wie WordPress kostenlos. WordPress wurde ursprünglich als Blog-Software entwickelt und dann für viele andere Anwendungen erweitert. Joomla dagegen war von Anfang an eine Software für die Erstellung von Webseiten. Heute sind sich beide Systeme hinsichtlich der Möglichkeiten sehr ähnlich, denn auch für Joomla gibt es viele Erweiterungen, mit denen das System individuell an die eigenen Bedürfnissen angepasst werden können.
Für die Installation von Joomla auf einem Hosting-Produkt, benötiget man:

1.) Die aktuelle Version von Joomla. Den Download findet man auf Joomla.org

2.) Einen FTP-Zugang, um die Installationsdateien auf dem eigenen Hosting-Produkt hochladen zu können.

3.) Eine Datenbank, denn die Inhalte einer Joomla-Webseite werden dynamisch ausgeliefert. Diese müssen vor der Installation auf dem Hosting-Paket eingerichtet werden.

Für eine Joomla-Webseite ist ein leistungsstarken Server empfehlenswert.

Gestaltungsvorlagen: Templates bzw. Themes-
Die Bedienung eines Content-Management-Systems ist in der Regel sehr einfach. Zudem gibt es für diese Systeme zahlreiche kostenlose und kostenpflichtige Gestaltungsvorlagen, die Themes oder Templates genannt werden. Eine neue Website zu erstellen und zu gestalten, ist mit Templates bzw. Themes ein Kinderspiel. Einfach die Gestaltungsvorlage, die einen gefällt auswählen und diese über den Verwaltungsbereich eures CMS aktivieren.

Variante 3: Internetseiten selbst erstellen – für Experten:
Besteht der Wunsch nach einer individuelle Website und die dafür absolute Freiheit bei der Gestaltung? Dann man man seine Webseiten mit HTML selbst erstellen. Für die Entwicklung einer geschäftlich genutzten Website sollte man allerdings über fortgeschrittene Kenntnisse in HTML (Hypertext Markup Language), der Kommandozeile und am besten auch einer Programmiersprache für das Web (JavaScript für den Browser, PHP, Ruby o. a. fürs Backend) verfügen.

Im Internet finden Sie eine ganze Reihe von Dokumentationen, Tutorials und Online-Seminare, mit denen man sich die wichtigsten Grundlagen von HTML Schritt für Schritt selbst beibringen kann.
Auch Chatgpt kann hier ein äußerst hilfreiches Werkzeug sein.

Mit Skriptsprachen wie JavaScript lassen sich die Möglichkeiten einer HTML-Website beträchtlich erweitern. JavaScript eignet sich für dynamische Funktionen, wenn Benutzer zum Beispiel mit der Seite interagieren sollen. Dadurch kann man wechselnde Inhalte anzeigen lassen, bewegliche Elemente programmieren u.v.m.

Skriptsprachen wie JavaScript sind noch anspruchsvoller als HTML. Wenn ihr eine Website mit JavaScript-Inhalten erstellen wollt, müsst ihr genug Zeit für die Einarbeitung einplanen oder gleich Hilfe von professionellen Webentwicklern/Webdesignern bzw. eine Webagentur in Anspruch nehmen.

Es gibt auch verschiedene Möglichkeiten, Static Site Builder und Headless CMS in sein Projekt zu integrieren. Dann muss man auch nicht auf den Komfort von Templates verzichten.

Website erstellen und hochladen:

Wird ein Content-Management genutzt, wird die Seite praktisch live erstellt. Texte, Bilder und Grafiken, die in die Website eingefügt werden, werden direkt in die Datenbank des Hosting-Systems hochgeladen.

Anders sieht es aus, wenn für die Website-Erstellung ein externes Programm genutzt wird, etwa einen Static Site Builder. In diesem Fall werden sämtliche Daten der neuen Website gewöhnlich zunächst auf dem System gespeichert, auf dem die neue Website entwickelt wird. Das kann zum Beispiel ein Desktop-PC von zu Hause oder ein Notebook sein. Damit die Website online erreichbar ist, sollten diese auf einem Hosting-Produkt eines professionellen Webhosting-Unternehmens gespeichert werden. Das Webhosting-Unternehmen sorgt nicht nur für eine sichere Speicherung der Daten und erstellt regelmäßige Backups (je nach Produkt), sondern er sorgt auch für die zuverlässige Verfügbarkeit der Seite, selbst dann, wenn viele Besucher die Website gleichzeitig aufrufen.

Um die Daten der neuen Website auf ein Hosting-Produkt hochladen zu können, benötigt man einen Zugang zum Speicherplatz des Produkts. In der Regel muss man dafür einen FTP-Zugang einrichten.

Optimieren der Website für Suchmaschinen:

Sicherlich möchte man, dass die neu erstellte Website auch von Suchmaschinen gefunden wird. Die Suchmaschinen-Optimierung ist jedoch eine so komplexe Angelegenheit, dass man sie kaum im Detail erklären kann. Daher werde ich mich auf einige wichtige Punkte beschränken:

Metadaten erstellen für die Internetseiten:

Die Erstellung von Metadaten ist eine der wichtigsten Maßnahmen für die SEO-Optimierung, denn Metadaten – genauer Titel und Beschreibung einer Webseite – werden in den Ergebnislisten von Suchmaschinen angezeigt, wenn sie zum Inhalt passen.

Wenn die Website in den Ergebnislisten der Suchmaschinen auftaucht, hat man den ersten wichtigen Schritt schon geschafft: Man ist mit der Website in den SERPs präsent.

Doch mindestens ebenso entscheidend ist Schritt 2: Interessenten dazu bringen, dass sie die Website auch besuchen. Deshalb sollten die Metadaten euerer Seite so formuliert werden, dass diese neugierig machen und zum Klicken animieren. Interessenten müssen beim Lesen das Gefühl bekommen, dass eure Website die besten Antworten für deren Suchanfrage liefert.

Eine sichere HTTPS-Verbindung nutzen:

Webseiten, die über eine sichere HTTPS-Verbindung aufgerufen werden, können bereits seit 2015 von einem positiven Effekt auf das SEO-Ranking profitieren. Denn beim HTTPS-Übertragungsprotokoll erfolgt die Datenübertragung verschlüsselt. Im Sommer 2018 ging Google noch einen Schritt weiter, denn seither werden HTTP-Websites vom Google Chrome Browser standardmäßig als unsicher markiert. Wenn eine neue Website erstellt wird, sollten direkt ein SSL-Zertifikat eingebunden und das sichere HTTPS-Übertragungsprotokoll verwendet werden.

Website mobil-optimieren:

Vom Google-Such-Algorithmus wurde früher in erster Linie die Desktop-Variante einer Website indexiert. Unter dem Motto "mobile first" macht Google seit 2017 den Mobile Index zum relevanten Hauptindex für seine Suchergebnisse. Deshalb sollte eine neue Website entweder gleich in einem responsiven Design erstellt werden, damit sie von unterschiedlichsten Endgeräten aufgerufen werden kann, oder aber es wird eine mobil-optimierte Version der Website bereit gestellt.

-Zur mobilen Optimierung, folgen am Ende des Kapitels, noch ein paar Worte-

Die Ladezeiten der neuen Website checken:

Die Website wurde fertig erstellt? Herzlichen Glückwunsch. Jetzt sollten die Ladezeit der Seite gecheckt und – wenn möglich – Maßnahmen ergriffen werden, um den Pagespeed der Seite zu optimieren.

Warum ist die Ladezeit einer Website wichtig?

Je länger der Aufbau der Website dauert, desto ungeduldiger werden die Besucher und desto schneller brechen sie ab bzw. verlassen die Website. Die Ladezeit einer Seite ist daher einer der wichtigsten Usability-Faktoren. Je besser eine Website funktioniert, desto länger und häufiger wird man sie besuchen und auch weiterempfehlen. Denkt außerdem daran, dass Websites immer häufiger über mobile Endgeräte aufgerufen werden. Die Internetverbindung bei mobilen Aufrufen ist meist langsamer als über den heimischen DSL-Anschluss. Sorgt deshalb dafür, dass die Website auch auf mobilen Geräten reibungslos funktioniert. Das ist umso wichtiger, da die Ladezeit einer Website von Google mittlerweile zu einem wichtigen Ranking-Faktor gemacht wurde. Ein schneller Seitenaufbau kann daher auch die Platzierung der Seite in den Google Suchergebnissen verbessern.

Conversion Optimierung – Definieren und optimieren der Ziele einer Website:

Es soll eine geschäftliche Website werden? Dann nehmt euch Zeit und plant im Vorfeld, was die Besucher eurer Website tun sollen:

- sollen sich Besucher in erster Linie informieren?

- Sollen Kunden die Möglichkeit haben, direkt auf Ihrer
Website zu kaufen?

- Möchtet ihr, dass Besucher auf eurer Website bestimmte
Aktionen ausführen?

Je nachdem, welches Ziel man mit der Website erreichen möchten, sollte das Benutzerverhalten kontinuierlich analysiert und die Website weiter verbessert werden, zum Beispiel mit Hilfe von A/B-Tests.

Bei einem A/B-Test vergleicht man die Ergebnisse von zwei Varianten.
In solchen Tests kann man zum Beispiel folgende Fragen klären:

°Sind die Informationen über mein Unternehmen, über
meine Produkte und Dienstleistungen gut aufbereitet?
Werden sie von Besuchern meiner Website auch gefunden
und gelesen?

° Mit welcher Designvariante, mit welcher Darstellung und Positionierung von Produkten kann ich das Kaufverhalten steigern?

° Führen die Besucher auch wirklich die Aktionen aus, die sie ausführen sollen, zum Beispiel "Anmeldungen", "Testbestellungen" etc.

Die richtige Hosting-Lösung:

Warum ist die Wahl der Hosting-Lösung so wichtig?
Das Hosting-Produkt und die Infrastruktur des Hosting-Anbieters sind praktisch die Basis für euren Internet-Auftritt. Ein guter Hoster gewährleistet, dass die Daten der Website sicher gespeichert sind. Er bietet das Hosting-Produkt mit der Leistung, die man benötigt, und sorgt dafür, dass die Website immer schnell und zuverlässig erreichbar ist.

Da wie bereits erwähnt, die mobile Optimierung, einen äußerst wichtigen Punkt darstellt, sehen wir uns das Thema noch etwas genauer an.

Daher....

...Website, für smartphone Nutzer Optimieren:

Jede neue Website sollte von Anfang an problemlos von den Nutzern mobiler Endgeräte aufgerufen werden können.

3 Lösungen, um dies zu gewährleisten:

Lösung Nr 1: Eine mobil-optimierte Variante-
Zwei Versionen der Website erstellen. Eine Version ist für Desktop-Besucher (dazu zählen auch Besucher, die einen Laptop verwenden) vorgesehen, die andere Version sollte für mobile Besucher ausgelegt sein, die die Seite also mit dem Smartphone oder Tablet abrufen. Mittels einer Browserweiche werden die Besucher auf die für Sie jeweils zugeschnittene Seite umgeleitet.

Lösung Nr 2: Responsive Design-

Website im Responsive Design erstellen. Der grafische Aufbau der Seite passt sich dann automatisch den Anforderungen des entsprechenden Endgerätes an. Eine sehr einfache Lösung für die Erstellung von responsiven Websites ist die Nutzung von WordPress. Das weltweit meistgenutzte Content-Management-System (CMS) bietet neben vielfältigen Funktionen auch zahlreiche responsive Themes

Lösung Nr. 3: Mobile first-

Die Zunahme der mobilen Internetnutzung hat auch bei Webdesignern zu einem Umdenken geführt. In den Frühzeiten des Webdesigns hatte man sich vor allem auf das Design der Desktop-Version einer Webseite konzentriert und die mobilen Versionen als sekundär betrachtet. Die Bedienung der Website auf mobilen Endgeräten erwies sich dann häufig als schwierig. Heute dagegen konzipiert man einen Internetauftritt zunehmend vor allem für die mobile Ansicht. Alle Funktionen einer Website sollten sich problemlos auch mit kleinformatigen Bildschirmen bedienen lassen. Die Bedienung auf größeren Formaten stellt dann meist kein Problem mehr dar.

Fazit:

Eine eigene Website, lohnt sich definitiv. Das erstellen eben dieser, kann kompliziert sein, muss es aber nicht.

Daher hat man bereits eine Strategie, bei welcher eine Website hilfreich, oder gar nötig wäre, sollte man auf jeden Fall eine erstellen.

ONLINE KURSE

Du möchtest dein Wissen mit anderen teilen und bist auf der Suche nach einer Geschäftsidee, die dir genau das ermöglicht? Dann kannst du einen eigenen Online-Kurs erstellen und Menschen dabei helfen, etwas Neues zu lernen und Probleme zu lösen.

Das klingt nach viel Zeitaufwand? Zu Beginn musst du zwar viel in deinen Kurs investieren, doch dafür schaffst du damit ein langlebiges und nachhaltiges Produkt. Denn Online-Kurse liegen nicht nur im Trend, sondern sie sind auch ein guter Weg, um ein bestehendes Angebot auf deiner Website oder deinem Shop zu erweitern.

Wenn du dich also auf einem Gebiet sehr gut auskennst, Spaß daran hast dein Wissen zu teilen und komplexe Inhalte gut verständlich und ansprechend präsentieren kannst, dann sind Online-Kurse vielleicht genau die richtige Idee für dich.

Das wichtigste zu erst -> Die beste Anleitung wird dich nicht zum Ziel führen: Du selbst musst den Weg gehen.

Man kann mit Onlinekursen gutes Geld verdienen. Jedoch weiss ich auch das viele veröffentlichte Kurse für minimale Preise verkauft werden und mehr als 90 % der Onlinekurse niemals veröffentlicht werden.

Warum?

Weil den meisten eine klare Struktur fehlt. Weil viele glauben, das die Technik die größte Hürde ist. Weil Menschen glauben das der Kurs an sich über den Erfolg entscheidet. Das ein gutes Produkt (der Kurs) reicht.

Ja, ein Kurs muss definitiv qualitativ hochwertig sein. Aber was viele nicht wahrhaben möchten, ist das der Kurs an sich nur ein kleines Puzzleteil ist, der über den Erfolg und auch über die Verdienstmöglichkeiten damit entscheidet.

Entscheidend ist die Strategie mit der du deinen Onlinekurs angehst. Die fängt bereits bei der Themenauswahl an und endet auch nicht mit dem Verkauf des Kurses. Kurz zusammengefasst hängt der Erfolg deines Onlinekurses stark davon ab, ob du deine Zielgruppe damit erreichst. Entsprechend ist es wichtig sich seine Zielgruppe zu suchen und diese weit bevor du deinen Kurs verkaufst mit diversen Angeboten die einen Mehrwert für diese Menschen darstellen versorgst. Dann werden diese auch deinen Kurs kaufen. Und das gute daran ist: Dann spielt der Preis keine große Rolle mehr. Wer dich bereits kennt und von dir überzeugt ist, der kauft deinen Onlinekurs auch hochpreisig.

Und am wichtigsten: Erfolg kommt von T U N.

Einen Online-Kurs anbieten:

Es gibt hier verschiedene Möglichkeiten. Man kann einen Onlinekurs über Plattformen anbieten. Das eignet sich besonders für Einsteiger. Am bekanntesten sind hier zB:

1.) Elopage – Das ist eine Kursplattform und Zahlungsanbieter.

2.) Udemy – Das ist die größte Kursplattform aus USA.

3.) Kajabi – Das ist eine All-in-One Kursplattform,
die Zahlungsanbieter und Marketing-Tool zugleich ist.

4.) Teachable – Das ist auch eine Kursplattform aus den USA
inkl. Zahlungsanbieter.

5.) Digistore24 – Das ist ein reiner Zahlungsanbieter, den du zB mit Digimember kombinieren kannst. Digimember ist ein Worpress PlugIn das du in deine WordPress Seite einbinden kannst und dann verknüpfst du Digimember mit Digistore24. Ich finde diese Lösung sehr gut, da man hier seine Inhalte völlig frei in seine eigene Webseite einbinden kann. Jedoch sollte man schon auch einiges an WordPress Know How mitbringen oder sich jemanden suchen der das entsprechend technisch begleiten kann mit der Umsetzung des Vorhabens.

Einen Online-Kurs erstellen:

Theoretisch kannst du einen Kurs aufnehmen ohne dich selbst zu zeigen, in dem du einfach Folien die du vorbereitest einsprichst. Aber ganz ehrlich..spätestens wenn du den Kurs bewirbst und das fängt ja vor der Kurserstellung an und deine Zielgruppe erreichen willst, ist es definitiv viel besser sich zu zeigen. Du musst dabei nicht schüchtern sein. Jeder darf und soll sich zeigen. Alle Menschen sind sehenswert. Niemand muss sich verstecken. Wirklich niemand.

Wähle das richtige Medium:

Je nachdem, welche Inhalte du in deinem Online-Kurs vermitteln möchtest, eignen sich unterschiedliche Medien oder eine Kombination mehrerer Medien besonders gut, um deine Ziele zu erreichen.

° **Video:** Wenn du deine Inhalte wie beim Frontalunterricht präsentieren möchtest, kannst du Video-Lektionen erstellen. Dabei filmst du dich und sprichst dirckt in die Kamera. Zusätzlich kannst du im Hintergrund eine Präsentation mit den wichtigsten Stichpunkten und Bildmaterial mitlaufen lassen.

° **Bildschirmaufnahmen:** Bildschirmaufnahmen bieten sich an, wenn du z. B. komplexe Arbeitsabläufe auf einer Benutzeroberfläche zeigen möchtest. Wenn das bei deinen Inhalten der Fall ist und du deine Lektionen gleichzeitig etwas persönlicher machen möchtest, kannst du natürlich auch diese beiden Formate kombinieren.

° **Texte:** Manche Inhalte sind zu komplex, um sie als Video zu vermitteln. Dann solltest du deine Lektionen in Texten anbieten, damit deiner Teilnehmer sie in ihrem eigenen Tempo lesen können und bei Bedarf auch noch ein zweites Mal.

° **Live-Session:** Manche Themen erfordern einen direkten Austausch, weil sofort viele individuelle Fragen aufkommen. Solche Themen solltest du am besten in einer Live-Session behandeln, damit deine Teilnehmer direkt Fragen stellen können.

° **MP3 Audiodateien:** Wenn du weißt, dass deine Zielgruppe deine Inhalte gerne nebenbei konsumiert und dein Thema sich dafür eignet, kannst du deine Kurse auch als MP3-Audiodateien anbieten, die deine Teilnehmer auch unterwegs auf ihren Smartphones abspielen können.

Natürlich musst du dich bei deinem Kurs nicht auf eine Art von Medium beschränken. Wir finden, dass eine Kombination aus verschiedenen Präsentationen das Lehrmaterial besonders ansprechend vermittelt.

Für den Erfolg eine Online Kurses ist der persönliche Kontakt zwischen dir und deinen Kunden wichtig. Daher empfehlen wir dir, ihnen die Möglichkeit zu geben, eine Live-Session bzw. ein persönliches Telefonat mit dir zu buchen.

Strukturiere deine Inhalte:

Jede deine Lektionen sollte einer bestimmten Struktur folgen. Dazu gehören immer eine Einleitung, der Hauptteil und der Schluss.

1.) Die Einleitung

In der Einleitung stellst du dich vor und begrüßt deiner Teilnehmer. Das ist auch der richtige Zeitpunkt, sie daran zu erinnern, wie sie mit dir in Kontakt treten können, wenn sie Fragen oder Anregungen haben. Außerdem kannst du die Einleitung nutzen, um daran zu erinnern, was in der letzten Lektion behandelt wurde, und erklären, wie die neue Lektion daran anschließt.

° Suche dir einen angenehmen Ort zum Filmen, in dem du dich wohlfühlst und ungestört bist.

° Achte auf einen angenehmen Hintergrund und gute Beleuchtung.

° Stelle dich deinen Teilnehmern vor.

° Begrüße deine Teilnehmer und bedanke dich für ihre Teilnahme.

° Umreiße das Thema deines Online-Kurses. Was wird gelehrt und was werden deine Teilnehmer am Ende aus deinem Kurs mitnehmen?

Dieser Teil sollte nicht zu viel Zeit in Anspruch nehmen. 2-5 Minuten sind völlig ausreichend.

2.)Der Hauptteil

Der wichtigste Teil deines Online-Kurses sind natürlich die Lektionen, in denen du dein Wissen vermittelst.

Nutze einen progressiven Aufbau deiner Lektionen, bei der jede einen klaren roten Faden hat und deine Teilnehmer strukturiert durch das Thema führt.

Lektionen 1-4: Start mit den Grundlagen und arbeite dich Schritt für Schritt zu komplexeren Inhalten vor. In den ersten Lektionen vermittelst du alle nötigen Vorkenntnisse, die deine Teilnehmer brauchen, um die Materie lernen zu können.

Denke daran, dass deine Teilnehmer unterschiedliche Vorkenntnisse haben könnten. Dein Ziel in den ersten Lektionen sollte es sein, sie alle auf einen Stand zu bringen.

Je nach Kursthematik unterscheidet sich, wie lang du für Schaffung der Grundlagen brauchst. Manchmal sind 2 Lektionen ausreichend, manchmal brauchst du 5. Versuche, die folgenden Grundlagen zu schaffen:

° Einführung ins Kursthema und seine Bedeutung.

° Grundlegende Begriffe, Konzepte und Theorien, die behandelt werden.

° Wie kann das erlernte im Alltag angewendet werden?

Lektion 4-6: In diesen Lektionen erklärst du das Thema bis ins kleinste Detail. Verwende Storytelling, um deine Inhalte in einer überzeugenden und fesselnden Art und Weise zu präsentieren.

Letzte Lektionen: In den letzten Lektionen solltest du die Lernpunkte und Erkenntnisse zusammenfassen und einen Abschluss und Ausblick auf Möglichkeiten zur Vertiefung bieten. Das ist auch ein guter Zeitpunkt, um weiterführende Kurse vorzustellen.

3.)Der Schluss

Am Ende deiner Lektion verabschiedest du dich von deinen Teilnehmern und bedankst dich dafür, dass sie dabei waren. Dann solltest du den Inhalt der Lektion noch einmal zusammenfassen. Schließlich kannst du deine Teilnehmer noch einmal daran erinnern, wie sie mit dir in Kontakt treten und vielleicht deine Website oder Social Media erwähnen und einen Ausblick darauf geben, was sie in der nächsten Lektion erwartet.

Lade deine Teilnehmer auch zur Teilnahme an Diskussionen, Fragen und Feedback ein, um die Kursgemeinschaft zu stärken und um deinen Kurs zu verbessern.

Das richtige Kursthema finden:

Frage dich: Bist du ein Experte auf einen Gebiet? Hast du Know How in einen Fachgebiet? Und was viel wichtiger ist: Gibt es ein Thema für das du richtig brennst und das du mit Leidenschaft betreibst? Ganz ehrlich, das sind die besten Themen, da du das auch mit einem großen Enthusiasmus aufbereiten kannst und an deine Kunden weiter geben kannst. Bedenke du wirst dich sehr lange mit einem Thema befassen und es bringt dir ziemlich wenig, wenn du dir ein Thema suchst, bei dem du denkst das du damit viel Geld verdienen kannst, wenn es dich eigentlich null interessiert. Das merkt dann auch dein Kunde. Und auch du willst ja selbst Spaß dabei haben. Mach das was dir Freude bereitet. Salopp gesprochen, wenn du gerne deine Katze massierst – selbst dafür gibt es eine Zielgruppe. Du musst dich jetzt nicht als Börsenexperte positionieren wenn es dir absolut keine Freude bereitet, auch wenn du denkst Brokerkurse wären eine tolle Einnahmequelle.

° Teste das Thema. Prüfe in Umfragen, ob das Thema für deine Zielgruppe relevant und interessant ist.

° Befrage Menschen aus deiner bestehenden Community und frage nach deren Meinung zu deinem Thema.

° Verkaufe vorab Inhalte des Onlinekurses als Einzel- oder Gruppenangebote.

Benötigte Zeit, um einen Online-Kurs zu erstellen:

Es gibt Menschen die erklären anderen man kann in wenigen Tagen einen Onlinekurs erstellen und damit passiv ganz einfach Geld verdienen.

Ich möchte dich jetzt nicht desillusionieren, aber das mit dem passiven Einkommen ist so nicht ganz richtig. Man muss eine menge an Vorarbeit leisten um mit Onlinekursen ein gutes und bestenfalls passives Einkommen zu erzielen. Passiv klingt nach: Einmal erstellt und dann musst du nie wieder etwas dafür tun. Aber ein Kurs erstellt sich nicht von alleine und deine Zielgruppe wird den Kurs auch nicht einfach so durch Glück finden. Also leider gehört da schon eine menge mehr dazu.

Aber wenn man dran bleibt, dann kann man sich ein gutes Business aufbauen von dem man gut Leben kann. Das ist durchaus richtig. Aber das man gemütlich im Bett liegt und dann nur noch seinen wachsenden Kontostand bestaunt – das wird nicht ganz so klappen.

Wichtig ist es das du dir hier Ziele festlegst. Schritt für Schritt zum Erfolg. Definiere bis wann du mit deiner Kursstruktur fertig bist.

° Lege ein Datum fest.

° Lege das auch fest, bis wann du deinen Kurs produziert hast.

° Und wann wird dein Kurs fertig sein und Online gehen.

Setzte dir hierfür realistische Datumsangaben. Wichtig ist wirklich das du anfängst und dir klar machst, es geht nicht über Nacht. Es ist kein Sprint. Du musst dran bleiben aber es lohnt sich.

Ich gehöre jetzt nicht zu den Menschen die an der Stelle von Mindset reden wollen und sagen, du musst nur wollen, positiv denken und dann wird das schon. Aber es ist in der tat hilfreich sich mit Menschen zu umgeben die auch Macher sind. Wenn du ein Umfeld von Zweiflern hast, dann hilft dir das nicht. Das nimmt dir selbst viel Energie.

Die richtige Zielgruppe finden:

Das ist so wichtig. Überlege dir welches Problem du mit deinen Angebot für wenn lösen kannst. Wie sieht diese Zielgruppe aus? Wie alt ist diese, welches Geschlecht, welche Bildung, welche Herkunft, welche Interessen usw. – hat deine Zielgruppe.

Du musst das wirklich wissen.

Du kannst kein Angebot schaffen, das allen gefällt. Du musst auch nicht allen gefallen. Es ist wichtig das du weißt an wenn du dich mit deinem Kurs richten möchtest, denn darauf wird alles abgestimmt. Dein Marketing, dein Kurs. Ansonsten erleidest du einen viel zu großen Streuverlust.

Benötigte Technik:

Das ist individuell verschieden. Theoretisch kannst du dich mit einem Smartphone filmen. Aber wenn du es gerne professioneller haben möchtest dann rate ich dir zu einer guten Kamera und einem guten Licht und einem guten Ton. Licht ist wirklich wichtig für eine gute Bildqualität.

Online die ersten Kunden finden für deinen Online-Kurs:
Hier ist es wichtig das du dir eine Community aufbaust und pflegst. Wie genau soll das gehen?
Teile regelmäßig Content, der thematisch zu deinem Kurs passt. Wie

Ein weiterer Schritt ist es einen Email Verteiler aufzubauen:

Wie soll das gehen? Wie baut man einen Email Verteiler auf?
Ehrlich gesagt ist es in der Praxis so, das kaum jemand freiwillig einen Newsletter abonniert. In der Regel musst die die Menschen dazu motivieren, damit diese das tun.

Erstelle dazu Leadmagneten (PDFs, Videoserie, Webinare, etc) und verteile diese um damit Email Adressen einzusammeln.

Warum?

Du kannst das nutzen um später dein Angebot zu promoten.

Menschen die dich bereits kennen, werden viel wahrscheinlicher deine Kunden als Menschen die noch nie von dir gehört haben.

Eine Emaill Liste ist goldwert.

Um einen Newsletter einzurichten kannst du beispielsweise ActiveCampaign oder auch MailChimp verwenden. Das sind nur zwei von vielen Anbietern.

Erstelle eine Warteliste für deinen Kurs, auf der man sich unverbindlich eintragen kann.

Baue eine Lerngemeinschaft auf:

Online-Bildungsangebote sind meist eine Einzelbeschäftigung. Daher wird es die Erfahrung der Lernenden in deinem Kurs erheblich verbessern, wenn du die Bildung einer Lerngemeinschaft förderst.

Eine aktive Online-Community kann Nutzer dabei helfen, ihren Lernprozess mit einer Gruppe zu teilen. Gemeinsam können sie ihre Erfolge feiern und alle Fragen stellen, die sie haben. Darüber hinaus können die Teilnehmer sich über Ideen austauschen und lebhafte Diskussionen führen, wodurch sich das Interesse an deinem Kurs steigern kann.

Deine Online-Community ist auch ein guter Ort, um Neuigkeiten über bevorstehende Kurse oder andere Gelegenheiten zu teilen, die für dieses bereits engagierte Publikum von Interesse sein könnten.

Zu den Möglichkeiten, eine aktive Lerngemeinschaft zu fördern, gehören:

1.) Ein Mitgliederbereich: Das Erstellen eines Mitgliederbereichs auf deiner Website ermöglicht es registrierten oder zahlenden Nutzer, auf eine Vielzahl von Premium-Inhalten zuzugreifen – vom Chat über Foren, Blogs und mehr.

2.) Ein Online-Forum: Erstelle ein Forum als Teil deiner Website, um deinen Nutzer zu ermöglichen, sich gegenseitig beim Lernen zu unterstützen.

3.) Social-Media-Gruppen: Denke darüber nach, private Social-Media-Gruppen – wie z. B. eine Facebook-Gruppe – oder eine Gruppe bei Wix – in denen sich die Lernenden beteiligen und austauschen können.

4.) Online-Kommunikationsplattformen:
Nutze Online-Kommunikationsplattformen wie Slack oder Discord für deine Lerngemeinschaft.

Einen Online-Kurs bewerben:

Google Ads

Du kannst den Onlinekurs auch mit Google Ads bewerben. Falls du dich dafür entscheidest, dann kannst du dir theoretisch sogar den Aufbau einer Email Liste oder einer Community sparen. Es ist quasi eine Abkürzung. Google Ads funktioniert so, das wenn ein potentieller Interessent bei Google nach deinem Kursthema sucht, das eine Anzeige genau in dem Moment erscheint, wenn ein Interessent danach sucht. Das ist sehr passgenau. Das ist ein tolles Marketinginstrument sein.

Wie man eine erfolgreiche Google Ads Kampagne erstellt, das kann man selbst lernen oder man gibt das extern an einen Profi. Der Vorteil ist, das du nur dann bezahlst, wenn jemand auch tatsächlich auf deine Google Anzeige klickt. Du kannst dafür ein festes Tagesbudget definieren und legst damit genau fest wieviel du ausgeben möchtest. Es ist gut investiertes Geld, da wenn du nicht in Anzeigenwerbung investierst, du sehr viel Zeit in andere Dinge investieren musst um Online sichtbar zu werden. Meiner langjährigen Erfahrung nach, ist es sinnvoll einen Marketingmix zu verfolgen.

Social Media Plattformen

Nutze Social Media Plattformen wie Twitter, Facebook, LinkedIn, XING, Instagram etc. um deine Reichweite aufzubauen. Content is King. Darüber habe ich ja weiter oben bereits geschrieben.

Facebook Anzeigen

Das wird viel verwendet um die Leadmagneten zu bewerben. Facebook und Instagram gehören ja zusammen. Du kannst also auf beiden Plattformen verwenden und darüber deine Angebote bewerben.

Die richtige Plattform:

Hier ist es wichtig sich Gedanken darüber zu machen, wo deine Zielgruppe sich aufhält. Wenn du Onlinekurse für eine jüngere Zielgruppe anbietest, dann gehe dorthin wo diese sich auch aufhält. Das muss nicht Instagram sein. Aber es kann so sein. Das ist wirklich individuell zu betrachten. Es macht Sinn sich hier zu fokussieren, da jede Plattform auch zeitintensiv ist in Bezug auf Contenterstellung und auch Communityaufbau und im Hinblick auf die Pflege.

Tipps für die Gestaltung deiner Inhalte:

Erstelle eine klare Struktur für effektives Lernen:
Teile deine Lektionen in gut verdauliche Module auf. Jedes Modul behandelt ein spezifisches Thema, das klar und präzise präsentiert wird. Dadurch wird das Verständnis erleichtert und die Teilnehmer können das Gelernte besser aufnehmen.

1.)Binde deine Teilnehmer aktiv mit ein:

Motiviere deine Teilnehmer dazu, im Kurs aktiv zu sein. Stelle Fragen, biete Übungen oder Diskussionen an, um sie dazu zu ermutigen, das Gelernte anzuwenden und zu reflektieren. Dadurch wird nicht nur das Verständnis gefördert, sondern es entsteht auch eine interaktive Lernerfahrung.

2.)Nutze anschauliche Praxisbeispiele:
Mache die Konzepte durch reale Beispiele oder Fallstudien greifbar. So können deine Teilnehmer abstrakte Ideen besser verstehen und sehen, wie sie in der Praxis angewendet werden können.

3.)Biete kurze Zusammenfassungen nach jeder Lektion:
Am Ende jeder Lektion ist es wichtig, dass du eine kurze Zusammenfassung der behandelten Inhalte gibst. Dadurch können sich alle Teilnehmer das Gelernte besser einprägen und sich auf das nächste Modul vorbereiten.

Stelle eine fortlaufende Verbindung zu früheren Lektionen her:
Es ist wichtig sicherzustellen, dass jede neue Lektion nahtlos an die vorherigen anknüpft. Indem du die Inhalte miteinander verbindest, schaffst du ein zusammenhängendes Gesamtbild.

4.) Nutze grafische Unterstützung und Visualisierungen für deine Inhalte:

Visuelle Elemente helfen dir dabei, abstrakte Ideen zu veranschaulichen und das Verständnis deiner Inhalte zu vertiefen. Verwende Grafiken, Diagramme und Infografiken, um komplexe Konzepte verständlich zu präsentieren. Du kannst zum Beispiel mithilfe einer übersichtlichen Mindmap den Zusammenhang zwischen verschiedenen Konzepten darstellen oder den Ablauf eines Prozesses mit einem klaren Workflow-Chart illustrieren.

5.)Verbinde mehrere Medien:

Erweitere deine Lehrmethoden, indem du verschiedene multimediale Formate verwendest. Kombiniere Videos, Texte, Bilder und Audiodateien, um unterschiedliche Lerntypen anzusprechen. Videopräsentationen machen komplexe Inhalte anschaulich, während Texte detailliertere Informationen liefern. Audioclips können zusätzliche Perspektiven bieten und Geschichten zum Leben erwecken.

6.)Integriere interaktive Elemente in deine Lektionen:

Steigere das Engagement deiner Teilnehmer, indem du interaktive Elemente wie Quizfragen, Übungen oder Umfragen einbaust. Dadurch wird nicht nur aktiv gelernt, sondern es gibt auch sofortiges Feedback. So haben die Teilnehmer die Möglichkeit, ihr Wissen zu überprüfen und zu festigen.

7.)Biete weitere Ressourcen für ein tieferes Verständnis an:

Gib deinen Teilnehmenden die Möglichkeit, sich noch intensiver mit dem Thema auseinanderzusetzen, indem du zusätzliche Ressourcen zur Verfügung stellst. Verlinke relevante Blog-Artikel, Bücher, Podcasts oder Videos, die das im Kurs behandelte Thema vertiefen. Dadurch ermöglichen wir individuelles und eigenständiges Lernen über den Kursinhalt hinaus.

8.)Setze auf Hausaufgaben und Übungen:

Motiviere deine Teilnehmenden dazu, das Gelernte in der Praxis anzuwenden. Durch Hausaufgaben und Anwendungsübungen können sie ihr Verständnis vertiefen und praktische Erfahrungen sammeln, um das Gelernte zu festigen. Zum Beispiel könntest du sie bitten, einen kurzen Blogartikel zu einem Thema zu schreiben, ein Video zu drehen oder ein praktisches Tool anzuwenden und ihre Erfahrungen zu teilen.

Natürlich musst du nicht immer all diese Tipps in jeder Lektion umsetzen. Sorge stattdessen lieber für eine Abwechslung, die natürlich wirkt.

Zeitpunkt um zu veröffentlichen:
Die Veröffentlichung findet erst in der Launchphase statt. Der Kurs öffnet und schließt an bestimmten Tagen. Durch Verknappung erzielt man mehr Verkäufe.

Es gibt hier nicht die „Blaupause". Du kannst auch Kurse haben, die ganzjährig geöffnet sind. Das muss individuell entschieden werden und zu deiner Strategie und zu deinem Angebot passen.
Verkaufe deinen Online-Kurs

Der eigentlich Grund, für dieses Kapitel: Geld verdienen mit einem Online Kurs:

Daher ist dein Ziel natürlich, deinen Online-Kurs zu verkaufen und damit entweder über Drittportale oder auf deiner Website Geld zu verdienen.

Hierfür gibt es verschiedenen Möglichkeiten:

1.) Einzelne Lektion, mit temporärem oder dauerhaftem Zugang: Ermögliche es deinen Nutzern, einzelne Lektionen deines Online-Kurses zu mieten oder zu kaufen. Wenn sie ein Video kaufen, können sie die Lektion, die sie gekauft haben, unbegrenzt streamen und jederzeit erneut ansehen. Du kannst deinen Nutzern auch erlauben, die Videos herunterladen.

2.) Kanalabonnements: Durch die Zahlung einer monatlichen Gebühr können Nutzer auf alle bezahlten Videos innerhalb eines Kanals zugreifen. Mit einem Kanalabonnement erstellst du eine Pay-Wall, mit der du die Inhalte deiner Website in öffentliche und bezahlte Inhalte unterteilen kannst.

3.) Preispläne: Richte verschiedene Zahlungsoptionen ein und biete deinen Teilnehmern an, alles auf einmal oder mit wiederkehrenden Zahlungen zu bezahlen. Du entscheidest über die Art des Plans, welche Inhalte enthalten sind, wie lange der Plan laufen soll und vieles mehr. Deine unterschiedlichen Preispläne kannst du auf deiner Website präsentieren, wo deine Kunden sie kaufen können. Preispläne dienen als

Pay-Wall und ermöglichen es den Nutzern, auf die Inhalte zuzugreifen, nachdem sie bezahlt haben und sich im Mitgliederbereich deiner Website angemeldet haben.

4.) Einzelunterricht in Echtzeit: Zusätzlich zu deinen Kursen kannst du deinen Teilnehmern persönlichen Einzelunterricht anbieten. Dieses Format ermöglicht es den Schülern, dir Fragen zu stellen und in einem individuellen Rahmen zu lernen, der ihrem spezifischen Lernniveau entspricht. Mit einem Online-Buchungssystem können deine Teilnehmer bequem einen verfügbaren Termin bei dir buchen. Du kannst dich entscheiden, ob du diese Option gegen eine zusätzliche Gebühr anbieten möchtest oder ob eine bestimmte Anzahl von Einzelstunden im Festpreis enthalten ist.

Neben deinen bezahlten Lektionen solltest du auch eine kleine Vorschau deines Kurses kostenlos anbieten. Wenn du deinen potenziellen Teilnehmern zeigst, was sie von deinen Inhalten erwarten können, kannst du sie so überzeugen, sich für die bezahlten Kurse anzumelden. Deine kostenlosen Inhalte könnten z. B. entweder in Form eines kurzen Trailers für jede Lektion sein oder du könntest die gesamte erste Lektion kostenlos anbieten.

Eine weitere Idee für einen kostenlosen Inhalt ist es, einen Kurs mit einer Q&A-Session zu beginnen, an der Nutzer kostenlos teilnehmen können und die gleichzeitig Interesse bei ihnen erzeugt. Dafür musst du einen Livestream einrichten, mit dem du in Echtzeit mit deinen Teilnehmern in Kontakt treten kannst. Für welche Option du dich auch entscheidest, eine kostenlose Probe deines Kurses eignet sich perfekt, um deinen Online-Kurs zu bewerben.

So legst du den Preis für deinen Online-Kurs fest:

Nachdem du deine Inhalte gefilmt hast, fragst du dich vielleicht, wie du die Preise für deinen Kurs festlegst, um sicherzustellen, dass du einen Gewinn machen kannst.

Hier sind ein paar Methoden dafür, wie du deinen Preis bestimmen kannst:

1.) Preise der Konkurrenz: Zunächst solltest du eine schnelle Recherche durchführen und die durchschnittlichen Preise für Kurse zu deinem Thema ermitteln. Die Preise für die Kurse können stark variieren, zum Beispiel je nachdem, ob der oder die Kursleiter Experten auf ihrem Gebiet sind oder nicht. Aber auf jeden Fall wirst du einen Eindruck davon bekommen, wo die Preise ungefähr liegen.

2.) Arbeitszeit: Berücksichtige, wie lange du gebraucht hast, um den Kurs zu erstellen. Jedes Unternehmen, das darauf abzielt, profitabel zu sein, sollte für ein gutes Gleichgewicht zwischen der investierten Zeit und dem erzielten Gewinn sorgen.

3.) Wert des Kurses: Ein weiterer Faktor, den du berücksichtigen solltest, wenn du deinen Kurs bepreist, ist der Wert, den die Nutzer erhalten, wenn sie daran teilnehmen. Können deine Teilnehmer mit den Fähigkeiten und Tools, die du ihnen beigebracht hast, später selbst Geld verdienen? Wie du dir vorstellen kannst, ist es umso einfacher, einen höheren Preis zu verlangen, je sinnvoller den Teilnehmern die Teilnahme an dem Kurs erscheint.

4.) Best Practices: Die Preise für die Teilnahme an Kursen können je nach Thema zwischen 100 Euro (oder weniger) und über 10.000 Euro liegen. Es ist jedoch bekannt, dass je höher die Kosten für einen Kurs sind, desto mehr gehen die Leute davon aus, dass sie einen großen Nutzen daraus ziehen und ihn als „gut" wahrnehmen. Außerdem neigen die Leute dazu, sich mehr zu engagieren und mehr Energie auf das Lernen zu verwenden, je mehr sie dafür bezahlt haben.

Online Kurs Verkaufsplattformen:

Zunächst starten wir mit 2 ganz grundsätzlichen Fragen rund um Kursplattformen für Onlinekurse:

1.) Was ist besser geeignet: ein deutscher oder ein internationaler Anbieter ?

2.) Sollte die Kursplattform einen „Marktplatz" haben?

1.) Deutscher vs Internationaler Anbieter:
Eines der wichtigsten Entscheidungskriterien für viele Onlinekurs-AnbieterInnen ist es am Anfang sicherlich, ob die Online-Kurs-Plattform von einem deutschen Anbieter oder einem internationalen Anbieter betrieben wird.

Hierbei geht es zum einen um die Sprache der Kursplattform (für viele ist solch spezifisches Englisch eine Hürde), aber auch um die Frage nach der unter Umständen fehlenden Rechtssicherheit in Zusammenhang mit internationalen Plattformen.

Dass die Anwendung nationaler/europäischer Anbieter im deutschsprachigen Raum rechtssicher ist, ist natürlich oft ein Argument pro deutsche Kursplattformen. Auf der anderen Seite habe ich aber festgestellt, dass der Funktionsumfang teils nicht mit den Plattformen aus Übersee mithalten kann.

Letztlich ist das Ganze wieder eine persönliche Entscheidung. Lieber etwas mehr Risiko oder auf "Nummer sicher" gehen und auf Funktionen verzichten? Das muss jede/r für sich selbst entscheiden.

2.) Mit oder ohne angeschlossenem Marktplatz:

Für viele Business-StarterInnen und angehenden KursanbieterInnen sind Online-Kurs-Plattformen mit angeschlossenem Marktplatz attraktiv. Hier stellt man, neben vielen anderen, seine Kurse ein, die dann einem größeren Publikum aus potenziellen KundInnen präsentiert werden. Und die sind schon auf der Suche nach Onlinekursen, man spart sich also augenscheinlich das große Marketing und verkauft dennoch seinen Kurs. Oder?

Klar: Auf einem angeschlossenen Marktplatz sind vermutlich tatsächlich potenzielle KundInnen zu finden.

Allerdings werden dort auch viele andere Onlinekurse angeboten und man steht in direktem Wettbewerb mit anderen KursanbieterInnen. Sobald diese ihre Kurse auch nur etwas billiger machen als man selbst, wird es schon schwierig. Denn auf so einem Marktplatz sind die Möglichkeiten, die eigene Marke hochwertig und einzigartig zu präsentieren und Vertrauen aufzubauen eher eingeschränkt. Dein Kurs wird damit zu einem von vielen. Somit entscheidet am Ende oft der Preis oder der Umfang des Onlinekurses über den Kauf.

Im Endeffekt sind Online-Kurs-Plattformen mit angeschlossenem Marktplatz sicher nicht schlecht, um allererste Erfahrungen mit KursteilnehmerInnen zu sammeln. Als Beispiele seien hier Udemy und Skillshare genannt.

Für den Aufbau eines nachhaltigen, gut wachsenden Online-Business, das auch in fünf oder zehn Jahren funktionieren soll, empfehle es sich jedoch, sich nicht ausschließlich auf einen externen Kursmarktplatz zu verlassen. Mal davon abgesehen, dass es sich finanziell überhaupt nicht rechnet. Es ist ganz wichtig, sich eine eigene Marke aufzubauen und sich so auch unabhängig von externen Plattformen zu machen.

Anbieter:

1.) Coachy-
Coachy ist ein deutscher Anbieter und dürfte daher für viele interessant sein. Diese Online-Kurs-Plattform bietet die einfache Erstellung eines Mitgliederbereichs und hat einen Landingpage-Builder. Du kannst Coachy ohne technische Kenntnisse bedienen, es ist inklusive Grundfunktionen wie regelmäßigen Backups. Coachy ist entsprechend komplett auf Deutsch verfügbar.

Großes Plus:
Um Zahlungen anzunehmen, kannst du Coachy mit Digistore24 verknüpfen.

Positiv-
an dieser Online-Kurs-Plattform ist ebenfalls, dass du andere Anbieter ganz einfach an deinen Coachy-Account anbinden kannst, z.B. Zapier oder elopage, ebenso wie die gängigen E-Mail-Marketing-Systeme .

Nicht so gut:
Nachteile an Coachy sind, dass du bei zwei der drei verfügbaren Preis-Pakete eine Kurs-Uploadbeschränkung hast: Du kannst hier nur je 1 oder je bis 5 Kurse anbieten; jeder weitere kostet zusätzlich zur Jahresgebühr. Eine Website bzw. ein Blog ist bei Coachy nicht integriert. Hier handelt es sich wirklich nur um die Kursplattform mit Mitgliederbereich, allerdings sind Landing- und Squeezepages möglich.

Du kannst Coachy 30 Tage kostenlos testen.

2.) Digimember-
Digimember ist ein Plugin, das eine WordPress-Website in eine Kursplattform verwandelt. Hierbei kann Digimember mit gängigen anderen Programmen verbunden werden, wie z.B. Zapier oder Klick Tipp, und natürlich auch mit verschiedenen Zahlungsanbietern. Der

dabei wohl am häufigsten zum Einsatz kommende ist Digistore24.

Großes Plus:

Digimember hat keine Beschränkung, wie viele Produkte du darüber anbietest. Auch kostenlose Mitgliedschaften deiner TeilnehmerInnen in deiner Membership und natürlich ein zeitlich begrenzter Zugang zu deinen Inhalten sind möglich.

Der große Vorteil dieser Lösung ist außerdem, dass man die eigene Kursplattform komplett frei gestalten kann. Auch handelt es sich sowohl bei Digimember, als auch bei Digistore24 um deutsche Anbieter, die mit hoher Rechtssicherheit und einfacher Bedienung werben. Digimember ist hierbei recht einfach zu konfigurieren, wenn man mal bedenkt welchen Funktionsumfang dieses Plugin bietet.

Nicht so gut:

Der größte Vorteil dieser Lösung ist jedoch gleichzeitig auch ihr größter Nachteil: Man kann sich schnell im "designen" des Onlinekurses verlieren, weil man eben jede Möglichkeit hat, die das eigene WordPress-Theme bietet.

3.) e-Mentor-

Mit e-Mentor haben wir einen weiteren deutschen Anbieter unter den Online-Kurs-Plattformen, von dem man immer wieder hört. Die entsprechende Rechtssicherheit ist hier sicherlich ein Vorteil. Außerdem kannst du neben reinen Videokursen auch Texte, Videos oder PDFs anbieten. e-Mentor rechnet außerdem etwas anders ab, als sonst üblich: Du zahlst keine monatlichen Gebühren, sondern vereinbarst eine Umsatzbeteiligung. Das ist besonders attraktiv, wenn du (erstmal) kostenlose Kurse anbietest.

Großes Plus:

e-Mentor übernimmt die Abrechnung (personalisiert mit deinem Logo) und Zahlungsabwicklung mit deinen KundInnen oder du kannst den e-Mentor an Digistore24 anbinden. Sogar ein Blog und auch Landingpages sind bei diesem Anbieter integriert.

Nicht so gut:

Bemängelt wird an e-Mentor, dass es hier (noch) kein integriertes E-Mail-Marketing gibt und kein Affiliate-Programm vorhanden ist. Auch die Funktionen für die eigene Landingpage sind nicht so vielseitig wie bei anderen Anbietern. Dafür zahlst du aber auch weniger als z.B. bei elopage.

4.) elopage-

elopage ist inzwischen wohl DER Platzhirsch am deutschen Markt, wenn es um Online-Kursplattformen geht.

Großes Plus:

Das Besondere an elopage ist, dass es eine Online-Kursplattform ist, du aber gleichzeitig auch deine Zahlungen darüber managen kannst. Also zwei in eins, sozusagen.

elopage überzeugt mit einem hohen Funktionsumfang, der stetig weiter ausgebaut wird. Es gibt Landingpages, Community-Bereiche, zahlreiche Design-Möglichkeiten für deine Onlinekurse, du kannst über elopage live streamen und auch deine Autoresponder verknüpfen – die Möglichkeiten sind beinahe endlos!

Nicht so gut:

Großer Nachteil an elopage hingegen ist, dass die Zahlungs-Engine ziemlich schwach ist. Es liegt auf der Hand, dass nicht alle KundInnen Lust haben einen Bestellvorgang 3 bis 4 mal anzustoßen.

5.) Kajabi-

Kajabi ist sowas wie die "eierlegende Wollmilchsau" für Onlinekurs-AnbieterInnen: Als selbsternannte „All-in-one-platform" für Memberships vereint Kajabi alle nötigen Features und Funktionen:

Online-Kursplattform, Landingpages, E-Mail-Marketing und die eigene Website in EINEM System.

Großes Plus:

Positiv an Kajabi ist der Kundenservice und dass keine externen DienstleisterInnen für die Zahlungsabwicklung eingebunden werden müssen, da Kajabi selbst als Zahlungsanbieter fungiert.

Darüber hinaus bietet Kajabi eine umfangreiche Online University: Hier gibt es Tipps, wie man seinen Content effektiv online verkauft und profitable Onlinekurse erstellt. Dieses Trainingsportal ist inklusive, also bei jedem Account dabei. Das bieten AnbieterInnen wie Teachable allerdings auch. Außerdem können Interessierte Kajabi, egal welches Leistungspaket, erstmal zwei Wochen kostenlos testen.

Nicht so gut:

Diese Funktionsvielfalt (Website + Landingpages + E-Mail-System + Bezahlanbieter + Kursplattform und mehr) hat natürlich seinen Preis: Bei Kajabi bist du mit 150$ pro Monat im kleinsten (!) Paket dabei.

Ansonsten wird an Kajabi bemängelt, dass das Design nicht wirklich anpassbar ist und beim E-Mail-Marketing Funktionen fehlen (wie zum Beispiel Analyse und Tracking) oder nur eingeschränkt verfügbar sind.

Außerdem ist Kajabi kein deutscher Anbieter. Bei internationalen Online-Kursplattformen muss man immer schauen, wie man sie in Deutschland und Europa rechtssicher nutzen kann. Dafür ist oft Extraarbeit und nicht selten auch Hilfe von Rechtsanwälten nötig.

5.) Skillshare-

Skillshare ist, ähnlich wie Udemy (siehe weiter unten), keine Online-Kursplattform im eigentlichen Sinne, sondern ein Onlinekurs-Marktplatz. Auf der Startseite von Skillshare sieht man sofort: Diese Website richtet sich an EndverbraucherInnen und soll sie dazu animieren „kostenlos mit dem Lernen zu starten". D.h. du als AnbieterIn nutzt Skillshare um an deine Zielgruppe deine Kurse zu verkaufen.

Skillshare ist, wie auch sofort auffällt, vor allem auf Kurse im kreativen Bereich spezialisiert.

Großes Plus:

Dank Skillshare hast du eine Art passive Einkommensquelle. Wenn du auf Skillshare Kurse anbieten möchtest, erwartet dich nämlich ein besonderes Preismodell: „Du verdienst Geld durch monatliche Tantiemen. Diese basieren auf der Anzahl der angesehenen Minuten deiner Kurse und einem Empfehlungsbonus für alle Teilnehmer, die du an Skillshare vermittelst", heißt es auf der Website von Skillshare.

Nicht so gut:

Ob es mit Tantiemen allein möglich ist, seinen Lebensunterhalt zu bestreiten? Wer sich lediglich nebenbei ein wenig dazuverdienen und vor allem im Kreativbereich Onlinekurse anbieten möchte, könnte Skillshare aber eine Chance geben.

6.) Spreadmind-

Spreadmind ist eine, laut eigenem Wording, „ganzheitliche E-Learning-Lösung", dabei ein deutscher Anbieter und im günstigsten Paket für 39 € pro Monat in etwa mit dem Funktionsumfang von elopage zu vergleichen.

Großes Plus:
Solltest du ein teureres Paket wählen, hast du noch mehr Funktionen: In größeren Paketen lassen sich praktisch alle wichtigen Prozesse in deinem Online-Business mit Spreadmind abbilden (Website, Blog/Podcast, Affiliate-Programm usw.). Außerdem hat Spreadmind einen Backoffice-Service im Angebot, der z.B. die Buchhaltung oder auch den Endkundenservice übernehmen könnte.

Nicht so gut:
Die hohen Paketgebühren summieren sich schon mal zu um die 1.500 € pro Jahr. Allerdings spart man sich damit auch viele Tools, die man sonst einzeln buchen müsste. Gut gegenrechnen hilft!

7.) Teachable-
Teachable ist eine der bekanntesten und meistgenutzten Plattformen für Onlinekurse im englischsprachigen Raum – und auch in Deutschland nur auf Englisch verfügbar. Teachable bietet alles, was das Herz begehrt: Eine integrierte Website, dein eigenes Branding inkl. Nutzung deiner eigenen Domain für deinen Kurs, einen integrierten Blog, Bezahlabwicklung, Affiliate Marketing, E-Mail-Marketing und mehr.

Großes Plus:
Du kannst mit einem kostenlosen Paket starten. Das hat zwar viele der genannten Funktionen nicht, jedoch wird nur dann eine Gebühr fällig, falls du deinen Onlinekurs verkaufst. In allen höheren Paketen, mit mehr Funktionen, wird zusätzlich zur Gebühr auf jeden Kursverkauf eine monatliche Fixgebühr erhoben, ähnlich wie bei elopage.

Gelobt wird an dieser Online-Kursplattform auch, dass sie sehr benutzerfreundlich und flexibel ist. Deine Kursvideos kannst du direkt bei Teachable hosten. Außerdem gibt es ein integriertes Affiliate-Programm. So verdienst du auch noch zusätzlich, wenn du Teachable neue KundInnen vermittelst.

Nicht so gut:
Bemängelt wird bei Teachable, dass die Plattform nur mit Anpassungen DSGVO-konform genutzt werden kann. Außerdem bietet Teachable nur wenige Integrationen mit anderen Tools und es gibt keinen Community-Bereich.

Darüber hinaus gibt es bei englischsprachigen Tools häufig Probleme mit den Rechnungen und dem Management der Mehrwertsteuer. Wir haben ja in Europa mit dem Reverse-Charge-Verfahren, MOSS und Co. ein recht kompliziertes Mehrwertsteuersystem bei digitalen Produkten, was die meisten englischsprachigen Tools nicht „können". Das gilt für andere Plattformen übrigens auch, da sollte man sich vorher gut informieren.

8.) Thinkific-

Thinkific ist ein bisschen wie die „Schwester" von Teachable. Die beiden haben miteinander natürlich nichts zu tun, sind aber sehr ähnlich vom Funktionsumfang und Design her.

Großes Plus:

Sich in Thinkific einzuarbeiten, ist aufgrund der einfachen Einführung schnell gemacht, selbst auf Englisch. Außerdem kann man bei dieser Online-Kursplattform nicht nur Videos einstellen, sondern auch PDFs, Textdateien, Audios oder HTML-Inhalte. Es gibt eine Vielzahl an möglichen Lektionsarten. Außerdem neu ist, dass Thinkific eine App auf den Markt gebracht hat: Ein super Vorteil für KursteilnehmerInnen.

Beliebt ist Thinkific auch wegen des attraktiven Preises und des kostenlos nutzbaren Pakets. Außerdem hast du beim Videohosting hier keine Upload-Beschränkung und einen qualitativ hochwertigen Videoplayer für deine KursteilnehmerInnen.

Nicht so gut:

Die Nachteile von Thinkific sind im Grunde ähnlich wie die bei Teachable: Als Bezahlanbieter ist Thinkific fraglich aufgrund von Problemen mit DSGVO und Rechnungsabwicklung.

9.) Udemy-

Udemy ist, ähnlich wie Skillshare (siehe weiter oben), mehr ein Onlinekurs-Marktplatz denn eine Online-Kursplattform.

Großes Plus:

Gerade für EinsteigerInnen ist dieses Prinzip attraktiv: Auf diesen Plattformen befinden sich bereits KundInnen und ich muss „nur" noch meinen Kurs einstellen und dann wird er gekauft. Grundsätzlich funktioniert das Ganze auch so, aber dieses Geschäftsmodell hat entscheidende Nachteile:

Nicht so gut:

Zum Einen werden Onlinekurse bei Udemy regelrecht „verramscht". Es wird damit geworben, dass man Kurse „ab 14,99 Euro" kaufen kann. In der Vergangenheit gab es bereits viele Promoaktionen mit deutlich niedrigeren Preisen.

Du kannst aus dem so genannten „Udemy Marketing" zwar aussteigen. Doch dann sinkt natürlich die Wahrscheinlichkeit, dass deine Kurse gekauft werden. Denn es gibt viele Konkurrenzkurse, die deutlich günstiger angeboten werden.

Da du auf Udemy als KursanbieterIn keine eigene Marke (und damit Vertrauen in dich als Person und ExpertIn) aufbauen kannst, entscheiden die meisten KundInnen eher nach dem Preis und wie viel im jeweiligen Kurs enthalten ist. Dadurch ist die Konkurrenz auf der Plattform extrem groß. Auch, weil Udemy deinen KundInnen ähnliche Kurse vorschlägt.

Einige möchten Udemy als Marketing-Plattform verwenden: Sie wollen bei Udemy ein oder zwei kleine Mini-Produkte anbieten und über ihre eigene Website ihren KundInnen weitere, teurere Kurse verkaufen. Doch das weiß auch Udemy: Rein rechtlich gesehen sind die Menschen, die deine Kurse auf Udemy kaufen, nicht deine KundInnen, sondern Udemys KundInnen.Dementsprechend verbietet Udemy praktisch alles, was du tun könntest, um deine KundInnen beispielsweise in deine E-Mail-Liste zu bekommen.

Ja, Erfolg auf einer Plattform wie Udemy ist möglich. Dafür benötigt man ein Nischenthema, das möglichst viele Menschen interessiert (z.B. eine Programmiersprache lernen) und man sollte möglichst viele Kurse aus demselben Themengebiet anbieten. Was eher abschreckt, ist die völlige Abhängigkeit von Udemy.

Fazit:

Hast du ein Thema, welches dich interessiert und wo du eine gewisse Expertise aufweisen kannst- dann starte einen Online Kurs.

Der Handel mit diesen Kursen, gleicht einen modernen Goldrausch – also warum sollte man das Feld den anderen überlassen?

Hier schließt sich der Kreis: Erfolg kommt von T U N. Fang am besten heute noch an

MIT FOTOGRAFIE ONLINE GELD VERDIENEN

Auf deiner Festplatte liegt ein Schatz.

Keiner aus Gold und Silber, aber aus Farben und Pixeln.

Es sind deine Bilder: Reisefotos, Hochzeiten, Feiern – du unter Palmen und blauem Himmel. Über das Internet kannst du deine Fotos verkaufen; für monatlich über tausend Euro und ganz automatisch.

Viele Hobby-Fotografen träumen davon, mit ihren Bildern nebenbei ein wenig Geld zu verdienen.

Warum deine Fotografien gefragt sind:

Seien wir ehrlich: Websites ohne Bilder sind wie Pommes ohne Ketchup – langweilig, fad und öde. Du klickst sofort weg, weil nichts deine Augen fesselt. Genau das wissen die Betreiber, weshalb sie ihre Website färben wie einen Papageienkuchen. Hier liegt deine Chance, Fotos zu verkaufen.

Kleine Unternehmen brauchen Fotos für ihre Homepage – ein Arzt zeigt weiße Kittel, ein Anwalt den Richterhammer oder eine Reise-Agentur den weißen Strand der Karibik. Aber auch die großen Unternehmen brauchen dich. Denn sie schalten Online-Werbung:

Bei Facebook, Twitter, Instagram überfluten dich ihre Anzeigen – alle mit Bildern! Natürlich sollen deine Augen hängen bleiben; die Bilder müssen dich interessieren. Deshalb darf es keine geschniegelte Hochglanz-Fotografie sein, sondern Bilder aus dem Alltag.

Sie wollen deine Bilder. Aus dem Alltag. Aus dem Leben.

Deine Wirklichkeit. Das interessiert die Menschen, nicht Fotos wie aus Marmor gemeißelt von spezialisierten Fotografen. Diese Nachfrage kannst du ausbeuten und ausnutzen, da Unternehmen ein Problem haben: das Urheberrecht.

Niemand darf einfach Fotos herunterladen. Denn sonst flattern Abmahnungen ins Haus wie die Hogwarts-Briefe in Harry Potter 1. Tausend Euro, zweitausend Euro – solche Beträge können einen ruinieren. Deshalb wollen Unternehmen Bilder kaufen – auch deine.

Und sicherlich hast du tausende auf deiner Festplatte: vom warmen Sand Mallorcas, vom Lichterspiel des städtischen Clubs oder dein Leibgericht in exotischer Kulisse. Eine wahre Goldgrube.

Diese verkaufst du.

Aber wie?

Eine gute Möglichkeit bieten die sogenannten Stockagenturen, bei denen Fotografen Bilder für einen bestimmten Preis hochladen können. Doch gilt es in Sachen Stockfotografie einiges zu beachten.Stockagenturen bieten Fotografen Plattform für den Verkauf.

Stockagenturen:
Shutterstock, Fotolia und Co. - in den letzten Jahren hat die Zahl an Stockagenturen, die Bilder von Fotografen hochladen und an Zeitschriftenmagazine, Verlage und Werbeagenturen weiterverkaufen, deutlich zugenommen. Und das nicht ohne Grund: Stockagenturen sind für jeden mit einem relativ großen Fotoarchiv eine recht einfache Möglichkeit, mit dem Hobby auch Geld zu verdienen.

Das Prinzip ist dabei ganz einfach: Fotografen laden ihre Bilder bei Stockfoto-Anbietern wie Shutterstock, Fotolia und istockphoto hoch und können je nach Lizenz und Anbieter einen bestimmten Geldbetrag pro Bild erzielen. Jedes Mal, wenn eine Website oder ein Nachrichtenmagazin das entsprechende Foto in der Bilddatenbank findet und kauft, erhält der Fotograf diesen Betrag gutgeschrieben. Wie die Foto-Auftragsplattform Pixolum erklärt, werden die Bilder dabei genau genommen nicht an die Stockagenturen verkauft, sondern nur für "bestimmte Verwendungszwecke" lizenziert. Das heißt, die Eigentumsrechte des Fotos werden nicht an die Bilddatenbanken übergeben; das Urheberrecht bleibt beim Fotografen. Das gibt diesen die

Möglichkeit, Bilder auf verschiedenen Portalen hochzuladen und dadurch überall gleichzeitig Einnahmen zu generieren. Im Rahmen der Lizenzvereinbarungen wird geregelt, welche Rechte der Käufer für die Verwendung des Bildes erhält. Generell gilt: Je mehr Rechte dem Käufer an dem Bild eingeräumt werden, desto mehr Geld kann der Fotograf auch dafür verlangen.

Dabei muss grundsätzlich zwischen zwei Arten von Verwendungszwecken unterschieden werden.

1.) Kommerzielle Nutzung-
Unter die sogenannte kommerzielle Nutzung fallen laut Pixolum "gewinnorientierte Veröffentlichungen wie Anzeigen, Produkte oder Produktverpackungen". Das heißt, Fotos werden hier in einem Werbekontext eingesetzt und erfordern daher das Einverständnis der Foto-Models und des Urhebers.

2.) Redaktionelle Nutzung-

Bei der redaktionellen Nutzung dagegen dienen Bilder dem Fotoportal zufolge "lediglich zu Informationszwecken" oder zur schöneren Gestaltung eines Artikels: beispielsweise in Magazinen, Büchern oder Blogs. In diesem Fall sind keine rechtlichen Freigaben nötig - auch wenn die Website oder das Magazin auf derselben Seite Werbung für bestimmte Produkte einblendet.

Wie am besten vorgehen:

Für den Einstieg, sind erst einmal 3 Schritte notwendig.

Schritt 1:
Sortiere und ordne deine Fotos. Was fällt unter Urlaub? Was unter Essen?... Vielleicht hast du nicht nur Fotos zu verkaufen, sondern auch Grafiken oder Videos in deiner Cloud? Krame ebenso in alten Schubladen; vielleicht findest du vergessene SD-Karten, USB-Sticks oder externe Festplatten. Nimm dir genügend Zeit für die Schatzsuche.

Schritt 2:
Melde dich bei den unten stehenden Plattformen an. Du registrierst dich, legst ein Konto an und erstellst eine Kontoverbindung. Keine Angst: Diese Schritte erfährst du einzeln auf der jeweiligen Website.

Ist das erledigt, lädst du alle Fotos hoch, und zwar nach Kategorien sortiert. Schon könntest du Fotos verkaufen.

Schritt 3:
Installiere jedoch vorher einen Passwort-Manager. Weiter unten, werden mehrere Plattformen erwähnt. Da es sich empfiehlt, mehrere, oder gar alle, Plattformen zu nutzen, werden die benötigten Passwörter schnell zu einer gewaltigen Herausforderung. Natürlich kannst du sie wie das Pentagon schützen mit Passwörter wie „Test", „Passwort" oder 12345. Allerdings ist das nur bedingt zu empfehlen. Einfacher geht's mit einem Passwort-Manager:

Er erstellt und speichert für dich die Passwörter aller Plattformen.
Wie greifst du darauf zu?
Du hast ein Master-Passwort für den Manager; gibst du dieses ein, kannst du auf alle anderen Passwörter sicher zugreifen.

Diese Manager sind empfehlenswert:

° Last Pass

° 1Password

° Dashlane

Kleiner Tipp am Rande:
Lege dir noch ein Paypal-Konto zu. Viele Personen zahlen gerne über Paypal, da es so bequem ist. Du willst doch nicht einen Käufer vergraulen, nur weil du kein Paypal hast?

Weitere Schritte:

Um seine Einnahmen, zu maximieren, und somit, etwas professioneller Vorzugehen, sind noch weitere Schritte notwendig:

1.)Bedürfnisse der Kunden untersuchen:

Um tatsächlich regelmäßig, Einnahmen über den Verkauf von Stockfotografie zu generieren, empfehlen Experten zunächst die Bedürfnisse der potentiellen Kunden genauer zu untersuchen. Es eignen sich nicht alle Bilder für den Verkauf auf Stockportalen: Viele Urlaubs-

oder Familienschnappschüsse sind für diese Zwecke unbrauchbar.

Denn was nützt das schönste Urlaubsbild der Welt, wenn Werbeagenturen oder Nachrichtenportale keinen Verwendungszweck dafür haben.

Die Lizenzierung ist eine der beliebtesten Möglichkeiten, deine Fotos zu verkaufen. Marken, Publisher oder andere Personen können so deine Bilder für ihre eigenen Zwecke nutzen.

Genau das ist hier der Schlüssel. Du musst rückwärts arbeiten und überlegen, wie deine Fotos von einer Marke oder einem Publisher bzw. einer Publisherin verwendet werden können. Vielseitige Fotos, die Ideen zum Ausdruck bringen, sind sehr beliebt – vor allem wenn sie Menschen zeigen.

So wird gerne zu saisonalen Fotos wie Weihnachtsbildern oder Osterfotos geraten, die zu bestimmten Zeiten des Jahres einer hohen Nachfrage unterliegen. Außerdem sollten Fotografen die aktuellen Trends im Auge behalten, denn was im Trend ist, wird zukünftig auch Teil von Nachrichten und Blogs werden. Auch Bilder mit finanziellem Bezug oder Symbolbilder sind seit Jahren sehr gefragt.

2.) Passende Keywords suchen:

Voraussetzung ist also, dass die fotografierten Motive vielschichtig einsetzbar sind. Bevor man anfängt, sollte man sich außerdem über wichtige Stichwörter, die sogenannten Keywords, bewusst werden, die die Nachfrage der Käufer am besten beschreiben. Vor dem Upload ist es ratsam, die eigenen Fotos mit möglichst passenden und aussagekräftigen Schlüsselwörtern zu versehen, um Unternehmen bei ihrer Suche in der Datenbank auf die eigenen Bilder zu leiten. Auch Tags können ab und zu sinnvoll sein, um "den Charakter, die Emotionen und die Aktivität des Bildes" zu beschreiben.

Je mehr Bilder, desto größer die Chance auf Einnahmen

In Sachen Stockfotografie kann es sich für die Fotografen lohnen, eine große Menge an Bildern hochzuladen. Denn je größer die Auswahl, desto größer ist auch die Chance, dass ein Unternehmen bei der Suche auf ein Bild von ihnen stößt.

Etwa 2.000 Bilder sollte man den Stocking-Anbietern vorlegen - bei weniger Fotos ist die Chance auf Einnahmen entsprechend geringer.

Das weiterführende Ziel wäre dann, mit der Zeit bis zu 5000 Bilder hochzuladen.

Der Verkauf der Bilder erfolgt oft auf Provisionsbasis. Zwischen 20 und 50 Prozent des Verkaufspreises können Fotografen in der Regel pro verkauftem Bild verdienen.

Bei um die 2.000 Bilder im Angebot kann man mit etwa 350 Euro Verdienst pro Monat rechnen.

Pro verkauftem Bild seien Preise ab 25 Cent.

3.) Recherche:

Möchtest su dein Vorhaben, weiter professionalisieren und eine keyword Recherche durchführen.

Wie bereits erwähnt – möchtest du regelmäßige Einnahmen, musst du herausfinden, welche Stile und Fotos bei deinem Publikum Anklang finden.

Du kannst aber auch die Nachfrage nach bestimmten Themen mit Hilfe von Keyword-Recherchen ermitteln, um das Suchvolumen für Begriffe zu analysieren, die mit deinen Fotos in Zusammenhang stehen.

Keywords Everywhere ist eine Browsererweiterung, die dir das Suchvolumen direkt unter deiner Google-Suche anzeigt. So kannst du gefragte Themen finden, um zu testen, welche Bereiche du mit deinen Fotos ansprechen kannst.Grundsätzlich ist alles, was über 1.000 durchschnittliche monatliche Suchanfragen hinausgeht, ein signifikantes Volumen, das man sich zunutze machen könnte.

Websites, um Fotos zu verkaufen:

Um seine Fotos, unkompliziert, online verkaufen zu können, benötigt man natürlich auch die richtige Website.
Hierbei gibt es eine relativ große Auswahl. Um den maximalen Profit zu erzielen, sollte man tatsächlich alleAngebote nutzen.

Folgende Websites, sind dafür geeignet:

1.)Alamy-
Alamy verfügt über die weltweit vielfältigste Stockfoto-Kollektion mit über 297 Millionen Bildern, Vektoren, Videos und 360-Grad-Panoramabildern. Hier kannst du so gut wie alles verkaufen, von alltäglichen Bildern bis hin zu stark nischenspezifischen Fotos. Die Plattform zeichnet sich durch weltweit mehr als 60.000 Mitwirkende und über 110.000 Käufer aus. Mit Stockimo bietet Alamy zudem eine App, mit der du iPhone-Fotos verkaufen und mit deinen Selfies zusätzliches Geld verdienen kannst.

Alamy bezahlt seine Mitglieder monatlich und hat eine unkomplizierte Zahlungsstruktur. Wenn du deine Bilder exklusiv bei Alamy anbietest, erhältst du 50 Prozent der Direktverkäufe. Für Bilder, die nicht exklusiv bei Alamy angeboten werden, erhältst du 40 Prozent aller Direktverkäufe.
Ein weiterer Pluspunkt: es gibt keine langfristigen Verträge mit Alamy.

2.) 500px-
500px Licensing (ehemals 500px Prime) beherbergt Millionen von Fotografen, die ihre Fotos online über die Stockfoto-Website verkaufen. Die Vertriebspartner der Plattform bedienen über eine Million Menschen in aller Welt und sind die erste Adresse für kreative Inhalte. Alle an die Website übermittelten Inhalte sind lizenzfrei, d. h. sie dürfen unbegrenzt und dauerhaft verwendet werden. Die Preise richten sich dabei nach der Dateigröße.

500px ist zudem eine Community-Plattform für Amateur- und Profifotografen. Du kannst anderen Fotografieaffinen folgen, deine Fotos auf dem Marktplatz einstellen und an „Photo Quest"-Wettbewerben teilnehmen. Du kannst hier bis zu 60 Prozent Tantiemen für exklusive Bilder und 30 Prozent Provision für nicht-exklusive Fotos verdienen.

Der Einstieg ist einfach. Du musst lediglich ein Konto erstellen, deine Fotos einreichen, deinen Shop autorisieren und die Formulare für jedes Bild ausfüllen, einschließlich Modell- und Haftungsfreigaben. Danach kannst du auch schon damit beginnen, eigene Fotos zu verkaufen!

3.) SmugMug-

Egal, ob du ein Neueinsteiger oder etablierter Profi bist, über SmugMug kannst du spielend einfach deine Fotografien verkaufen. Inklusive sind ein schönes Portfolio, eine Verkaufsplattform und Tools, die dich beim Wachstum unterstützen. SmugMug überlässt dir 85 Prozent des Gewinns zwischen dem von dir festgelegten Preis und den Standard-Druckpreisen von SmugMug.

Angenommen, du verkaufst einen Druck für 10,79 USD. Wenn der SmugMug-Standardpreis bei 0,79 USD liegt, beträgt der Aufschlag für diesen Druck 10 USD. In diesem Fall behältst du 8,50 USD als Gewinn. Allerdings musst du dich für eine monatliche Mitgliedschaft anmelden, die mindestens 200 USD pro Jahr für den Portfolio-Plan kostet. Der Plan gibt dir jedoch Zugang zu diversen E-Commerce-Tools, mit denen du deine Fotos online verkaufen kannst.

4.) Shutterstock-

Shutterstock ist eine führende Stockfotografie-Website für alle, die digitale Bilder online verkaufen wollen. Die Plattform hat in den letzten 15 Jahren mehr als eine Milliarde Dollar an ihre Community ausgezahlt und kann dafür sorgen, dass deine Fotos von Millionen von Menschen gesehen werden.
Shutterstock gilt als Micro-Stock-Site, auf der Fotos billiger und nicht exklusiv sind. Der wesentliche Faktor zur Steigerung der Downloads ist die Bereitstellung einer großen Anzahl von Bildern, die als visuelle Metaphern verwendet werden können. Hier sind keine enormen Einnahmen zu erwarten. Trotzdem ist es ein guter Startpunkt, um zu erlernen, wie man Stock-Fotos verkauft.

Die Auszahlungen richten sich nach deinen Verkäufen im Laufe der Zeit und liegen zwischen 20 und 30 Prozent. Außerdem gibt es ein Partnerprogramm, über das du durch das Werben neuer Kundschaft oder neuer Fotografierenden zusätzliches Geld verdienen kannst.

5.) iStock Photo-

iStock Photo ist der Micro-Stock-Ableger von Getty Images. Der Hauptunterschied zwischen den beiden ist, dass deine Fotos auf iStock nicht exklusiv sind. Das bedeutet, dass du deine Fotografie auch über andere Agenturen verkaufen kannst. Allerdings erhältst du so eine viel niedrigere Provision als für exklusive Bilder. Diese liegt zwischen 15 und 45 Prozent, je nachdem, ob die Fotos exklusiv oder nicht exklusiv sind.

6.) Etsy-

Wenn du online Fotos verkaufen möchtest, ist die Eröffnung eines Fotobusiness auf Etsy eine gute Option für dich. Der Einstieg ist einfach:

Drucke lassen sich problemlos verkaufen, wobei die Gebührenstruktur sowohl für Profis als auch für Anfänger von Vorteil ist. Etsy nimmt nur 5 Prozent des Transaktionspreises, was die von dir festgelegten Versandkosten einschließt. Wenn du Zahlungen über Etsy Payments entgegennimmst, wird außerdem eine Gebühr von 3 Prozent + 0,25 USD für die Zahlungsabwicklung erhoben, nachdem ein Druck verkauft wurde.

Der Unterschied zwischen Etsy und anderen Online-Verkaufsplattformen für Fotos besteht darin, dass die meisten Nutzer hier nicht nach Stockfotos suchen.

Um das Beste aus der Plattform herauszuholen, solltest du in das Design und die Vermarktung deines Etsy-Shops investieren.

7.) Getty Images-

GettyImages befindet sich am oberen Ende der Stockfotografie-Websites. Es zieht Marken und Publisher an, die hochwertige oder schwer zu findende exklusive Bilder einkaufen möchten. Zusammen mit der dazugehörigen Microstock-Website iStock erreicht die Plattform über 1,5 Millionen Menschen in aller Welt.

Bei Getty sind die Anforderungen, um Mitglied zu werden, höher als bei vielen anderen Stockfoto-Websites. Die Honorare für Fotos, die über GettyImages lizenziert werden, beginnen jedoch bei 20 Prozent und können bis zu 45 Prozent erreichen.

8.) Stocksy-

Stocksy ist eine Website für Stockfotografie im mittleren Preissegment, die insbesondere bei Publisher und Kreativen beliebt ist. Stocksy bietet hohe Auszahlungen. Fotografen können 50 Prozent Lizenzgebühren für Standardlizenzen und 75 Prozent Lizenzgebühren für erweiterte Lizenzen erhalten. Allerdings sind alle Fotos zu 100 Prozent exklusiv, was bedeutet, dass du sie nicht auf anderen Stockfoto-Websites wiederverwenden kannst.

Eine Besonderheit ist, dass Stocksy eine Genossenschaft im Besitz der Mitglieder ist. Das bedeutet, dass du Teilhaber des Unternehmens wirst und entsprechend mitbestimmen kannst. Wenn die Genossenschaft einen Überschuss erwirtschaftet, können die Beitragszahlenden auch eine

Gewinnbeteiligung erhalten. Die Beträge werden auf der Grundlage deiner Beiträge zur Genossenschaft durch den Verkauf deiner Fotos und/oder deines Filmmaterials festgelegt.

9.) Can Stock Photo-

Mehr als 92.000 Personen verkaufen Bilder über Can Stock Photo. Es gibt verschiedene Auszahlungsstrukturen, die von Prozentsätzen bis hin zu festen Beträgen reichen. Außerdem zahlt Can Stock 5 USD für alle 50 Fotos, die von dir geworbene Mitglieder verkaufen. Wenn du auf Can Stock Photo Bilder verkaufst, werden deine Fotos auch auf Fotosearch, einer Agentur für Stockfotos, zum Verkauf angeboten.

10.) Adobe Stock-

Adobe Stock ist eine der besten Websites, über die du deine Bilder verkaufen kannst. Wenn du die Adobe-Suite bereits für andere kreative Projekte verwendest, kannst du deine Bilder, Videos, Vektoren oder Illustrationen direkt aus Adobe Lightroom CC und Adobe Bridge CC sowie über das Internet auf Adobe Stock übertragen.

Mit dem Verkauf von Fotos auf Adobe Stock kannst du Millionen von Menschen erreichen und dich in der weltweit größten Kreativ-Community präsentieren. Auf deine verkauften Fotos erhältst du 33 Prozent Provision.

11.) Depositphotos-

Depositphotos ist ein globaler Marktplatz für visuelle Inhalte mit einer Bibliothek von über 150 Millionen Dateien und Kundschaft aus mehr als 200 Ländern. Depositphotos hat über 100.000 Mitwirkende aus der ganzen Welt und wird von führenden internationalen Unternehmen wie Warner Bros., TripAdvisor, Subaru und vielen anderen genutzt.

Die Provisionen richten sich nach der Erfahrung und dem Status eines Mitglieds auf der Plattform sowie nach der Auflösung und dem Lizenztyp. In der Regel liegen sie jedoch zwischen 34 und 42 Prozent.

12.) Dreamstime-

Seit fast 20 Jahren liefert Dreamstime hochwertige Bilder an Personen im Kreativmarkt – vom privaten Sektor bis hin zu Fortune-500-Unternehmen. Die Agentur für Stockfotos zeichnet sich durch einige durchaus beeindruckende Statistiken aus:

° 31 Millionen registrierte Mitglieder

° 600.000 beitragende Fotografen

° 144 Millionen Fotos, Illustrationen, Cliparts und Vektoren

° 20 Millionen monatliche Besucher der Website

Dabei bietet Dreamstime seinen Mitgliedern eine großzügige Auszahlung. Das Ganze erfordert jedoch ein größeres Engagement: Du musst mindestens 70 Prozent deines Portfolios für mindestens sechs Monate auf der Website haben. Nicht-exklusive Fotografen können jedoch 25 bis 50 Prozent verdienen. Exklusive Fotos bringen eine Provision von 27,5 bis 55 Prozent. Außerdem kannst du Geld für Empfehlungen verdienen, was sowohl Kreative als auch Kaufende einschließt.

13.) EyeEm-
EyeEm konzentriert sich mehr auf Stockfotografie für Werbung. Wenn du also Bilder verkaufen und dich auf den Bereich der kommerziellen Fotografie fokussieren möchtest, ist die Plattform ein hervorragender Startpunkt. Du kannst hier auch von Marken wie Airbnb, Spotify und anderen großen Unternehmen für Shootings gebucht werden.

EyeEm unterstützt eine Community von mehr als 25 Millionen Fotografierenden und Videoexperten aus über 150 Ländern und bietet eine Provision von 50 Prozent für jedes verkaufte Foto.

14.) 123RF-
123RF ist ein Big Player in der Stockfotobranche. Alle Inhalte auf der Plattform sind nicht exklusiv, sodass du auch auf anderen Websites verkaufen kannst. Außerdem vermarktet 123RF deine Fotos an über fünf Millionen Kaufende in 44 Ländern und in 17 verschiedenen Sprachen. Sobald du Mitglied bist, kannst du zwischen 30 und 60 Prozent für jede verkaufte Lizenz verdienen.

15.) Foap-
Foap zeichnet sich durch seine Community von über drei Millionen Kreativen aus. Die Plattform bietet seinen Mitgliedern verschiedene Möglichkeiten, um mit dem Online-Verkauf von Fotos Geld zu verdienen:

° 5 USD für jedes verkaufte Foto

° 100 - 2.500 USD für Missionen, bei denen Marken ein Foto-Briefing einreichen und einen Geldpreis für die Gewinnerbeiträge festlegen

° Online-Verkauf von Fotos über Partnerplattformen wie Adobe und Alamy

Wenn du deine Fotos und Videos bei Marken wie KraftHeinz, Nivea, Heineken und anderen bekannt machen möchtest, ist Foap eine gute Option.

16.) Zenfolio-
Zenfolio macht den Online-Fotoverkauf für Anfänger und Profis einfach. Auf der Plattform kannst du dein eigenes Profil erstellen, um deine Arbeit zu präsentieren, neue Kundschaft zu gewinnen und deine Fotos zu verkaufen. Außerdem bietet es Optionen für Fotodrucke und digitale Produkte mit einer Provisionsgebühr von 7 Prozent. Allerdings musst du bei Zenfolio ein Abonnement abschließen, das bei 5 USD pro Monat beginnt.

17.) Pixieset-
Pixieset bietet Fotografen ein komplettes Paket, um Fotos online zu teilen, bereitzustellen und zu verkaufen. Mit Pixieset kannst du ganz einfach einen schönen Onlineshop erstellen, um Fotodrucke, Produkte und mehr zu verkaufen. Das automatische Fulfillment ist inklusive.

Pixieset gibt dir die volle Kontrolle über deinen Shop. Du musst nur den Verkaufspreis für deine Produkte festlegen und deine Fotos vermarkten. Die Plattform nimmt eine Provision von 15 Prozent bei den kostenlosen Plänen, aber 0 Prozent für bezahlte Pläne, die bei nur 8 USD pro Monat beginnen.

Alternative: Bilder verschenken:

Bilder verschenken und trotzdem abkassieren?

Auf Pixabay verkaufst du keine Fotos – nein: Du lädst deine Bilder kostenlos hoch.
Doch wie soll ich damit Geld verdienen?
Ganz einfach: durch die Großzügigkeit der Menschen.

Viele sind dankbar, wenn sie deine Bilder benutzen und damit arbeiten dürfen. Sie schätzen den hervorragenden Mehrwert, den du schaffst. Dafür belohnen sie dich.

Sie sagen sich: "Bei irgendwelchen Agenturen hätte ich hunderte Euro bezahlt. Hier kann ich Bilder umsonst finden. Da kann ich ruhig mit ein paar Euro Danke sagen."

Fazit:

Wie du siehst, ist der Verkauf von Fotos eine großartige Online-Geschäftsidee. Ganz gleich, ob die Fotografie dein Hobby, eine Nebentätigkeit oder dein Vollzeitjob ist – es gibt mehr Möglichkeiten als je zuvor, Fotos online zu verkaufen. Es braucht nur ein wenig zusätzliches Know-how.

Dein Talent und deine Entschlossenheit entscheiden letztendlich über deine Verdienstmöglichkeiten. Aber es gibt doch kaum etwas Besseres, als seine Leidenschaft zum Beruf zu machen und echtes Geld damit zu verdienen.

GRAFIKEN VERKAUFEN

Bist du ein kreativer Mensch, der gerne malt oder Grafiken bzw. Bilder mit entsprechenden Software-Programmen entwirft?

Warum machst du nicht mehr aus deiner Begabung und Begeisterung für kreatives Arbeiten und entscheidest dich für eine nebenberufliche Tätigkeit als Designer?

Für Kreative ist das Internet zur großen Spielwiese der Möglichkeiten geworden und damit auch eine geniale Gelegenheit, um auf einer guten Plattform mit eigenen Designs Geld zu verdienen.

Sei es als Nebenverdienst zum „normalen Geldverdienen" oder auch als Haupteinkunftsquelle – im Internet verdient man sich seine Brötchen meist von Zuhause aus und oft mit den Dingen, die einem auch wirklich Freude bereiten. So ist man der eigene Chef seiner Arbeiten und kann darüber hinaus flexibel damit umgehen – was kreativen Menschen natürlich besonders am Herzen liegt.

Willst du Grafiken, Icons, Schriften oder PowerPoint-Templates verkaufen – mache dich auf den entsprechenden Marktplätzen wie u. a. CreativeMarket und Etsy kundig, was dort an solchen Produkten besonders oft verkauft wird.

Grundlagen:

Das solltest du können-

- Du benötigst natürlich sehr gute grafische Fähigkeiten und du solltest über die nötigen Kenntnisse in den dafür benötigten PC-Programmen verfügen.

- Du solltest fit in den Software-Programmen Adobe Photoshop und Illustrator sein sowie in Adobe InDesign, das vor allem für Layout und Satz von Drucksachen verwendet wird.

Plattformen für Designer:

1.) twago.de:

Auf twago.de melden sich vor allem Grafiker, Webdesigner, Programmierer und Texter an. Du musst ja nicht gleich einen kostenpflichtigen Account wählen, sondern kannst erst mal mit dem Basisprofil starten.

2.) fiverr.com/upwork.com/peopleperhour.com:

Auch auf diesen internationalen Plattformen kannst du dich als Grafiker/in anmelden und deine Preisstaffelungen für unterschiedliche Auftragsarbeiten wie beispielsweise Logo-Design, Web-Design, Banner-Ads oder Infografiken eintragen.

3.) designenlassen.de:

Eine weitere Internetplattform, auf der du mögliche Arbeitsangebote finden wirst, ist designenlassen.de.

Hier tummeln sich vor allem Kunden, die für ihre grafischen Auftragsarbeiten wie Logos, Websites oder Printmaterialien Geld sparen möchten. Sie schreiben ihre Aufträge öffentlich aus und warten auf verschiedene Angebote von Designern, die sie anschließend sichten und sich für einen bestimmten Designer entscheiden.

Zur Projektbeschreibung gibt der Auftraggeber auch ein Preisgeld an, das der Gewinner nach erfolgreich absolviertem Auftrag bekommt.

Deine Aufgabe wird es sein, Designvorschläge zu dem Projekt einzureichen, so wie deine Konkurrenz. Deine Gestaltungen werden von dem Auftraggeber mit regelmäßigem Feedback begleitet, indem er

Verbesserungsvorschläge und weitere Änderungen vorschlägt.

Erhältst du am Ende den Zuschlag, weil dein Designentwurf den Kunden überzeugen konnte, kannst du häufig mit Folgeaufträgen rechnen.

4.) Stock.adobe.com:

Du kannst auch vorab Grafiken produzieren — ohne dass du einen Auftrag vorliegen hast -, und diese auf Adobe Stock (vormals Fotolia) verkaufen. Mit dieser Vorgehensweise kannst du dir sogar ein passives Einkommen aufbauen, je nachdem wie gut deine Grafiken nachgefragt werden.

Um ein Gespür für beliebte Grafikmotive zu entwickeln, schaue dich am besten in Ruhe auf der Stockfoto-Plattform um und informiere dich über gut gehende Motive in den Kategorien Illustrationen und Vektorgrafiken. Das ist recht einfach, denn Adobe Stock bietet für jede dieser Kategorien eine Bestseller-Übersicht an.

Auch auf Clipdealer, iStock und anderen Stock-Portalen kannst du Fotos, Vektorgrafiken und Video Footage verkaufen.

5.) Spreadshirt.net:

Du hast eigene Designs und möchtest diese zu Geld machen? Dann bist Du bei Spreadshirt richtig. Werde Marktplatz-Designer und verdiene mit jedem verkauften Design bares Geld.Hier finden Kunden Kleidung und Accessoires mit Designs zu Themen, die sie begeistern. Der Marktplatz bietet für jeden etwas: aktuelle Trends und Nischenthemen, lustige Sprüche oder aufwändige Illustrationen. Bis zu 100.000 Besucher täglich durchstöbern die Marktplätze nach einzigartigen und qualitativ hochwertigen Designs und Produkten. Für Traffic ist also gesorgt. Fehlen nur noch Deine Designs.

Für Dich ist das Hochladen von Designs komplett kostenlos und risikofrei, denn die Bestellungen wird on Demand ausgeführt. Dies bedeutet: Erst wenn ein Kunde ein Produkt mit Deinem Design bestellt, wird die Ware bedruckt. Für jedes verkaufte Design erhältst Du eine feste und faire Vergütung, die je nach Produkttyp variiert.

6.) Creativemarket.com:

Auf diesem Marktplatz werden neben Fotos vor allem Grafiken aller Art wie Icons, Illustrationen, Muster, Texturen, Schriften, Templates für

Social Media, Präsentationen, Printsachen und Websites verkauft, vorwiegend als Bundles (mehrere Grafiken in einem Paket).

Schaue dir auf der Plattform genau an, was die beliebtesten Grafikprodukte sind, wie die Angebote gestaltet sind und wie sich die einzelnen Designer präsentieren. Falls dir Ideen fehlen, wie du deinen Webauftritt gestalten sollst, kannst du dir Inspirationen von den Websites der Designer holen. Denn in den einzelnen Profilen sind die Webauftritte (wenn denn einer existiert) eingetragen.

Bis hier ging es um die Grundlagen, doch es gib, neben den bereits erwähnten, noch weitere Möglichkeiten, um von den eigenen Designs, finanziell zu profitieren.

Um den Überblick nicht zu verlieren, eine Zusammenfassung, der gängigsten...

...Strategien:

1.) Vermarktung unterschiedlicher Produkte mit eigenen Grafik-Designs:
Grafiker, die einzigartige Designs beispielsweise für individuelle T-Shirt- oder Kaffeetassenaufdrucke erstellen, können diese online zum Verkauf anbieten und vermarkten. Hierfür gibt es entsprechende Plattformen wie z.B. Spreadshirt oder Contrado, die das eigene Design auf verschiedensten Produkten wie Regenschirmen, Jutebeuteln, Mousepads oder Pullovern drucken und für einen verkaufen. Du reichst Deine Designs auf der Plattform ein und diese werden anschließend auf ein unterschiedliches Angebot von Produkten gebracht. Für jedes verkaufte Produkt mit Deinem Design erhältst Du eine Provision. Die Produktion, der Vertrieb und auch die Werbung werden komplett von dem jeweiligen Anbieter übernommen und Du kannst Dich voll und ganz auf den kreativen Teil konzentrieren.

2.) Crowdsourcing-Plattformen auf denen Du einen Online-Verdienst generieren kannst:
Zusammengesetzt aus dem Englischen „crowd" für Menschenmenge und „sourcing" für Beschaffung, geht es hierbei im Prinzip um die Auslagerung von Unternehmensaufträgen unter anderem an Freelancer – aber auch um viel mehr: Denn Crowdsourcing ist für viele Kreative wie zum Beispiel Grafiker oder Texter eine gute Möglichkeit, um online Geld zu verdienen. Crowdsourcing-Plattformen sind für freie, aber auch

für festangestellte Grafiker eine lukrative Möglichkeit, sich einen guten Ruf zu machen. Bei Plattformen wie designenlassen.de kannst Du Dich als Kreativer darauf verlassen, stets in einem seriösen wie sicheren Umfeld mit Deinen Grafik-Designs Geld zu verdienen. Du kannst Dich ganz gezielt bestimmten Aufträgen widmen, denn hier werden in verschiedensten Projekten kreative Lösungen gesucht: Vom Logo über ein komplettes Corporate Design, bis hin zu Slogan- oder Namensfindungen.

3.) Individuelle Fonts zum Verkauf anbieten:

Der Bedarf an individuellen Schriftarten, sogenannten Fonts ist immer gegeben. Diese grafischen Leistungen kannst Du ebenfalls als gute Möglichkeit nutzen, um online Geld zu verdienen. Derzeit steht zum Beispiel Handlettering sehr im Trend und Font-Plattformen wie Linotype.com sind stets auf der Suche nach guten sowie individuellen Typografien. Die Schrift-Designer werden hier zum Teil mit 50 Prozent am entstandenen Umsatz beteiligt. Das Produkt wird an den jeweiligen Anbieter geschickt und dort auf den jeweiligen Websites vermarktet. Du als Designer übernimmst auch hierbei lediglich den kreativen Teil der Gestaltung, der Verkauf erfolgt über den Anbieter, an den Du Dich mit Deinem Font-Design wendest.

4.) Verkauf von Website-Templates oder Vorlagen:

Einige Unternehmer vertrauen weniger auf ihre eigene Kreativität oder besitzen nicht die nötigen Kenntnisse, um eine eigene Website oder bestimmte Vorlagen zu erstellen. Sie entscheiden sich lieber für bereits bestehende Vorlagen, die über entsprechende Plattformen erworben werden können. Somit sind Templates sehr gefragt und bieten Dir eine perfekte Möglichkeit, um Deine eigenen digitalen Produkte auf Plattformen wie TemplateMonster oder envato zum Verkauf anzubieten. Mittlerweile lassen sich ganz unterschiedliche Produkte wie WordPress-Templates, PowerPoint-Vorlagen oder auch Website-Templates (HTML) über den Marktplatz verkaufen.

5.) Stock-Grafiken durch die Du online Geld verdienen kannst:

Auch komplette eigene Werke können online verkauft werden, man nennt diese dann „Stock-Grafiken". Diese Stock-Materialien sind Bilder, Visualisierungen und Grafiken, die ohne bestimmten Auftrag erstellt und auf entsprechenden Plattformen zum Verkauf angeboten werden. Auch Videos, Illustrationen oder 3D-Animationen sind hierbei eingeschlossen.

Die Anzahl der Stock-Grafik Plattformen ist groß und alle sind stets auf der Suche nach kreativen und talentierten Grafikern oder Fotografen. So auch Anbieter wie Shutterstock oder fotolia. Doch auch hier ist Vorsicht vor unseriösen Websites geboten. Erhältst Du für Deine grafischen Werke lediglich einen Bruchteil des eigentlichen Verdienstes, steht der Preis leider in keiner Relation zum eigentlichen Aufwand.

Fazit:

Letztendlich lässt sich sagen, dass Dir als Designer zahlreiche Möglichkeiten geboten werden, um im Internet ein wenig Geld zu verdienen. Ob das lediglich ein Nebenverdienst oder irgendwann doch auch als Haupteinkommen realisierbar ist, hängt natürlich auch davon ab, wie viel Arbeit und Zeit in die Leistungen gesteckt wird. Die Möglichkeiten im Netz finanziell tätig zu sein, sind so vielfältig und vielseitig wie das Internet selbst – mit der richtigen Strategie, dem Spaß an der Sache und viel Kreativität kann man hier viel erreichen!

3. DROPSHIPPING

Wenn du schon immer daran interessiert warst deinen eigenen Online-Shop zu starten, hast du vielleicht schon einmal den Begriff „Dropshipping" gehört.

Aber was bedeutet das genau?

Und noch wichtiger, wie kannst du es nutzen um dein Geschäft auszubauen?

Wer sich als Online-Händler für das Handelsmodell Dropshipping entscheidet, profitiert von vielen Vorteilen. Ein geringer Kapitalbedarf, Ortsunabhängigkeit, leichte Skalierbarkeit oder der schnelle Einstieg sind nur einige der Vorzüge.

Dropshipping und traditioneller Online-Handel im Direktvergleich:

Um das Modell und die Vorteile von Dropshipping wirklich verstehen zu können, ist es zunächst notwendig, die Struktur des klassischen Online-Handels zu kennen.

Klassischer E-Commerce …
Online-Händler entscheiden sich für ein bestimmtes Produktsortiment, finden passende Hersteller, Importeure oder Großhändler und fügen ihre Produkte in ihre E-Commerce-Website ein. Sie kaufen eine bestimmte Menge an Produkten beim Lieferanten bzw. bei der Lieferantin ein und lagern die Ware in eigenen Räumlichkeiten.

Bei einer Bestellung wird die entsprechende Ware aus dem Lager geholt, versandfertig verpackt und an die Endkundschaft versendet.

Dieses Modell hat erhebliche Auswirkungen auf die Kapitalanforderungen, Arbeitskosten und unternehmerischen Risiken. Die angebotenen Produkte müssen in angemessenen Mengen im Voraus gekauft werden, was ausreichend Startkapital erfordert und ein hohes finanzielles Risiko bedeutet. Denn wenn sich das Produkt schlechter als erwartet verkaufen lässt, bleibt der Händler oder die Händlerin auf der Ware sitzen und macht Verluste. Außerdem wird eine Lagerhalle benötigt, deren Anmietung mit hohen monatlichen Ausgaben verbunden ist. und die entsprechendes Personal erfordert, das ebenfalls entlohnt werden will.

... vs. Dropshipping

Werfen wir nun einen Blick auf eine andere Handelsform: Dropshipping. Dropshipping-Händler haben keinen physischen Kontakt mit den von ihnen angebotenen Artikeln, denn sie kaufen keine Produkte im Voraus und lagern und transportieren diese auch nicht. Stattdessen arbeiten sie mit einem oder mehreren Dropshipping-Großhändler zusammen, die diese Bereiche übernehmen.

Händler wählen aus dem Sortiment der Großhändler passende Produkte aus und platzieren diese im eigenen Onlineshop. Kommt es zu cincr Bcstellung, benachrichtigen sie ihre Lieferanten manuell oder automatisch. Diese übernehmen nun von ihren Lagern aus die Verpackung und den Versand direkt an die Endkundschaft, ohne dass die Händler selbst aktiv werden.

Um mit Dropshipping Geld zu verdienen, musst du also weder deinen cigcncn Warenbestand finanzieren noch Produkte lagern oder versenden. Dadurch wird weniger Startkapital benötigt und auch die Betriebskosten können durch den Wegfall von Lager- und Personalkosten erheblich reduziert werden. Neben den niedrigeren Kosten im Vergleich zum klassischen Onlinehandel überzeugt das Dropshipping-Modell vor allem auch dadurch, dass das Warenrisiko für dich als Händler vollständig entfällt. Das bedeutet, dass du die Produkte, die sich für dich nicht rentieren oder die (zum geplanten Preis) nicht mehr verfügbar sind, einfach aus deinem Sortiment nehmen und durch einen anderen Artikel ersetzen kannst.Geld

Geld verdienen mit Dropshipping: In 5 Schritten zum Ziel-

Bevor wir uns mit der Frage nach den Verdienstmöglichkeiten mit Dropshipping und der wichtigen Rolle der Preiskalkulation auseinandersetzen, lass uns gemeinsam die Grundlagen legen. Wir zeigen dir, wie du mit Dropshipping Geld verdienst.

1.) Wähle eine Dropshipping-Geschäftsidee:

Ein erfolgreiches Dropshipping-Geschäft hängt nicht zuletzt von geeigneten Produkten ab. Um passende Produkte zu finden, solltest du einige Zeit in eine Marktforschung investieren. So findest du eine für dich passende Nische und kannst den Grundstein deines Dropshipping-Geschäfts legen.

Beim Verkauf von trendigen Artikeln kannst du von einem hohen Interesse deiner potenziellen Kunden profitieren.

2.) Führe eine Wettbewerbsanalyse durch :

Der E-Commerce wächst und wächst. Das kann für dich ein großer Vorteil sein, wenn du es schaffst, dich im großen Wettbewerb zu behaupten. Damit du spürbare Erfolge erzielst, solltest du ein Auge auf deine Wettbewerber werfen.

Mit einer Wettbewerbsanalyse deiner Top-Konkurrenten erfährst du alles über deren Arbeitsweise, Preisgestaltung und Marketingmethoden. Dieses Wissen kann dir dabei helfen, dein Angebot besser zu diversifizieren oder Fehler zu Beginn zu vermeiden.

3.) Wähle einen Dropshipping-Anbieter:

Ein zuverlässiger Lieferant bzw. eine zuverlässige Lieferantin ist die Grundvoraussetzung für dein Dropshipping-Business. Nachdem du dich für Produkte entschieden und die Wettbewerber analysiert hast, erhältst du einen guten Überblick über den Markt.

Achte bei der Wahl des Dropshipping-Anbieters bzw. -Anbieterin vor allem auf den Service, den das Unternehmen bietet. Nach dem Vergleich verschiedener Anbieter und der Festlegung auf ein Unternehmen, geht es jetzt ans Eingemachte.

4.) Erstelle einen Onlineshop:

Die ganze Vorarbeit ist wichtig, doch nur der Beginn der eigentlichen Herausforderung. Sobald du die wichtigsten Fragen für dich geklärt hast, geht es jetzt an die Umsetzung deines eigenen Onlineshops. Eine zuverlässige Plattform steht als Partner an deiner Seite, damit du deine Produkte verkaufen kannst.

Mit den entsprechenden Funktionen der Anbieter wird der Aufbau deines Dropshipping-Business spielend einfach. Der Verkauf deiner Ware über mehrere Vertriebskanäle oder Länder und die Bestell- und Zahlungsabwicklung funktionieren reibungslos. Mit speziellen Designs und zusätzlichen Apps kannst du auch ohne technisches Vorwissen einen individuellen Onlineshop erstellen.

5.) Vermarkte deinen Dropshipping-Store :

Mit Dropshipping kannst du vieles automatisieren. Etwas, was du nicht automatisieren kannst, ist die Aufmerksamkeit deiner Kunden. Zwar hast du im Vorfeld bereits einen Überblick über den Markt erhalten und deine Website ist ready to rock, aber deine Kunden werden nicht sofort mit der Tür ins Haus fallen.

Zeit also, dir eine geeignete Marketingstrategie zu überlegen. Egal ob Werbeanzeigen, Influencer Marketing oder organisches Wachstum über geeigneten Content, Vieles wird am Anfang ein Trial and Error-Prozess. Probiere dich ruhig aus und schaue, was am besten für dich und dein Unternehmen funktioniert.

Wie viel verdient man mit Dropshipping?

Der Erfolg im Onlinehandel, ist immer auch eine Frage der Erfahrung. Man muss bestimmte Ereignisse, Abläufe und Prozesse mehrfach erlebt haben, um souverän damit umgehen zu können. Trotzdem gilt Folgendes: Eine intensive Vorbereitung führt ebenfalls zum Erfolg und kann frisch gebackenen Gründer stark empfohlen werden.

Dennoch kannst du mit dem Verkauf und dem Geld verdienen mit Dropshipping direkt starten, nachdem du den passenden Lieferanten bzw. die passende Lieferantin gefunden hast. Dein Verdienst hängt stark davon ab, welche Produkte du vertreibst, zu welchen Preisen du sie anbietest und wie hoch die weiteren Dropshipping-Kosten sind, z. B. für Lieferanten, Marketing oder Shopsystem.

Allerdings sind diese Kosten bedeutend geringer als die des klassischen Online-Handels. Dein Dropshipping-Unternehmen kannst du bereits mit einem geringen Kapital beginnen, weshalb der finanzielle Druck geringer ist. Du selbst musst zu Anfang wenig Ressourcen, wie Lager oder Personal, beisteuern, sondern lagerst einen Großteil auf deine Partnerlieferanten aus. Deine Produkte haben daher wahrscheinlich eine größere Gewinnspanne als preislich ähnliche Produkte deiner Marktkonkurrenz mit klassischem Onlinehandel.

Aber wie viel verdient man mit Dropshipping ungefähr? Um diese Frage zu beantworten, schauen wir uns reale Zahlen an. In einer Umfrage gaben französische Dropshipping-Unternehmen mehrheitlich an, monatlich zwischen 100€ und 500€ zu verdienen.

Währenddessen gelang es in einer Fallstudie (durchgeführt von dem dropshipping Anbieter: shopify.com), innerhalb von wenigen Tagen ca. 1000$ mit Dropshipping zu verdienen.

Dein Dropshipping-Verdienst kann also zwischen mehreren hundert oder tausend Euro liegen. Je nachdem, welche Produkte verkauft werden und ob diese in einer eher hoch- oder niedrigpreisigen Nische angesiedelt sind, mit niedrigem oder hohem Absatz.

Um aus deinem Verdienst das Optimum rauszuholen, ist eine richtige Preiskalkulation essenziell. Hier kann man nämlich eine ganze Menge falsch machen, wenn man sich nicht gründlich genug mit dem Thema beschäftigt. Problematisch dabei ist, dass ein Kalkulationsfehler das Unternehmen immer wieder und nicht nur einmalig trifft.

Warum ist die Preiskalkulation ein Erfolgsfaktor für deinen Dropshipping-Verdienst?

Wer sich dazu durchgerungen hat, sein Geld künftig mit einem eigenen Unternehmen zu verdienen und hierzu einen großen Aufwand auf sich genommen hat, der will natürlich unbedingt, dass das Projekt maximalen Erfolg mit sich bringt. Im Business ist Erfolg vor allem dadurch definiert, dass das Unternehmen gute Umsätze und Gewinne erzielt. Ob der Traum vom beruflichen Erfolg letztlich in Erfüllung geht, hängt von unterschiedlichen Faktoren ab. Hierzu gehört zum Beispiel der Aufbau des Sortimentes, die Servicebereitschaft oder auch die Qualität der internen Prozesse.

Nicht vergessen sollte man in diesem Zusammenhang aber einen Faktor, der eine stärkere Bedeutung hat als viele andere: die Kalkulation der Verkaufspreise in deinem Shop.

Viele Händler machen einen entscheidenden Fehler und setzen an die Stelle einer sorgfältigen und vor allem faktenbasierten Kalkulation eine Preisfindung auf der Grundlage ihres Bauchgefühls. Neu-Online-Händler gehen oft davon aus, man müsse lediglich den Einkaufspreis eines Produktes ermitteln und hierauf einen bestimmten prozentualen Aufschlag berechnen, um einen vertretbaren und vernünftigen Verkaufspreis zu erhalten. Bei dieser Vorgehensweise würde man aber die tatsächlichen Kosten im Unternehmen völlig ignorieren.

Es gilt stattdessen, alle Kostenfaktoren im Unternehmen zu kennen, zu berechnen und zu berücksichtigen und diese letztlich anteilig in die Kalkulation von jedem einzelnen Preis einfließen zu lassen.

Warum sollte ich alle Dropshipping Kosten kennen?
Werfen wir, um dies anschaulicher zu machen, einen Blick auf die Konsequenzen, die mit kalkulatorischen Fehlern verbunden sind. Es liegt auf der Hand, dass du ein ernsthaftes Problem hast, wenn der Erlös eines Produktes nicht ausreicht, um alle mit dem Verkauf verbundenen Kosten zu decken.

Es werden hier ganz bewusst "alle Dropshipping-Kosten" erwähnt und nicht nur die reinen Ausgaben für die Produktbeschaffung.Diese gehen über den Einkaufspreis, den die Lieferanten gewähren, deutlich hinaus.

Kommt es nun dazu, dass du eine Kalkulation erstellst, ohne sämtliche Kosten zu berücksichtigen, steigt das Risiko, dass du damit bei jedem einzelnen Verkauf Verluste einfährst.
Problematisch hierbei: Oft fällt es zunächst nicht auf, dass du mit deinem Geschäftsergebnis langsam aber sicher ins Minus steuerst.

Häufig werden die Kosten und Gebühren, die du eigentlich berücksichtigen müsstest, zu einer ganz anderen Zeit, nämlich deutlich später, abgerechnet.

Befindest du dich gleichzeitig in einer Phase, in der du steigende Umsätze erzielst, können sich Verluste sehr leicht hinter dem vordergründigen Anstieg der Geschäftsergebnisse verbergen.

Jeder einzelne Verkauf, über den du dich als Unternehmer eigentlich freuen solltest, treibt dich immer tiefer ins Minus.

Während du dich also angesichts von hohen Besucherzahlen und steigenden Umsätzen erfolgreich wähnst, bewegen sich deine Geschäfte immer weiter in den Verlustbereich.

Es liegt auf der Hand, dass du es als Shop-Betreiber auf keinen Fall so weit kommen lassen dürfest. Du musst dich von Anfang an intensiv mit dem Thema Kalkulation beschäftigen und darfst dabei keine wichtigen Dropshipping-Ausgaben außer Acht lassen.

Was sind die Unterschiede zwischen Dropshipping-Kosten und den Kosten des klassischen Online-Handels?

Klassische Online-Händler, die zum Beispiel ihren Shop über Shopify darstellen, Produkte lagern und diese selbst an Kunden versenden, befinden sich in einer anderen Situation als Dropshipper, die Lagerung und Versand von Waren ihren Lieferanten überlassen. Dieser entscheidende Unterschied in Bezug auf die konkrete Form der Abwicklung wirkt sich stark auf die Kostenstruktur und damit auch auf die Kalkulation aus. Betrachten wir die relevanten Faktoren näher, um einen Eindruck darüber zu gewinnen, was hier zu beachten und zu berücksichtigen ist.

Die Ursache für diese entscheidenden Abweichungen liegt in den Strukturen begründet, die beide Handelsmodelle voneinander unterscheiden. Auf der einen Seite finden sich bestimmte Kostenbereiche, die nur im Bereich Dropshipping eine Rolle spielen. Diese müssen klassische Händler nicht beachten. Auf der anderen Seite gibt es ebenso Kostenpotenziale, die nur konventionelle Shop-Betreibende betreffen und die Dropshipper nicht berücksichtigen müssen. Es ist sehr wichtig, diese Unterschiede zu erkennen. Ignoriert man sie nämlich, können sich schnell Verluste in die Kalkulation einschleichen und das Geld verdienen mit Dropshipping wird schwieriger.

Was kostet Dropshipping?

Kostenpositionen, die nur Dropshipping-Händler betreffen sind vor allem die Gebühren für Lieferanten, damit sie den Direktversand an die Endkunden übernehmen. Hier kann man keine Standards benennen, da die Preisgestaltung immer eine individuelle Verhandlungssache zwischen Hersteller und Großhändler auf der einen und den Dropshipping-Händler auf der anderen Seite sind.

Hier wird erneut sehr deutlich, dass es für Dropshipper unbedingt erforderlich ist, mit ihren Lieferanten hartnäckig über die Konditionen zu verhandeln. Doch nicht nur die Versand- und Verpackungskosten machen den Unterschied zum klassischen Online-Handel aus. Häufig muss für den Wareneinkauf beim Dropshipping auch ein wenig mehr bezahlt werden. Schließlich nimmt man immer nur einen Artikel zur selben Zeit ab, während klassische Händler größere Posten kaufen und dadurch bestimmte Rabatte erhalten.

Darüber hinaus muss immer geprüft werden, ob durch die Nutzung eines für Dropshipping geeigneten Systems wie Shopify nicht auch zusätzliche Kosten im Unternehmen entstehen, die in die Preiskalkulation einfließen müssen.

Welche Begriffe und Parameter muss ich für die Preiskalkulation im Dropshipping kennen?

Um Preise korrekt kalkulieren zu können, müssen alle Kosten deines Unternehmens gekannt und berücksichtigt werden.

Unbedingt notwendig sind folgende Begriffe/Parameter:

° Bruttopreise und Nettopreise

° Einkaufspreise und Bezugspreise

° Selbstkostenpreis und BruttoverkaufspreisBruttopreis vs. Nettopreis

Als gewerbliche Händler unterscheidest du immer zwischen Nettopreisen und Bruttopreisen. Enthält ein Preis die gesetzliche Umsatzsteuer, die in den meisten Fällen bei 19 Prozent liegt, spricht man von einem Bruttopreis. Wurde die Umsatzsteuer dem genannten Preis noch nicht hinzugefügt, hast du es mit einem Nettopreis zu tun.

Im geschäftlichen Kontakt zwischen Businesspartner, also zum Beispiel zwischen dir und deinen Lieferanten, sprichst du grundsätzlich von Nettopreisen, ohne die gesetzliche Umsatzsteuer. Sprichst du mit Endkunden über einen Preis, verwendest du den Bruttopreis, der die Umsatzsteuer beinhaltet.

Dies liegt daran, dass die Umsatzsteuer für Geschäftsleute lediglich ein durchlaufender Posten ist, den du dir im Rahmen der Umsatzsteuererklärungen vom Finanzamt zurückholst. Privatpersonen dagegen erhalten die Umsatzsteuer nicht zurück. Für sie ist sie ein fester Bestandteil des Preises.

Einkaufspreis und Bezugspreis-
Bei der Verhandlung von Einkaufskonditionen geht es vor allem um drei Positionen, durch die der Netto-Listenpreis reduziert werden kann, um den Einkaufspreis zu erhalten:

Dies ist erstens der Rabatt, den dir Großhändler gewähren, weil du die eingekauften Waren weiterverkaufst. Zweitens kannst du einen Bonus dafür erhalten, dass du zum Beispiel eine gewisse Anzahl an Produkten in einem fest definierten Zeitraum abnimmst. Drittens hast du das Recht, einen bestimmten Betrag vom Rechnungspreis abzuziehen, wenn du die Rechnung innerhalb einer vorgegebenen Zeit bezahlst. Diesen Nachlass bezeichnet man als Skonto.

Deine Produkte erhältst du allerdings nicht zum Einkaufspreis, sondern zum Bezugspreis.
In diesem ist das Dropshipping-Handling enthalten, da dir der Lieferant bzw. die Lieferantin für die Übernahme von Lagerung, Verpackung und Versand deiner Produkte einen Aufschlag berechnen wird.

Selbstkostenpreis und Bruttoverkaufspreis-
Darüber hinaus musst du berücksichtigen, mit welchen weiteren Kosten du es zu tun hast, um deinen Selbstkostenpreis zu berechnen. Hierzu zählen:

° Handlungskosten

° Marketingkosten

° Ausgaben für Marktplätze oder Shopsysteme

° Gebühren für Zahlungsanbieter

Die Handlungskosten umfassen allgemeine Kosten und Verwaltungsausgaben. Teilt man deren monatliche Summe durch die Anzahl der monatlich verkauften Produkte, erhält man den Anteil, der je Artikel berücksichtigt werden muss.

Die anderen Kostenpositionen erklären sich von selbst und müssen ebenfalls auf den Bezugspreis aufgeschlagen werden. Dies führt dich zur Ermittlung des sogenannten Selbstkostenpreises. Auf diesen schlägst du abschließend den gewünschten Gewinn und die gesetzliche Umsatzsteuer auf. Am Ende dieses Prozesses erhältst du den Bruttoverkaufspreis.

Wie kalkuliert man Verkaufspreise im Dropshipping richtig?

Bisher wurde gezeigt, welche Folgen eine fehlerhafte Kalkulation im Unternehmen haben kann. Außerdem hast du alle wichtigen Begriffe und Größen kennengelernt, die bei der Preiskalkulation eine Rolle spielen.

Auf der nächsten Seite befindet sich eine Tabelle, die dich dabei unterstützt, die korrekten Verkaufspreise für deinen Dropshipping-Shop zu kalkulieren.

Du findest hier alle Elemente wieder, die vorgestellt und detailliert erklärt wurden. Kurze Erläuterungen sorgen für ein optimales Verständnis. Damit du eine bessere Orientierung hast, wurde bei den einzelnen Positionen eine ungefähre Einschätzung vorgegeben.
Zusätzlich wird der konkrete Rechenweg gezeigt.

Tipp:

Im Alltag hat es sich bewährt, die einzelnen Kostenpositionen und die Rechenschritte in eine Tabellenkalkulation (zum Beispiel Excel) zu übertragen, um auf dieser Grundlage künftig alle Verkaufspreise berechnen zu können.

Faktoren der Preiskalkulation		Rechenschritt	[€]
Netto-Listeneinkaufspreis			100
- Rabatt	5.00%	100,00 * 0,05	-5
- Bonus	2.50%	100,00 * 0,025	-2.5
= Zieleinkaufspreis			92,50
- Skonto	2.00%	92,50 * 0,02	-1.85
= Einkaufspreis			00,65
Großhändler-Gebühren für Dropshipping-Handling	bis zu 20 € je Sendung, hier 7 €	7	+7
= Bezugspreis			97,65
+ Handlungskosten	Alle Verwaltungs- und Vertriebsgemeinkosten (im Monat) je verkauften Produkten (im Monat)	5.100€ : 1.500 verkaufte Produkte	+3.4
+ Marketingkosten	Je nach Werbekanal zwischen 3% und 100%, hier 20%	97,65 * 0,20	+19.53

Abschließend:

Um die Verkaufspreise für deinen Dropshipping-Shop optimal berechnen zu können, benötigst du auf der einen Seite die fachlichen Grundlagen und auf der anderen Seite ein wenig Übung. Die folgenden Tipps und Ratschläge unterstützen dich aktiv dabei, das Erlernte schnell im eigenen Unternehmen umsetzen zu können, um einen guten Dropshipping Verdienst zu erzielen:

Erfolg setzt eine einwandfreie Kalkulation voraus:

Die professionelle und umsichtige Kalkulation der Verkaufspreise in deinem Shop zählt zu den wichtigsten Faktoren in Bezug auf deinen Dropshipping Verdienst und Erfolg. Dies solltest du dir immer wieder vor Augen führen, wenn du in Versuchung bist, die Preise einfach aus dem Bauch heraus festzulegen. Eine fehlerhafte Kalkulation kann dich und dein Unternehmen finanziell schnell ruinieren. Mach dir das immer wieder klar und lege Wert darauf, in deinem Unternehmen persönlich für dieses wichtige Thema zuständig und verantwortlich zu sein.

Der Verkaufspreis als Marketingfaktor:

Das Thema Kalkulation ist noch deutlich vielschichtiger, als man annehmen könnte. Es beschränkt sich nicht auf die Frage von Gewinn oder Verlust im Unternehmen. Die Verkaufspreise wirken darüber hinaus als Marketinginstrument und haben einen großen Einfluss darauf, wie erfolgreich im Shop verkauft wird.

Schauen wir uns in diesem Zusammenhang ein kleines Beispiel an. Unter Experten in Sachen Preisgestaltung herrscht schon lange Einigkeit darüber, dass Konsumierende dazu neigen, zu Produkten zum mittleren Preis zu greifen. Wenn du also in einem Regal drei ähnliche Produkte siehst, die zu einem niedrigen, einem hohen und einem mittleren Preis angeboten werden, dann greifst du mit hoher Wahrscheinlichkeit zu dem mittleren Angebot. Diesen Effekt nutzen Händler aktiv, um die Verkäufe für bestimmte Artikel zu erhöhen.

Man kann hieran erkennen, dass es jenseits der eigentlichen Kalkulation durchaus Faktoren geben kann, die dafürsprechen, in Einzelfallen vom Ergebnis der Preisberechnung abzuweichen, wenn man einen bestimmten Effekt erzielen will.

Preiskalkulationen müssen immer streng systematisch erfolgen:

Mach es dir zur Pflicht, die Verkaufspreise für deinen Shop immer systematisch und standardisiert zu kalkulieren. Wenn du dich an diese Vorgehensweise gewöhnt hast, geht dir die Nutzung einer entsprechenden Tabelle schon bald schnell von der Hand.

Plus:
Wenn du aus strategischen Gründen einmal von einem kalkulierten Preis abweichen willst, kann es nicht schaden, exakt zu wissen, wie weit du dadurch ins Minus gerätst.

Behalte das Marktgeschehen und die Konkurrenz immer im Auge:
Wir haben uns bisher vor allem mit der Frage beschäftigt, wie eine professionelle und seriöse Preiskalkulation für den Online-Handel eigentlich aussieht. Du weißt daher nun ganz genau, wie du die Verkaufspreise für deinen Shop so kalkulieren kannst, dass du damit Gewinne erwirtschaftest.

Allerdings bist du als Dropshipper nicht allein auf der Welt, sondern von einer großen Konkurrenz umgeben. Dies hat konkrete Folgen in Bezug auf die Preise, mit denen wir uns an dieser Stelle beschäftigen wollen. Das Internet ist als Marktplatz moderner Verbraucher extrem transparent. Selbst unerfahrene Anwender haben keine Mühe damit, auf die Schnelle Preise zu vergleichen und günstige Stores ausfindig zu machen. Eine Chance auf erfolgreiche Verkäufe hast du nur dann, wenn du nicht teurer bist als deine Konkurrenz. Du musst deine Gewinnvorstellungen daher exakt an die jeweilige Marktsituation anpassen, wenn du dauerhaft erfolgreich sein willst.

Es ist für Händler unverzichtbar, sich regelmäßig und ausführlich mit dem aktuellen Marktgeschehen zu beschäftigen und dabei vor allem die Preise der direkten Konkurrenz im Auge zu behalten. Nur wenn du weißt, was um dich herum geschieht, kannst du angemessen reagieren und deine Preiskalkulation an die aktuellen Gegebenheiten anpassen.Es gibt gute Gründe für Abweichungen vom Preisstandard
Es wurde in diesem Kapitel, immer wieder erwähnt wie wichtig es ist, sich in Bezug auf die Kalkulation von Preisen an klare und systematische Vorgaben zu halten. Dies bezog sich auf den Regelbetrieb deines Shops.
Im Großen und Ganzen sollte man hiervon nicht sonderlich abweichen.
Es gibt allerdings Situationen, in denen es sinnvoll ist, bewusst mit der Regel zu brechen. Dies gilt zum Beispiel dann, wenn du kurzfristig einen bestimmten Marktbereich eroberst oder deine Konkurrenz auf ihren Platz verweisen willst. In dieser Situation ist es möglich, die kalkulierten Preise mehr oder weniger zu unterschreiten, um mehr Verbraucher auf sich aufmerksam zu machen.

Auch in dieser Situation solltest du nicht darauf verzichten, die korrekten Preise in einem ersten Schritt zu kalkulieren. Nur auf diese Weise kannst du genau berechnen, welche Kosten durch diese besonders günstigen Preise entstehen. Es versteht sich von selbst, dass du zu solchen Möglichkeiten nur in Ausnahmefällen und nur für kurze Zeit greifen solltest, um dein Geschäftsmodell nicht zu gefährden.

Bleib in Bezug auf die Preiskalkulation dauerhaft motiviert:

Natürlich wird es dich im Laufe der Zeit reizen, in der einen oder anderen Situation auch einmal auf den vorgeschriebenen Kalkulationsweg zu verzichten und einen Preis doch rein aus dem Bauch heraus festzulegen. Du wirst schließlich unter dem Gefühl stehen, dass du mit der Zeit viele Preise rein intuitiv beurteilen und festlegen kannst. Und doch wird sollte man, auch in solchen Fällen nicht darauf zu verzichten, den Preis per Eingabe in die Kalkulationstabelle zu überprüfen. Nur so kannst du gewährleisten, immer mit sicheren Preisen zu arbeiten und das Risiko von sich einschleichenden Verlusten zu minimieren.

Ein interessanter Nebeneffekt dieser Vorgehensweise besteht darin, dass du jederzeit einen Überblick über die Kostenstruktur in deinem Unternehmen behältst. Dies kann einen sehr guten Anlass bieten, deine Ausgaben immer wieder zu reduzieren. Auf diese Weise kannst du deinen Dropshipping-Verdienst deutlich erhöhen, ohne die Preise in die Höhe klettern zu lassen. Jeder Euro, den du innerhalb der laufenden Kosten in deinem Unternehmen einsparen kannst, wirkt sich unmittelbar auf deine Kalkulation, deine Verkaufspreise und deine Gewinne aus. Wenn du die Kalkulation einwandfrei beherrschst, hast du schon den ersten wichtigen Schritt zum Geld verdienen mit Dropshipping getan.

In diesem Zusammenhang solltest du auch das Potenzial regelmäßiger Verhandlungen mit deinen Lieferanten nicht unterschätzen. Nicht umsonst lautet eine alte Kaufmannsweisheit, dass der Gewinn beim Einkauf gemacht wird. Initiiere daher in überschaubaren Abständen Verhandlungsgespräche mit all deinen Lieferanten und bemühe dich aktiv um günstige Konditionen. Es empfiehlt, immer genau darüber informiert zu sein, wie sich der Umsatz mit den jeweiligen Hersteller oder Großhändler in der letzten Zeit entwickelt hat.

So kannst du deine Argumente für bessere Preise und Konditionen optimal unterfüttern.

Leg vor solchen Verhandlungsgesprächen immer genau fest, was du erreichen willst und lass dir das Heft nicht aus der Hand nehmen. Je überzeugter du auftrittst, desto besser werden die gewährten Konditionen ausfallen und desto effektiver kannst du Geld verdienen mit Dropshipping.

Fazit:

Möchte man online Artikel verkaufen, erhält man durch Dropshipping, klare Vorteile gegenüber den klassischen Online Handel.

Doch auch hier, sollte man nicht auf eine gewissenhaften Kalkulation verzichten.

4. PLATTFORMEN

Jetzt wird es Zeit, auf die Verdienstmöglichkeiten, der gerne genutzten Plattformen zu konzentrieren.

Denn:

In der Ära der digitalen Revolution hat sich die Art und Weise, wie Menschen ihre Leidenschaften und Talente teilen, dramatisch verändert. Plattformen wie YouTube oder Pinterest haben eine einzigartige Möglichkeit geschaffen, nicht nur Inhalte zu präsentieren, sondern auch eine monetäre Dimension zu integrieren.

Das Streben nach finanzieller Unabhängigkeit hat viele dazu motiviert, ihre Kreativität auf diesen Plattformen zu entfalten und gleichzeitig Einnahmequellen zu generieren.
Die folgenden Kapitel, zeigen die vielfältigen Wege, wie Individuen durch die Teilnahme an Plattformen wie YouTube oder Pinterest nicht nur ihre Passionen zum Ausdruck bringen, sondern auch finanzielle Erfolge erzielen können.

Doch warum konzentriere ich mich nur auf diese zwei Plattformen?
Da sich die genannten Methoden, auch auf jeder ähnlichen Plattform anwenden lassen. Bzw. für Instagram, Facebook und co. wird mit den selben Methoden, wie im Kapitel „eigener Blog", Geld verdient.

YOUTUBE

Dank der großen Reichweite des Internets sind wir täglich mehr und mehr mit dem Rest der Welt verbunden.

Durch diese globale Vernetzung haben wir jetzt auch die Möglichkeit, auf eine Vielzahl neuer Wege Geld zu verdienen – und YouTube ist einer davon.

Es spielt keine Rolle, ob du ein E-Commerce-Entrepreneur bist, der nach neuen Vertriebskanälen sucht, oder ob du ein professioneller YouTuber werden möchtest. Wahrscheinlich hast auch du dich bereits gefragt, wie man mit YouTube Geld verdienen kann oder was ein guter YouTube Verdienst ist.

Dieses Kapitel wurde erstellt, um dir alle wichtigen Informationen zum erfolgreichen Geld verdienen mit YouTube an die Hand zu geben. Am Ende dieses Kapitels wirst du alles darüber wissen, wie sich mit YouTube Geld verdienen lässt. Außerdem wirst du in der Lage sein, dein eigenes Business mit einer der größten Internetplattformen der Welt aufzubauen.

Bevor es darum geht, wie man mit youtube Geld verdient, noch ein kleiner…

...Tipp:

Vielen Menschen, unter anderem auch mir, ist es unangenehm, zu sehr im Mittelpunkt zu stehen. Manche mögen es nicht, ihre eigenen stimme zu hören, oder gar Videoaufnahmen von sich selbst zu erstellen.

Diese Probleme kann man aber relativ einfach umgehen:
Indem man seinen Beitrag, wie eine art Power Point Präsentation aufbaut. Sprich, mit Grafiken und Text. Diesen Text kann man schriftlich oder Computer generiert und somit vorgelesen einfügen.

Eine weitere, äußerst beliebte Methode: Zusammenfassungen.

Nehmen wir einmal an, du bist besonders Fußball begeistert.

Hast alle wichtigen Spiele der Saison gesehen und hast dir die wichtigsten Momente auch gemerkt?

Dann erstelle eine Zusammenfassung der schönsten Tore, der gröbsten Fouls, oder ähnliches. Suche dir dazu einfach die passenden Szenen im Internet zusammen und bearbeite diese per Videoschnitt Apps.

Solche Zusammenfassungen, lassen sich zu jedem Thema erstellen und diese sind vor allem noch ziemlich beliebt.

So, nun kommen wir wieder zurück, zum eigentlichen Thema:

YouTube Geld verdienen – Voraussetzungen:

Damit du mit YouTube Geld verdienen kannst, musst du dich beim YouTube-Partnerprogramm (YPP) registrieren. Über dieses Programm erhältst du Zugriff auf weitere Funktionen, um deinen YouTube-Channel zu monetarisieren. Um zugelassen zu werden, muss dein YouTube-Kanal bestimmte Mindestvoraussetzungen erfüllen.

Voraussetzungen für das YouTube-Partnerprogramm (YPP):

1.) Dein Channel muss die Richtlinien für die Monetarisierung von YouTube-Kanälen erfüllen und es darf keine Verwarnung wegen Verstößen gegen die Community-Richtlinien vorliegen.

2.) Du brauchst auf deinem Kanal mindestens 1.000 Abonnenten. Zusätzlich müssen deine öffentlichen Clips in den letzten 12 Monaten eine Wiedergabezeit von mehr als 4.000 Stunden aufweisen.

3.) Du musst die Nutzungsbedingungen des YPP akzeptieren.

4.) Du musst über ein Google AdSense-Konto verfügen, das mit deinem YouTube-Channel verknüpft wird.

Sobald du diese Voraussetzungen erfüllst, wird dein Kanal von den Mitarbeiter von YouTube überprüft. Bei einer erfolgreichen Überprüfung wirst du in das YouTube-Partnerprogramm aufgenommen und kannst Anzeigenvorgaben festlegen und die Monetarisierung deiner Inhalte starten.

Welche Einnahmequellen gibt es?

YouTube hat sich in den letzten Jahren immer mehr zu einem vollumfassenden Ökosystem für kreative Köpfe entwickelt. Abseits des Hochladens und Teilens von Clips stehen heutzutage viele Möglichkeiten zur Verfügung, um auf verschiedene Weise mit Fans in Kontakt zu treten und ein Business auf der Plattform aufzubauen. Neben der reinen Werbung gibt es noch viele andere Wege, um Einnahmen aus dem YouTube-Channel zu generieren.
Eine Zusammenfassung der Möglichkeiten:

1.)YouTube Shorts-
YouTuber, die kreative Shorts (kurze Videos mit einer Länge von max. 60 Sekunden) zusammenstellen, hatten bis Anfang 2023 die Chance auf eine Auszahlung aus dem YouTube Shorts Fund. Das ist ein Fonds – also ein großer Geldtopf – in Höhe von 100 Millionen Dollar, der seit 2021 zur Verfügung stand.

Am 01. Februar 2023 wurde die Umsatzbeteiligung für YouTube-Shorts eingeführt. YouTuber, die ihre Inhalte monetarisieren, können nun mit Anzeigen, die zwischen den Shorts laufen, Geld verdienen. Dieses neue Modell zur Umsatzbeteiligung ersetzt den YouTube Shorts Fund.

2.) Ads-
Die klassische Werbung ist immer noch die größte Einnahmequelle für YouTuber.

Und damit ein wichtiger Weg, um mit YouTube Geld zu verdienen. Ads dürfen deshalb in dieser Übersicht natürlich nicht fehlen. Diese Monetarisierungsfunktion wird auch in Zukunft die größte Rolle für YouTuber spielen.

3.) YouTube Premium-

Mit einem kostenpflichtigen YouTube Premium Abonnement können Mitglieder werbefreie Inhalte konsumieren, die Hintergrundwiedergabe aktivieren sowie Downloads und Premium-Zugang zur YouTube Music-App genießen. Der Großteil der Einnahmen aus dem Programm kommt den YouTube-Partner zugute.

4.) Kanal-Mitgliedschaften-

Auch YouTuber können ein kostenpflichtiges Angebot in ihren Kanal integrieren. Mit Kanal-Mitgliedschaften erhalten deine Fans gegen eine von dir selbst festgelegte monatliche Gebühr exklusiven Zugang zu Inhalten.

5.) Super Chat-

Deine Fans können während eines Livestreams oder einer Premiere einen Super Chat erwerben. Damit wird den Zuschauer ermöglicht, eine hervorgehobene Nachricht zu verfassen und YouTuber direkt zu unterstützen.

6.) Super Sticker-

Ähnlich wie beim Super Chat können deine Zuschauer während eines Livestreams einen Super Sticker versenden. Das sind animierte Sticker, die im Chatverlauf auffallen und für eine Weile angeheftet werden.

7.) Super Thanks-

Im Gegensatz zu Super Chat und Super Sticker können Super-Danksagungen in allen Videos und nicht nur Livestreams hinterlassen werden. Diese Super Thanks sind hervorgehobene Kommentare unter deinen Inhalten, für die die Zuschauer einen bestimmten Betrag bezahlen können.

Du siehst: Nicht nur qualitativ guter Content ist ausschlaggebend, um mit YouTube Geld zu verdienen. Auch eine gute Bindung zur Community kann sich auszahlen.

8.) Merchandise-

YouTube bietet dir die Möglichkeit, eigene Merchandise-Artikel zu verkaufen. Hast du diese Funktion aktiviert, werden unter deinen Clips deine Artikel zum Kauf angeboten. Der Verkauf von Artikeln über deinen YouTube-Kanal kann eine spannende Möglichkeit sein, die eigene Marke auch in der Offline-Welt zu stärken und eine Community aufzubauen.

9.)Ticketing-

Für Musiker bietet die Ticketfunktion eine weitere Möglichkeit, Umsätze zu generieren. Musikfans können über diese Funktion von YouTube direkt über bevorstehende Konzerte informiert werden und mit einem Klick auf die Buchungsseite gelangen. Leider ist diese Funktion bisher nur für Zuschauer im englischsprachigen Raum (z. B. USA, Kanada, Australien etc.) sichtbar. Du musst als Musiker also bereits eine internationale Fanbase aufgebaut haben, um deine Ticketverkäufe anzukurbeln.

10.)YouTube BrandConnect-

Mit dem Monetarisierungsangebot YouTube BrandConnect können sich YouTuber und Unternehmen direkt vernetzen. Über gemeinsame Markenkampagnen und die Einbindung von Werbeinhalten zur Marke kannst du mit deinen Inhalten Einnahmen erzielen.

11.)Arbeit als YouTube-Berater-

Eine weitere Möglichkeit, mit YouTube Geld zu verdienen, ist die Arbeit als selbstständiger YouTube-Berater bzw. -Beraterin. Hier kannst du mit deinem Wissen Menschen unterstützen, die selbst mit YouTube Geld verdienen möchten. Gib ihnen Tipps zur Steigerung des Bekanntheitsgrads, Erstellen von Videos oder Maßnahmen zur Monetarisierung auf YouTube. Im Gegenzug für deine Hilfe kannst du ein selbst festgelegtes Honorar verlangen.

Views, Likes, Klicks: Wofür bekommt man Geld von YouTube?

Der Überblick über die verschiedenen Einnahmequellen für deinen Kanal zeigt bereits, dass neben einer starken Community die Performance deiner Clips ausschlaggebend ist. Der Kern der Social Media Plattform ist nun einmal das Videogeschäft. Im YouTube-Universum gibt es die vier großen Kennzahlen, um die Performance von Videos zu messen: Abonnenten, Likes, Views und Klicks. Ein paar davon können sich direkt darauf auswirken, wie viel Geld man mit YouTube verdient.

Damit du den Überblick darüber behältst, wofür du eigentlich Geld bekommst, haben wir dir die wichtigsten Fragen zusammengefasst.

Werde ich für das Hochladen von Videos auf YouTube bezahlt?

Die Content Creator werden nicht von YouTube für ihre hochgeladenen Videos bezahlt. Inhalte werden standardmäßig auch nicht monetarisiert. Damit du anfangen kannst, auf YouTube Geld zu verdienen, musst du die Monetarisierung in deinen YouTube-Kontoeinstellungen aktivieren. Von dort aus hast du die Möglichkeit, dem YouTube-Partnerprogramm beizutreten oder deine Videos bei YouTube Premium aufzuführen.

Verdiene ich Geld auf YouTube pro Abonnent?

Als YouTuber wirkt sich die Zahl deiner Abonnenten nur indirekt auf deinen Verdienst mit YouTube aus. Mit mehr Abonnentinnen und Abonnenten steigt natürlich die Zahl deiner regelmäßigen Zuschauer, allerdings bedeutet ein Abonnent bzw. eine Abonnentin nicht automatisch Einnahmen. Vielmehr hilft dir der Aufbau einer Community, deine Relevanz auf der Plattform zu steigern. Die Anzahl an Abonnenten ist besonders für Werbetreibende interessant. Für Unternehmen ist eine hohe Reichweite für die Bewerbung ihrer Produkte und Dienstleistungen relevant. Die Chance, einen Werbedeal mit einem Unternehmen zu ergattern, steigt somit mit der Anzahl an Abonnentinnen und Abonnenten. Es gibt zwar die Möglichkeit, kostenpflichtige Kanalmitgliedschaften zu erstellen und damit an den Abonnenten direkt zu verdienen. Jedoch ist es nicht empfehlenswert, all deine Inhalte hinter dieser Bezahlpflicht zu verstecken. Erst mit guten kostenfreien Inhalten zeigst du deinen Zuschauern, welchen Mehrwert sie bei einer kostenpflichtigen Mitgliedschaft erwarten können.

Bekomme ich Geld auf YouTube für Likes?

Auch mit Likes kannst du nicht direkt Geld verdienen mit YouTube. Anhand der Likes kannst du allerdings abschätzen, welche Art Video besonders gut ankommt und welches eher nicht. Danach kannst du entscheiden, auf welche Art von Inhalt du dich besonders fokussieren möchtest. Umso mehr Likes ein Video hat, desto weiter vorn wird es in der YouTube-Suche ausgegeben und desto mehr Personen werden auf dein Video und dich aufmerksam. So kannst du aktiv deine Reichweite erhöhen und damit indirekt über weitere Einnahmequellen wie beispielsweise Produktplatzierungen profitieren.

Kann ich mit Views und Klicks Geld verdienen auf YouTube?
Hast du dich für das YouTube-Partnerprogramm angemeldet, sind deine Views und Klicks die beiden Kennzahlen, die dich am meisten interessieren werden. Sowohl durch Views als auch Klicks kannst du Einnahmen generieren, indem du Werbeanzeigen in deinen Videos schaltest. Diese werden zum Beispiel von der AdSense-Anzeigenauktion oder dem Google Ad Manager ausgewählt. Damit legst du den Grundstein, um mit YouTube Geld zu verdienen.

Es können unterschiedliche Anzeigenformate gewählt werden. Die meisten Anzeigetypen basieren auf dem sogenannten Cost-per-Mille-Prinzip. Dabei wird ein gewünschter Preis pro 1.000 geschalteter Anzeigen und die Platzierung der Anzeige festgelegt. Die Abrechnung erfolgt nach Werbeeinblendungen. Das heißt, je mehr Nutzer deine Videos anschauen, desto mehr kannst du verdienen. Die entscheidende Kennzahl in diesem Verfahren sind die Views auf deine Videos.

Ein Problem an diesem Prinzip stellen die Ad-Blocker dar, die mittlerweile häufig auf YouTube zum Einsatz kommen. Sobald die Werbeanzeigen blockiert werden, können deine Einnahmen trotz vieler Views geringer ausfallen.

Werbekunden können sich auch entscheiden, pro Klick abzurechnen. Dazu wird das Cost-per-Click-Verfahren genutzt. Um Einnahmen aus Klicks zu generieren, musst du die Anzeigetypen wie z. B. „Overlay-Anzeigen" wählen.

So machst du deine Reichweite auf YouTube zu Geld:
Hast du dir bereits eine hohe Relevanz auf der Plattform erarbeitet, kannst du deine Reichweite nutzen, um mehr Einnahmen zu erzielen. Der erste Schritt ist natürlich über das Ausspielen von Werbeanzeigen vor, während und/oder nach deinem Video. Je größer deine Reichweite, desto öfter werden deine Videos angeschaut und desto mehr Geld kannst du verdienen.

Allerdings musst du nicht zwangsläufig Werbung schalten, um mit deinem YouTube-Kanal Geld zu verdienen. Unternehmen sind bereits für Produktplatzierungen in deinen Videos zu bezahlen, wenn du mit einer hohen Reichweite punkten kannst. Produktplatzierungen kannst du in unterschiedlicher Weise in deine Videos einbringen.

Entweder du testest Produkte vor laufender Kamera, sprichst direkt darüber oder setzt einen Vlog auf, bei dem du über gesponserte Veranstaltungen oder ähnliches berichtest.

Affiliate-Links-
- bieten die Möglichkeit, über Provision Geld zu verdienen. Du kannst das genutzte oder vorgestellte Equipment direkt in der Videobeschreibung verlinken und über ein Affiliate-Programm wie beispielsweise Amazon PartnerNet bei jedem Kauf bis zu 10 Prozent des Erlöses als Provision behalten.

Für diejenigen, die eine wirklich große Reichweite aufgebaut haben, stellen Werbe-Deals eine lukrative Möglichkeit zum Geldverdienen dar. Sehr erfolgreiche YouTuber können mit Werbeverträgen für Print und TV gutes Geld verdienen.

Wie viel verdienst du pro Abonnent, View, Like und Klick?
Wie du siehst, gibt es einige Optionen, um mit YouTube und der eigenen Reichweite Geld zu verdienen. Dir brennt wahrscheinlich eine Frage auf den Lippen: Wie viel Geld kann ich denn nun mit YouTube eigentlich verdienen? Als Einstieg schauen wir uns einmal an, welche Rolle Abonnenten spielen.

Wie wichtig sind Abonnenten zum Geld verdienen mit YouTube?
YouTube-Kanäle können monetarisiert werden, auch wenn sie keine Millionen von Abonnenten haben. Dein Verdienstpotenzial wird nicht nur durch die Anzahl der Abonnenten und Aufrufe, die du hast, bestimmt. Auch das Maß an Engagement, das du generierst, die Nische, die du bedienst, und die Einnahmekanäle, die du nutzt, spielen eine Rolle. Das heißt nicht, dass die Anzahl der Abonnenten egal wäre.

Eine Liste der Top-10-Verdienenden auf YouTube könnte den Eindruck erwecken, dass die Millionen von Dollar, die sie verdienen, direkt von YouTube kommen. Tatsächlich hat jeder dieser YouTuber seine eigene Produktlinie.
Sie haben zuerst ihr Publikum gefunden und aufgebaut, bevor sie ihre eigenen Merchandise-Artikel herausgebracht haben, die sie teilweise auf eigenen Onlineshops verkaufen. Wenn du mit YouTube Geld verdienen willst, ist der erste Schritt für alle derselbe: ein klares Verständnis deiner Zielgruppe zu haben.

Ein Blick auf die Zusammensetzung deines Publikums:
Sich eine Anzahl von Followern aufzubauen, ist der erste Schritt hin zu vielfältigen Monetarisierungs-Möglichkeiten. Allerdings wirst du erst dann sehr erfolgreich sein, wenn du weißt, wie sich dein Publikum zusammensetzt. Dieser Grundsatz gilt für YouTube ebenso wie für viele andere Social Media Plattformen.

Für viele YouTuber, die nach Einkommensmöglichkeiten suchen, gilt: Je mehr du in einer Nische bist, desto besser kannst du mit Marken zusammenarbeiten, die genau diese Leute ansprechen wollen.
Was dich besonders interessieren sollte:

1.) Geschlecht: Ist die Gruppe eines Geschlechts überproportional oft bei deinen Zuschauern vertreten?

2.) Alter: Welche Altersgruppe schaut dir am meisten zu?

3.) Geografische Lage: In welchen Ländern oder Städten deine Zuschauer:innen sitzen, könnte Marken interessieren.

4.) Uhrzeit der Views: Zu welcher Zeit sind deine Follower besonders aktiv?

Eine Kombination des oben genannten: Um ein noch besseres Bild zu bekommen, kannst du auf Spezielles schauen, etwa die Anzahl von Männern in einem bestimmten Altersbereich.

Mit diesen demografischen Informationen in der Hand verstehst du dein eigenes Publikum besser und kannst deshalb auch besser mit Marken verhandeln. Weitere Tipps zur Analyse deiner YouTube-Zahlen stehen in diesem Blogpost zum Thema YouTube-Algorithmus.

Wie du siehst ist die Zahl der Abonnenten zwar nicht grundlegend aussagekräftig für deinen Verdienst, aber es ist wichtig zu wissen, wer dir folgt. Neben den grundlegenden Einnahmequellen und Ideen, wie du mit YouTube Geld verdienen kannst, haben wir dir die wichtigsten Fragen den Verdienstmöglichkeiten zusammengefasst.

Wie viel Klicks braucht man bei YouTube, um Geld zu verdienen?
Damit du Geld mit Klicks auf YouTube verdienst, musst du beim YouTube-Partnerprogramm aufgenommen werden.

Sobald du aufgenommen wurdest, kannst du Werbung in deinen Videos schalten. Eine feste Zahl für die benötigte Anzahl an Klicks lässt sich deshalb schwer festlegen. Allerdings kannst du davon ausgehen, dass du eine Menge Klicks benötigst, um rein über Werbeeinnahmen Geld zu verdienen. Je mehr Klicks du erzielst, desto relevanter wirst du außerdem für andere Werbetreibende.

Wie viel verdient man bei 1 Mio. Klicks?

Eine genaue Vorhersage von Einnahmen ist schwierig zu treffen, da sich die Einnahmen auf unterschiedliche Weise zusammensetzen werden. Eine offizielle Angabe seitens der Plattform für die Einnahmen pro Klick gibt es nicht. Die meisten YouTuber berichten von 1 bis 2 Euro pro 1.000 Videoaufrufen. Bei einer Million Aufrufe sind das also zwischen 1.000 und 2.000 Euro. Das sind allerdings auch nur die Werbeeinnahmen. Dazu kommen bei Klickzahlen in dieser Größenordnung möglicherweise noch Produktplatzierungen, Affiliate-Links oder Community-Spenden. Mit den richtigen Deals sind Einnahmen in mittlerer fünfstelliger Summe möglich. Wir zeigen dir im Verlauf des Artikels, welche Einnahmequellen sich noch lohnen.

Wie viel verdient man mit 100k (Abonnenten) auf YouTube?

Die Anzahl der Abonnenten ist keine verlässliche Größe für die Voraussage von Einnahmen. Viel wichtiger sind die Klicks der Videos und die Partnerschaften, die bei solch einer Reichweite eingegangen werden. Wie du deine Reichweite abseits von Werbung zu Geld machen kannst, zeigen wir dir im folgenden Abschnitt.

Kann ich als Influencer Geld mit YouTube verdienen?

Natürlich kannst du als Influencer mit YouTube etwas verdienen. Die Möglichkeiten, die zu Beginn aufgezeigt wurden, gelten auch und insbesondere für Influencer. Wenn du ein Thema gefunden hast, über das du mit Leidenschaft berichten willst, bietet sich das Videoformat von YouTube sehr gut an. Mit spannendem Storytelling und guten Clips kannst du dein Publikum stetig vergrößern. Sobald du Reichweite aufgebaut hast, kannst du dich auf die Suche nach Marken begeben, die mit dir kooperieren möchten.

Mit YouTube Geld verdienen: 6 Möglichkeiten im Detail:

Du siehst: Es gibt eine Vielzahl an Möglichkeiten, den eigenen YouTube-Kanal zu monetarisieren.

Denn genau wie bei Instagram-Influencern oder Bloggern kann dein Publikum dir ein gutes Einkommen verschaffen. Entscheidend ist allerdings, dass du verschiedene Einkommensoptionen kombinierst, wenn du mit YouTube hauptberuflich Geld verdienen möchtest.

Ein erster Überblick:

1.) Werde YouTube-Partner und verdiene Geld durch Anzeigen.

2.) Verdiene Geld auf YouTube durch den Verkauf von Produkten oder Merchandise-Artikeln.

3.) Finanziere dein nächstes Projekt durch Crowdfunding.

4.) Ermögliche deinem Publikum, deine Arbeit durch Fanförderung zu unterstützen.

5.) Verkaufe Nutzungsrechte an deinem Content an Medien-Unternehmen.

6.) Arbeite mit Marken als Influencer oder Affiliate zusammen.

Werfen wir mal einen genaueren Blick auf jede der Möglichkeiten.

1.) Werde YouTube-Partner und verdiene Geld durch Anzeigen:

Die erste Einnahmequelle, die du erschließen kannst, ist Werbung.

Du musst dich im YouTube-Partnerprogramm anmelden, was im Creator Studio-Bereich deines YouTube-Kontos kein Problem ist. Klicke auf Kanal im Menü, um dein Konto zu bestätigen und Monetarisierung zuzulassen.

Nimmst du am Partnerprogramm teil, benötigst du außerdem ein AdSense-Konto, um Teil des Werbenetzwerks von Google zu werden, bezahlt zu werden und Berichte wie den unten zu sehen.

Sobald dies geschehen ist, siehst du ein grünes "$" neben den Videos im Video-Manager, was bedeutet, dass Videos zur Monetarisierung freigeschaltet wurden. Du kannst darauf klicken, um deine Einstellungen für jedes Video zu bearbeiten.

So erhältst du die Auswahl zwischen mehreren Arten von Werbeanzeigen und kannst selbst entscheiden, ob du eher durch die Anzahl der Werbeeinblendungen oder durch die Anzahl der Klicks auf die Anzeigen auf YouTube Geld verdienen möchtest. Die Werbeanzeigen selbst wählst du nicht selbst aus, stattdessen werden sie durch AdSense-Auktionen, den Google Ad Manager und andere YouTube-Werbequellen vergeben.

Das alles ist kinderleicht, allerdings ist diese Möglichkeit nicht der lukrativste Weg, Geld auf YouTube zu verdienen.

Warum du nicht nur auf (AdSense) Werbung als Einnahmequelle schauen solltest?

YouTube stand bereits in der Kritik aufgrund der Entscheidung, transparenter in Sachen Werbung zu sein, es ging darum, was als "advertiser-friendly" Content (also gute Inhalte für Werbekund:innen) gilt. Viele YouTuber hatten Angst, dass sie wegen des von ihnen generierten Contents Werbeeinnahmen verlieren könnten.

Laut YouTube kann es passieren, dass sich auf bestimmte Inhalte keine Werbung mehr schalten lässt. Das betrifft vor allem die folgenden Themen:

1.) Sexualisierter Content, was Nacktheit und sexuellen Humor einschließen kann

2.) Gewalt, einschließlich Videos und Fotos von schweren Verletzungen sowie Ereignisse, die mit gewaltsamem Extremismus zu tun haben

3.) Unangemessene Sprache, einschließlich Formen von Belästigung, Fluchen und besonders vulgäre Sprache

4.) Drogen und Medikamente, einschließlich Verkauf, Gebrauch und Missbrauch solcher Substanzen

5.) Kontroverse oder umstrittene Themen und Ereignisse, einschließlich Themen wie Krieg, politische Konflikte, Naturkatastrophen und Tragödien, auch wenn keine Bilder gezeigt werden.

Allerdings hat YouTube solche Inhalte schon seit 2012 systematisch mit einem Algorithmus de-monetarisiert.

YouTuber:innen können also schon seit einer Weile Werbeeinnahmen verlieren, und zwar auch ohne Warnung oder ihr Wissen.

Deshalb ist die aktuelle Situation sogar besser, da die Content Creator benachrichtigt werden, wenn es Probleme gibt. Man kann Einspruch einlegen, wenn ein Fehler vorliegt, sodass Videos auch wieder freigeschaltet werden können.

Der große Nachteil bei Werbung auf YouTube ist, dass YouTube ungefähr 45 Prozent der Werbeeinnahmen einbehält. Anders ausgedrückt: YouTuber:innen sollten unbedingt andere Einnahmemöglichkeiten in Betracht ziehen, wenn sie ihr Hobby finanzieren wollen.

2.) Verdiene Geld auf YouTube durch den Verkauf von Produkten oder Merchandise-Artikeln.

Merchandise-Artikel zu verkaufen – T-Shirts, Kaffeebecher, Beutel, Rucksäcke, was auch immer – bietet neben den Einnahmen noch viele weitere Vorteile.

Du bekommst zum Beispiel extra Publicity für deine Online-Marke in der Offline-Welt. Außerdem erhöht es die Fan-Bindung, die nun im wahrsten Sinne des Wortes in dich und deine Online-Präsenz investieren.

Solche Produkte zu verkaufen, ist viel einfacher, als es auf den ersten Blick erscheint. Du kannst günstige Designs für bestimmte Produkte wie T-Shirts auf Webseiten wie Fiverr ordern.

Und wenn es um die Abwicklung von Aufträgen und Kunden geht, kannst du Dienstleister wie DSers oder Print-on-Demand-Anbieter in deinen Store integrieren. Diese kümmern sich um Versand, Lagerung und Kundenbetreuung und du genießt die großen Vorteile eines Dropshipping-Geschäfts. Außerdem entstehen dir keine Druckkosten, bis du wirklich etwas verkaufst.

Weitere Alternativen sind bekannte Merchandising-Netzwerke wie DFTBA (Do not Forget to Be Awesome).

Allerdings wirst du mit anderen YouTuber in einem Markt konkurrieren und hast weniger Kontrolle über Produkte, Rabatte, Integration deines Contents und all die anderen Dinge, die du mit einem eigenen Onlineshop kontrollieren könntest.

Du kannst sogar einen Schritt weiter gehen und deine eigenen Produkte herstellen und verkaufen. Mach es doch so wie Dagi Bee, die aus ihrer YouTube-Karriere heraus ein Unternehmen gründete und darunter nicht nur eine Kreativagentur und diverse Onlineshops vereint, sondern auch verschiedene Marken.

Da du bereits ein eigenes Publikum aufgebaut hast, bringst du zwei Startvorteile mit, von denen andere Unternehmen nur träumen können:
Eine Content-Produktion, die ständig Traffic zu deinem Store schickt.

Das Vertrauen deines Publikums, das du bereits besitzt, da du ihm regelmäßig guten Content kostenlos zur Verfügung stellst.

3.) Finanziere dein nächstes Projekt durch Crowdfunding.

Wenn Geld alles ist, was zwischen deiner Idee und der Verwirklichung steht, ist Crowdfunding ein guter Weg, deine Idee zu realisieren.

Egal, ob du es benötigst, um Ausrüstung zu kaufen, Schauspieler anzuheuern oder andere Kosten zu begleichen, du kannst dein Publikum und die Crowdfunding Community in die Finanzierung einbeziehen, wenn die Idee gut genug ist.

Viele erfolgreiche Crowdfunding-Projekte begannen mit einem guten Trailer-Video. Dreh also eines, das dein Projekt erklärt und andeutet, wie das finale Produkt aussehen wird. Ein gutes Beispiel ist die Kickstarter-Kampagne zu Kung Fury, einem Kurzfilm als Hommage an Actionfilme der Achtziger.

Beliebte Crowdfunding-Seiten, auf denen erfolgreiche Kampagnen von YouTuber liefen, sind:

Kickstarter:
Eine der bekanntesten Crowdfunding-Seiten, ideal für die Finanzierung von coolen Produkten und kreativen Projekten. Stell sicher, dass dein Finanzierungsziel realistisch ist, da man nur Geld erhält, wenn

das Ziel auch erreicht wird.

Indiegogo:
Eine Kickstarter-Alternative, die
flexiblere Finanzierungsmöglichkeiten bietet.

**4.) Ermögliche deinem Publikum deine Arbeit
durch Fanförderung zu unterstützen.**
Ähnlich wie beim Crowdfunding eines Projekts kannst du auch
"Fanfunding" mit Spenden deines Publikums ausprobieren.

Als YouTuber bist du Teil des Internets, ohne dein Publikum
irgendwie zur Kasse zu bitten. Wenn deine Inhalte also gut sind, ist dein
Publikum eventuell bereit, dich laufend zu unterstützen.

Viele Fan-Förderplattformen bieten dir einen weiteren Ort, an dem
Interessierte deine Projekte entdecken können, und geben dir die
Möglichkeit, deinen größten Befürwortern zu danken.

Einige beliebte Fanfunding-Optionen sind:

YouTubes Fan Funding:
Diese Funktion auf YouTube lässt dich ein "Trinkgeldglas"
aufstellen, in das Zuschauende zu jeder Zeit etwas hineinschmeißen
können. Du musst lediglich dein YouTube-Konto wie oben beschrieben
für Werbung einrichten.

YouTube-Kanalmitgliedschaften:
Mit dieser Funktion kannst du besondere Inhalte für Mitglieder zur
Verfügung stellen, die dich monatlich mit einem kleinen Betrag
unterstützen. Du kannst verschiedene Mitgliedschaften mit
unterschiedlichen Beträgen anlegen und musst ebenfalls im
Partnerprogramm angemeldet sein, um auf diese Weise Geld zu
verdienen mit YouTube.

Patreon:
Die Plattform, die es Kreativen leicht macht, bezahlt zu werden. Fans
können ihre Lieblingskreativen monatlich unterstützen, und zwar schon
für einen Dollar pro Monat.

Tipeee:
Ermöglicht es dir, eine Kombination aus einmaligen und wiederkehrenden Spenden zu einzusammeln.

5.) Verkaufe Nutzungsrechte an deinem Content an Medien-Unternehmen.

Wenn du zufällig ein beliebtes virales Video erstellt hast – etwa einen lustigen Clip mit deinem Hund – kannst du diesen Content gegen Gebühr lizenzieren lassen. Fernsehnachrichten, Morgenmagazine, Online-News-Seiten und andere könntest du nach den Rechten fragen, sollte dein Video richtig populär werden.

Allerdings kannst du deine Videos auch auf einem Marktplatz wie Jukin Media anbieten, wo dein Content von den richtigen Leuten gefunden und gekauft werden kann.

6.) Arbeite mit Marken zusammen als Influencer oder Affiliate.

Mit YouTube Geld verdienen geht am besten mit starken Partnern an der Seite. Marken investieren immer mehr in das Influencer-Marketing und verwenden große Teile ihres Werbebudgets für Influencer, die bereits ein loyales Publikum haben. Für Kreative wie dich bedeutet dies eine Riesenchance, gute Zusammenarbeiten auszuhandeln.

Brendan Gahan, YouTube-Marketing-Experte
und Influencer, empfiehlt, dass du auf die durchschnittlichen Viewer-Zahlen deiner Videos schaust und diese mit 5 bis 15 Cent multiplizierst. (Das entspricht in etwa dem, was Firmen für so etwas via YouTube zahlen.)

Solltest du richtig gut dastehen, abhängig von deinem Publikum, der Qualität des Contents und der Profitabilität der Nische, kannst du sogar bessere Deals aushandeln, wenn die Marke genau passt.

Um dir eine weitere Vorstellung davon zu geben, was du berechnen kannst: Mid-Level-Influencer:innen berechnen Marken durchschnittlich zwischen $200 bis $500 pro Post. In der gleichen Studie erklärten zudem 69 Prozent der befragten YouTuber, dass sie nicht glauben, dass die Zusammenarbeit mit Marken ihre Authentizität beeinträchtigte.

Der Schlüssel zu einer guten Partnerschaft und Sponsored Posts ist Transparenz. Empfehle nichts, was du nicht wirklich magst, und erkläre deinem Publikum, warum du etwas machst.

Nachfolgend aufgelistet sind ein paar der vielen Influencer-Marktplätze, auf denen du große und kleine Marken und Produkt-Sponsoren finden kannst:

° Grapevine Logic: Einer der populärsten Marktplätze, du benötigst lediglich 1.000 Follower, um mitzumachen.

° Famebit: Hier gibt es sehr viele Marken und eventuell findest du einen Produkt-Sponsor, mit dem du gerne zusammenarbeitest. Du benötigst 5.000 Follower, um mitzumachen.

° Channel Pages: Gehe Partnerschaften mit anderen YouTuber und Marken ein.

° Crowdtap: Erstelle kleinere Content-Auftragsarbeiten im Austausch gegen Geld und andere Belohnungen. Hierfür ist es egal, wie viele Follower du hast.

Auf einigen Marktplätzen kannst du kostenlose Produkte erhalten, während auf anderen große Marken bereit sind, mehr zu bezahlen. Nutze die Möglichkeiten, die deinen Bedürfnissen am besten entsprechen, aber sei an möglichst vielen Orten präsent, sodass Produkt-Sponsoren dich auch finden können.

Alternativ kannst du auch Affiliate für Marken werden, dann erhältst du Kommission für jeden Verkauf, der durch deinen Kanal zustande kam. Dies funktioniert besonders gut, wenn du Produkte in deinem YouTube-Kanal rezensierst. Da es für die Marken risikolos ist (sie zahlen nur, wenn was verkauft wird), gibt es in der Regel keine Einstiegshürden.

Zu den beliebten Affiliate-Programmen gehören Click Bank (ein bis 75 Prozent Kommission, je nach Händler) und Amazons Affiliate-Netzwerk (bis zu 10 Prozent Kommission pro Verkauf).

Du kannst auch auf Marken in deiner Nische zugehen, die ihre eigenen Affiliate-Programme haben, das ist durchaus nicht unüblich im E-Commerce.

Mit YouTube Geld verdienen: Tipps für deinen Kanal:
Die Möglichkeiten, mit deinem YouTube-Kanal Geld zu verdienen, sind vielfältig. Der Aufbau eines eigenen YouTube-Kanals und die Generierung von Einnahmen benötigen allerdings Geduld und Durchhaltevermögen. Damit deine Videos zum vollen Erfolg werden, haben wir für dich 5 Tipps zusammengetragen. Damit bist du startklar für dein Online-Business auf YouTube!

Content is King – relevante Inhalte produzieren
Der Schlüssel zum erfolgreichen YouTube-Kanal sind die Inhalte deiner Videos. Nur wenn du relevante Videos produzierst, die einen Mehrwert für deine Zuschauer bieten, wirst du auf Dauer eine Fanbase aufbauen können. Die Nutzer:innen auf der Plattform sind immer auf der Suche nach Videos, die ihnen einen Nutzen stiften. Dieser Nutzen ist von Zuschauer zu Zuschauer unterschiedlich und reicht von der Wissensvermittlung über Produkttests bis hin zur reinen Unterhaltung.
Tipp:
YouTube-Analytics bietet dir die Möglichkeit, tief in die deine Zielgruppe einzutauchen und zu analysieren, welche Inhalte gefragt sind.

Ob du dir dabei eine Nische suchst oder ein breites Angebot an Videos bietest, ist dir überlassen. Wichtig ist, dass du am Ball bleibst. Damit sind wir schon beim nächsten Tipp.

Consistency is Queen – regelmäßig posten.
Ein gutes Video allein reicht meistens nicht, um dein Publikum an dich zu binden. Um in den Köpfen der Menschen zu bleiben und sie zum Wiederkommen zu animieren, solltest du regelmäßig aktuelle Inhalte posten. So baust du nicht nur stetig deine Community aus, sondern hältst dich interessant für deine Fans.

Heutzutage ist der Community-Gedanke sehr ausgeprägt. Die erfolgreichsten YouTuber haben eine große Community im Rücken und Menschen, die ihnen folgen. Mit regelmäßigen Videos bleibt dein Kanal spannend und relevant für deine Fans.

Videolänge > 10 Minuten.

Eine feste Regel für eine optimale Videolänge gibt es nicht. Versuche dennoch, deine Videos länger als 10 Minuten zu machen. YouTube-Videos, die länger als 10 Minuten sind, haben eine höhere Wiedergabezeit. Damit erhöhst du deine Chancen, Werbeeinnahmen zu generieren. Zusätzlich werden Videos mit einer höheren durchschnittlichen Wiedergabezeit in den Suchergebnissen weiter oben angezeigt. Das bedeutet, dass die Nutzer mit höherer Wahrscheinlichkeit deine Inhalte sehen werden.

Kooperiere mit anderen YouTubern.

Eine weitere Option deine Reichweite und damit mehr Geld mit YouTube zu verdienen, ist die Kooperation mit anderen YouTubern. Der Vorteil an der Kooperation ist, dass beide Parteien in der Regel eine unterschiedliche Fanbase haben. Durch die Zusammenarbeit werden die Fans deines Partners auf dich aufmerksam und du kannst deine Inhalte einem neuen Publikum präsentieren.

Die richtige Videobeschreibung.

Mit einer optimalen Beschreibung deiner Videos bringst du die Leute dazu, deine Videos zu entdecken und machst Lust, diese anzusehen. Erwähne alle relevanten Dinge, die deine Zuschauer erwarten. Außerdem kannst du den Mehrwert für die Nutzer herausstellen. Nutze dafür eine Sprache, die angemessen für die Zielgruppe ist und mit der sich deine Fans identifizieren können.

Wie du verkaufst, ohne dein Publikum zu nerven:

Die hier vorgestellten Strategien zur Monetarisierung deines YouTube-Kanals beinhalten oftmals das Bewerben von Produkten (z.B. deinem Store) oder Kampagnen (z.B. Crowdfunding einer Videoserie). Es ist oft ein schmaler Grat zwischen dem Bewerben deiner Produkte und dem Mehrwert für deine Zuschauer. Du musst dein Publikum auf deine Angebote aufmerksam machen, ohne dabei deine Glaubwürdigkeit aufs Spiel zu setzen und deine Fans zu nerven.

Sich in den Augen des eigenen Publikums "zu verkaufen", bereitet vielen Kreativen Sorgen. Aber wer nie fragt, wird auch nie etwas bekommen. Es gibt eine Reihe an Orten, an denen du für dein Produkt oder deine Kampagne werben kannst.

1.)Baue einen „Call to Action" (CTA) in deine Videos ein.

"Wenn du dieses Video mochtest, klicke auf den Like-Button und abonniere diesen Kanal."

Viele YouTuber haben solche CTAs am Ende ihrer Videos, um ihr Publikum zu vergrößern. Indem du vorschlägst, was dein Publikum tun soll, erhöhst du die Chance, dass dies auch passiert.

Du kannst diesen Ansatz auch verändern und die Aufmerksamkeit deines Publikums auf eine Einnahmequelle lenken.

2.)Füge in deinen Videos passende YouTube Cards hinzu.

Egal, ob es Teil deines Deals mit einer Marke ist oder du deine eigenen Produkte vermarkten willst, mit YouTube Cards kannst du die Aufmerksamkeit der Zuschauenden auf bestimmte Links lenken.

Cards können zur richtigen Zeit eingeblendet werden, wenn sie besonders relevant sind und nicht stören.

3.)Füge Links zu deiner Videobeschreibungen hinzu.

Du kannst Traffic zu deinem Store, einer Patreon-Seite, Kickstarter-Kampagne oder anderen Seiten leiten, indem du Links in deiner Videobeschreibungen einbaust.Bewirb dein Angebot auf anderen Plattformen
Nur weil dein Content auf YouTube gehostet wird, bedeutet das nicht, dass du anderen Kanäle nicht für die Verbreitung nutzen kannst. Promote dcinc Kampagnen auf Twitter, Facebook und anderen Profilen, die du hast. Je mehr Orte du beackerst, desto größer die Chance, dass du gefunden wirst. Es ist also ratsam, auch in den sozialen Medien abseits von YouTube aktiv zu sein.

Wie kann man mit YouTube schauen Geld verdienen?

Die bisherigen Tipps und Möglichkeiten, mit YouTube Geld zu verdienen, bezogen sich allein auf Content Creator und die Monetarisierung des eigenen Kanals. Es ist allerdings auch möglich, Geld mit dem Schauen von Videos zu verdienen.

Es gibt unterschiedliche Portale wie beispielsweise Fanslave, die dir das Geld verdienen durch Ansehen von Videos ermöglichen. Allerdings möchten wir darauf hinweisen, dass solche Plattformen in letzter Zeit in Verruf geraten sind. Immer mehr Nutzer berichten davon, dass Geld nicht ausgezahlt wird oder es anderweitig Probleme mit der Abrechnung gibt.

Wenn du dich trotzdem dafür interessierst auf diese Weise Geld zu verdienen, findest du alle Informationen auf den Seiten der Anbieter.

Fazit:

Der Aufstieg des "YouTubepreneurs" – bist du bereit, deinen YouTube-Kanal zu monetarisieren?
Die meisten Kreativen werden nicht durch die Aussicht auf viel Geld motiviert. Es ist der Gedanke, etwas zu erschaffen, das vielen Menschen Freude bereitet. Ironischerweise erlaubt dir gerade diese selbstlose Motivation, Geld in einer von Content besessenen Welt zu verdienen.

Während es für viele Unternehmen schwierig ist, Aufmerksamkeit zu generieren, haben Youtuber das bereits geschafft. Alles, was sie noch machen müssen, ist kreativ zu werden und Wege zu finden, wie sie mit eigenem Content ihre Leidenschaft finanzieren können.

PRINTEREST

Pinterest bietet Unternehmen effiziente Wege, um Käufe und Leads zu fördern - und Geld zu verdienen.

Pinterest ist mehr als nur eine Social-Media-Plattform voller Inspo-Pinnwände (inspirational) mit Harry-Styles-Fan-Bildern und Halloweenkostümen für Hunde. Hier bietet sich auch eine Möglichkeit, tatsächlich Geld zu verdienen.

Mit weltweit monatlich 416 Millionen aktiven Nutzern und über 200 Milliarden gespeicherten Pins lassen sich die Chancen auf Umsatz nicht von der Hand weisen.

Unternehmen oder Influencer, die ihren Pinterest-Kanal monetarisieren wollen, finden hier narrensichere Strategien zum Geldverdienen, die Sie sofort umsetzen können.Geld verdienen auf Pinterest

Es ist nicht möglich direkt auf Pinterest zu verkaufen (es gibt Stand heute noch keine Kassenfunktion). Allerdings bieten sich viele andere Möglichkeiten, um Pins in Absatzchancen zu wandeln.

1.) Traffic auf deine E-Commerce-Website lenken:
Für Marken mit einem E-Commerce-Angebot bietet sich Pinterest schon rein logisch an, um den Traffic zu steigern—und damit den Umsatz. Verwendet Pins, um eure Waren zu präsentieren und eure Follower zum Kaufen auf die Website zu leiten, ähnlich wie eine digitale Spur von Brotkrumen.

Für zusätzliche Reichweite könnt ihr eure Pins mit Werbegeldern unterstützen. Promoted Pins lassen sich auf verschiedene Ziele optimieren, z. B. die Steigerung des Traffics oder der Anzahl eurer Pinterest-Follower.

Schritt 1: Pins kreieren, die auf eure E-Commerce-Site verlinken.
Ladet ins Auge fallende Produktfotos hoch oder erstellt Eyecatcher mit den Grafikdesign-Templates der Hootsuite-Designer.

Idealer Weise werden diese Bilder direkt mit der jeweiligen Produktseite auf Ihrer Website verlinkt, damit Follower direkt zum Kauf geführt werden. Je weniger Klicks für den Abschluss eines Kaufs notwendig sind, umso besser.

Schritt 2: sinnvolles SEO betreiben.
Helft dene Pinterest-Nutzern, eure Pin über strategische Keywords zu finden, die das Produkt oder einen bestimmten Style beschreiben oder definieren.

Nutzt diese Keywords in der Beschreibung Ihres Pins, aber auch in Ihrem Profil und am besten auch in Ihrer URL.

Das unterstützt dabei, dass eure Pins auch in Google-Suchergebnissen erscheinen. Beschreibt nach allen Regeln der Kunst. Ein User z.B. hat eine ganze Reihe von Pins erstellt, die die Eigenschaften ihrer „Press 'N' Seal"-Frischhaltefolie hervorheben. Wenn ihr die ganze Woche vorgekocht und genau auf diese Art von Produktvorschlag gewartet habt, genügt ein Klick auf den Pin, der euch direkt auf die Website von dem User führt, wo ihr das Produkt erwerben könnt.

2.)Affiliate-Marketer werden:
Mit Affiliate-Marketing lässt sich Geld verdienen, wenn jemand über einen von euch bereitgestellten Link einen Kauf tätigt. Man muss kein Lager vorhalten oder einen eigenen E-Commerce-Shop betreiben—teilte einfach einen getrackten Link und fordert einen Prozentsatz, wenn jemand darauf klickt und kauft.

Schritt 1. Als Affiliate registrieren.
Wer ein Produkt erfolgreich verkaufen will, muss es an die richtige Zielgruppe bringen. Anstatt sich bei jedem x-beliebigen Partnerprogramm anzumelden, wählt Marken oder Produkte aus, die Ihre Follower besonders ansprechen.

Sowohl große Marken wie Start-ups bieten Affiliate-Möglichkeiten an. Recherchiert, was in eurem bevorzugten Bereich verfügbar ist.

Schritt 2. Klicks noch gezielter mit einem URL-Verkürzer verfolgen.

Man erhält einen speziellen Tracking-Code, den man seinen Links hinzufügen kann, um alle Käufe zu verfolgen, die über diese kommen. Um eure eigenen Daten zu sammeln, versucht es mit URL-Verkürzern.

Dabei handelt es sich um (oft kostenlose!) Tools, die die Klickraten verfolgen. Nutzt Link-Verkürzer für das Posten von Jogginghosen auf eurer „Fauler Samstag"-Pinnwand und eine andere verkürzte URL für eure „Arbeiten im Homeoffice"-Pinnwand, und vergleicht danach, welche mehr Aktionen verzeichnet.

Schritt 3. Produkte auf eurer Pinnwand bewerben und Affiliate-Links verwenden.

Teilt diese Produkte über Pins (stellt aber sicher, dass sie ins Auge fallen), und sendet diese Affiliate-Links in die Welt hinaus.

Die gute Nachricht: Euer Affiliate-Link wird auch geteilt, wenn jemand anderes den Pin repinnt.

Schritt 4. Achtet stets auf die Regeln und Vorschriften von Pinterest.

Von Zeit zu Zeit befindet Pinterest Affiliate-Links als Spam und geht gegen Affiliate-Marketing vor. Haltet euch über die Änderungen und Einstellungen von Pinterest auf dem Laufenden, damit ihr nicht unter die Räder kommt.

3.) Den Leuten helfen, euren Look zu kaufen:

Shoppen hat für 48 % der Pinterest-Nutzer oberste Priorität—nutzt also jede Gelegenheit, euer digitales Schaufenster zu vermarkten.

Präsentiert ein gestyltes Outfit oder einen elegant eingerichteten Raum, um zu inspirieren. Markiert (taggen) dann die spezifischen Produkte auf dem Foto, damit eure Follower den Look erwerben können.

Schritt 1: Richtet ein Pinterest-Unternehmens-Konto ein.

Nur Unternehmens-Konten können Kataloge und Shopping Ads verwenden.

Ihr könnt entweder euer bestehendes persönliches Konto erweitern oder euch für ein neues Unternehmens-Konto anmelden.

Schritt 2: Produktkatalog hochladen.
Für die meisten E-Commerce-Websites lassen sich Produkt-Pins automatisch für den gesamten Produktkatalog erstellen.

Dieses spezielle Pin-Format beinhaltet Preisinformationen in Echtzeit sowie eine Produktbeschreibung und die Verfügbarkeit. Benutzer können sich durchklicken, um die Transaktion direkt auf eurer Website abzuschließen.

Für alle nicht kompatiblen E-Commerce-Produkte könnt ihr Rich Pins erstellen. Diese zeigen ebenfalls Produktinformationen an, aber man muss sie einzeln erstellen und kann sie nicht für Shopping Ads nutzen.

Schritt 3: Eine Sammlung erstellen, um Produkte hervorzuheben.
Mit dem Pinterest-Format Sammlungen kann man Lifestyle-Bilder hochladen und Produkte darin markieren, damit die Nutzer den gezeigten Look an Ort und Stelle einkaufen können.

4.) Partnerschaft mit einer Marke:
Man benötigt kein Produkt (oder gar einen Affiliate-Link zu einem Produkt), um auf Pinterest Geld zu verdienen. Man kann auch den Zugang zu der eigenen Zielgruppe verkaufen.

Vielleicht sind es fitnessbegeisterte Mütter, vielleicht junge Veganer. Sobald man eine hochwertige Fan-Community hat, besitzt man etwas Wertvolles, das vielleicht auch andere Marken gerne hätten.

Schritt 1: Statistiken zusammenstellen.
Man kann nicht einfach von der Straße hereinspazieren und erwarten, dass Lululemon einen Bares gibt. Um das Interesse einer Marke zu wecken, muss man mit ein paar harte Zahlen aufwarten.

Sammelt die Daten über eure Follower

1.) Demografie,
2.) Engagement,
3.) Shares,
4.) Views.

Wenn man sich an einen potenziellen Partner wendet, kann man diesem dann ganz genau erklären, warum die eigene Zielgruppe so gut zu ihm passt.

Schritt 2: Geeignete Marken ansprechen.
Es gibt viele unterschiedliche Möglichkeiten für Marken um Pinterest-Influencer zu unterstützen—etwa durch das Kuratieren einer gemeinsamen Pinnwand, ein Sponsoring bestimmter Pins oder die Koordination von „Takeovers".

Sprecht mit euren Ideen für eine Zusammenarbeit Marken an, die an euren Publikum interessiert sein könnten.

Es bietet sich an, die Kontaktinformationen für Partnerschaftsanfragen auch im Pinterest-Profil anzugeben, um darauf aufmerksam zu machen, dass man offen für Geschäfte sind.

5.) Zum virtuellen Assistenten werden:
Wenn man sein Pinterest-Handwerk verfeinert hat, kann man das Ganze auch gleich professionell angehen.

Es gibt Unternehmen, die den Wert des Pinterest-Publikums erkennen, aber keine Kapazitäten haben, um einen Account intern zu managen. Ein Service als virtueller Pinterest-Assistent eröffnet hier gute Verdienstmöglichkeiten.

Virtuelle Assistenten können Posts planen, Pins erstellen oder Anzeigen verwalten. Diese Rolle könnte zudem Community-Management und Öffentlichkeitsarbeit beinhalten—das hängt ganz von dcr Markc ab, dic man anpeilt.

Schritt 1: Sicher stellen, dass das eigene Konto überzeugt.
Wer als Pinterest-Experte angeheuert werden will, kann mit nicht auf Hochglanz polierten Pinnwänden kaum landen.

Pinterest schlägt für erstklassige Pins auffällige Bilder und Text-Overlays vor.

Schritt 2: Informiert darüber, dass ihr offen für Geschäfte seid.
Ein guter Startpunkt um die News zu verbreiten ist das eigene Netzwerk, entweder im echten Leben oder in sozialen Netzwerken.

Posts auf Jobbörsen oder Freelancer-Seiten wie Fiverr lohnen sich ebenfalls, um Unternehmen zu erreichen, die Unterstützung suchen.

Tipps zum Geldverdienen auf Pinterest:

Wie ihr gerade erfahren habt, gibt es eine Vielzahl von Möglichkeiten, um mit Pinterest Geld zu verdienen. Aber alle beruhen letztlich auf der Schlagkraft einer Zielgruppe.

Ziehet die Blicke auf euch, und die Klicks (und Einnahmen!) werden folgen.

So geht's.

Beteiligt euch in der Community.

Man bekommt heraus, was man reinsteckt. (Oder in unserem Fall: Repins & Co. zahlen sich aus.)

Macht euch den „sozialen" Aspekt dieser Social-Media-Plattform zu eigen: liken, kommentieren und repinnt die Pins anderer.

° Es lohnt sich zudem, Konten oder bestimmten Pinnwänden zu folgen, damit man euch ebenfalls folgt.

° Dies ist ein visuelles Medium. Wer die Aufmerksamkeit der Nutzer erregen will, muss anschaulich vorgehen.

° Fotos sollten von hoher Qualität und vertikal ausgerichtet sein. (Pinterest empfiehlt ein Seitenverhältnis von 2:3.)

° Grafikdesign-Tools wie Over bieten tolle Möglichkeiten, um Texte zu überlagern oder markante grafische Verzierungen hinzuzufügen, damit sich die eigenen Bilder wirklich im Feed abheben.

Ein großartiges aktuelles Beispiel für gut gemachte Visuals:

° Das Abo-Box-Unternehmen Birchbox postete Dutzende reiner Text-Pins mit Beauty-Tipps in hübschen, Millennial-freundlichen Farbtönen.

° Bei Airbnb konzentriert man sich dagegen darauf, wunderschöne Reisefotos im Feed zu teilen.

° Fast Company verpasst all seinen Bildern, ob Illustration oder Foto, eine ähnliche stilisierte Farbbehandlung, um seinen Content klar zu branden.

Recherchiert eure Keywords:

Keywords helfen Menschen, eure Pins zu entdecken, sowohl über die direkte Suche wie über den Empfehlungsalgorithmus von Pinterest.

Sie sind quasi der Heiratsvermittler, der Content und Nutzer für eine „Liebesbeziehung" zusammenbringt.

Selbstverständlich gehören die richtigen Keywords in jedes dafür geeignete Textfeld. Das kann die Pin-Beschreibung, das Text-Overlay, der Pinnwand-Titel, die Pinnwand-Beschreibung oder die Profilbeschreibung sein.

Um die besten Schlagwörter zu ermitteln, beginnt auf breiter Basis. Gebt die Ziel-Keywords direkt in die Pinterest-Suchleiste ein, darunter seht ihr farbige Kacheln, die verwandte Keywords vorschlagen.

Wenn ich zum Beispiel nach „Vögeln" suche, sehe ich andere, spezifischere Keywords wie „hübsch" (pretty) und „zornig" (angry). Warum suchen die Leute nach zornigen, hübschen Vögeln? Man sollte sich da kein Urteil erlauben, sondern sich diesen Umstand nur zu nutze machen.

Ist das Keyword stark, seht ihr ein Dutzend oder mehr zusätzliche Keyword-Empfehlungen.

Man kann ebenfalls einsehen, welche Pinnwände und Pins diese Wörter derzeit verwenden und ob sie eine große Follower-Gemeinde haben.

Klickt euch durch, um noch spezifischere verwandte Keywords zu sehen, und geht in der Pinterest-Liste weiter nach unten, um weitere Nischenvorschläge zu erhalten.

Sobald ihr hilfreichen Keywords gesammelt habt, setzt diese ein - aber vermeidet es, als Spammer auffällig zu werden.

Tipp:

Verwendet die Keywords in vollständigen Sätzen, anstatt einfach so viele wie möglich hineinzustopfen.

Wie Pinterest es kühl ausdrückt: „Das ist unnötig".

Terminiert eure Pins:

Wenn man neue Pins nach und nach hinzufügt, anstatt einen ganzen Haufen auf einmal hochzuladen, erreicht man eine größere Anzahl von Menschen. Ein Terminierungstool wie Hootsuite hilft einen dabei, die Pins so vorzubereiten, dass sie in einem angemessenen, entspannten Tempo veröffentlicht werden können.

Die Pins in Chargen zu planen ist der beste Weg, um mit dem Content in die kreative Zone zu kommen—und man erspart es sich, sechsmal am Tag bei Pinterest eingeloggt zu sein.

Was kann man mit dieser Zeit anfangen? Vielleicht gut im Dart zu werden? Warum nicht?

Ein Unternehmens-Konto anmelden:

Mit einem Pinterest Unternehmens-Konto hat man Zugriff auf Werbe- und Marketingoptionen für Pins. Wenn man daran interessiert ist, ein organisches Wachstum auszubauen, indem man etwas Geld in die Erreichung neuer Zielgruppen investiert, muss man sich anmelden.

Formate wie Video, Karussell oder Sammlungen sind für Unternehmens-Accounts verfügbar. Eine gute Möglichkeit, kreativ zu werden und in den Feeds der Pinterest-Nutzer richtig aufzufallen.

Eigenen Mediadaten erstellen:

Hat man Interesse an der Zusammenarbeit mit bezahlten Partnern, oder daran Anzeigen oder Sponsorings auf dem Pinterest-Boards zu hosten, lohnt es sich, ein Media-Kit zu erstellen.

Ein Media-Kit (oder Mediadaten) ist ein Dokument mit Statistiken zu den eigenen Followern und Engagement-Zahlen und vermittelt einen Eindruck eurer Marke und deren Wertigkeit.

Es kann auch Preise für bestimmte Werbemöglichkeiten enthalten.

Verwendet eine Grafikvorlage, um ein ansprechendes PDF zum Download bereitzustellen. Alternativ kann man die Informationen direkt auf Ihrer Hauptwebsite oder in Ihrem Blog bereitstellen.

Sobald Sie diese Informationen in eurem Pinterest-Werkzeugkasten habt, ist der Einstieg in ein Gespräch über potenzielle Partnerschaften schnell und einfach.

Eines steht natürlich fest: Wie bei allen Social-Media-Plattformen ist auch auf Pinterest herausragender Content der wahre Schlüssel zum Erfolg.

Stellt also sicher, dass ihr auf eure Pins stolz sein könnt.

Fazit:

Printerest stellt neben den üblichen, social media Einahmequellen, weitere interessante Alternativen bereit, um finanziell zu profitieren.

5. KI ALS UNTERSTÜTZUNG

ChatGPT ist in aller Munde.

In kürzester Zeit hat der Bot von Open AI einen riesigen Hype in den sozialen Medien ausgelöst.

Denn User können die Fähigkeiten von ChatGPT auf der Webseite von Open AI testen und bekommen auf sämtliche Fragen in Sekundenschnelle passende Antworten.

Vielleicht fragst du dich jetzt, wie du mit dieser neuen Innovation Geld machen kannst.

Der KI-Assistent ChatGPT ist natürlich nicht direkt eine Gelddruckmaschine. Allerdings – wenn du weißt wie, dann kannst du ChatGPT effektiv nutzen, um neue Einnahmequellen zu erschließen oder dein bestehendes Business zu optimieren.

Falls du ChatGPT noch nicht nutzt – einen Account kannst du unter: https://chat.openai.com/ erstellen.

Bestehende Einnahmequellen und Prozesse optimieren:

Egal, ob du bereits ein erfolgreiches Business betreibst oder gerade erst beginnst, ChatGPT kann dir helfen, deine Einnahmequellen und Prozesse zu optimieren. So sparst du Zeit und erhöhst deine Einnahmen.

Anleitung:

1.) Nutze ChatGPT für Schreibarbeiten und Content-Produktion, um Zeit zu sparen und hochwertigen Content zu erstellen

2.) Lass ChatGPT Marketing-Texte schreiben, um deine Kampagnen und Verkaufsseiten zu optimieren

3.) Hol dir Unterstützung bei der Ideenfindung, um innovative Geschäftsideen und Strategien zu entwickeln

4.) Entdecke weitere Anwendungsmöglichkeiten, wie Kundensupport-Automatisierung, technische Dokumentationen oder Verbesserung von Geschäftsabläufen

5.) Optimiere deine bestehenden Einnahmequellen und Prozesse, um Zeit zu sparen und dein Einkommen zu erhöhen

6.) Experimentiere mit verschiedenen Anwendungsfällen von ChatGPT, um herauszufinden, welche Bereiche deines Geschäftsmodells am meisten durch den Einsatz von ChatGPT und weiteren KI-Tools profitieren können. So kannst du dein Business auf das nächste Level heben

ChatGPT als Content-Assistent für Affiliate Marketing:

Affiliate-Marketing ist eine hervorragende Möglichkeit, um online Geld zu verdienen. Insbesondere wenn du einen eigenen Blog betreibst. Du empfiehlst Produkte oder Dienstleistungen in deinen Blogbeiträgen und erhältst eine Provision für jeden Verkauf, der durch deinen Affiliate-Link generiert wird. Das ganze funktioniert aber natürlich nur, wenn du guten Content produzierst, der mit der Zeit auch gute organische Rankings erreicht. Bei der Content-Produktion kannst du dich in vielen Bereichen von ChatGPT unterstützen lassen.

Anleitung:

1.) Wähle ein Produkt oder eine Dienstleistung, die du in deinem Blog bewerben möchtest

2.) Melde dich bei passenden Affiliate-Programm an
Nutze ChatGPT, um dich bei der Erstellung von
faszinierende Blogartikel assistieren zu lassen

3.) Integriere passende Affiliate-Links in deine Blogbeiträge

4.) Verdiene Provisionen, wenn jemand über deinen Link
einen Kauf tätigt

Durch die Kombination von Affiliate-Marketing mit einem eigenen Blog und ChatGPT-gestützter Content-Erstellung kannst du eine stetige Einnahmequelle aufbauen und gleichzeitig eine engagierte Leserschaft gewinnen.

Bücher mit Kurzgeschichten erstellen (Self Publishing):

Dank Self-Publishing und Print-on-Demand-Diensten wie Amazon KDP kannst du eigene Bücher veröffentlichen und Geld verdienen. Und auch hier kann dich ChaGPT assistieren!

Am einfachsten funktioniert das für Bücher, die eine Sammlung von Kurzgeschichten enthalten – den kurze Geschichten kannst du relativ einfach mit ChatGPT erstellen. Am besten funktioniert das mit ChatGPT Plus, da du dort auch auf das noch bessere und vor allem kreativere Sprachmodell GPT-4 zurückgreifen kannst.

Anleitung:

1.) Wähle ein Genre oder ein Thema für deine
Sammlung von Kurzgeschichten

2.) Nutze ChatGPT, um fesselnde und kreative
Kurzgeschichten zu generieren

3.) Überarbeite und optimiere die von ChatGPT
erstellten Geschichten, um sie auf ein hohes
Qualitätsniveau zu bringen

4.) Stelle eine Sammlung von Kurzgeschichten
zusammen und formatiere sie für die Veröffentlichung als
Buch und/oder E-Book

5.) Lade dein Buchmanuskript bei einem
Print-on-Demand-Dienst wie Amazon KDP hoch

6.) Wähle ein ansprechendes Cover und setze einen
Verkaufspreis für dein Buch fest

7.) Vermarkte dein Buch auf verschiedenen Plattformen,
um Leser auf dein Werk aufmerksam zu machen

8.) Verdiene Geld, indem du dein Buch im Self-Publishing
verkaufst und ein passives Einkommen aus den Verkäufen generierst

Mit ChatGPT als kreativem Partner kannst du eine faszinierende Sammlung von Kurzgeschichten erstellen und sie im Selbstverlag als Print-on-Demand-Buch veröffentlichen, und damit Geld verdienen!

Tipp:
Nutze zusätzlich auch einen KI-Bildgenerator um auch gleich die passenden Illustrationen für dein Buch zu erstellen.

Prompts für KI-Bilder erstellen:

KI-generierte Bilder bieten eine spannende Möglichkeit um online Geld zu verdienen. Zum Beispiel indem du sie auf Stock-Plattformen wie Adobe Stock hochlädst und verkaufst oder sie für Print-on-Demand-Produkte verwendest (z.B. Printify und Etsy). Mit ChatGPT kannst du kreative Bild-Prompts entwickeln, die als Grundlage für die KI-generierten Bilder dienen.

Anleitung:

1.) Nutze ChatGPT, um detaillierte und ansprechende
Bild-Prompts zu erstellen

2.) Verwende einen KI-Bildgenerator, um basierend auf den
Prompts beeindruckende Bilder zu erstellen

3.) Lade die generierten Bilder auf Stock-Plattformen
hoch oder integriere sie in Print-on-Demand-Produkte.
Alternativ kannst du die generierten Bilder auch als
digitale Kunstwerke auf NFT-Marktplätzen oder als
Designelemente für Kundenprojekte verkaufen.

4.) Vermarkte deine KI-generierten Bilder oder
Produkte auf verschiedenen Kanälen, um Kunden auf dein
Angebot aufmerksam zu machen

5.) Verdiene Geld, indem du Lizenzen für die Bilder
verkaufst oder Print-on-Demand-Produkte mit deinen
Bildern anbietest

Durch die Nutzung von ChatGPT zur Entwicklung von Bild-Prompts kannst du schnell eine hohe Anzahl von KI-generierten Bildern erstellen und damit Geld verdienen.

Ich habe ebenfalls schon viele KI-Bilder mit dem Tool Supermachine erstellt und diese über Adobe Stock verkauft.

KI-Bilder direkt in ChatGPT erstellen & verkaufen:

Wenn du die Plus-Version von ChatGPT nutzt, kannst du dort mittlerweile auch direkt Bilder erstellen. Das funktioniert mit der integrierten Bilder-KI DALL-E 3 (ebenfalls von OpenAI).

Wie zuvor gerade angesprochen kannst du konkret damit Geld verdienen, indem du die KI-generierten Bilder anschließend auf Stockplattformen und/oder Print-On-Demand Diensten verkaufst.

Anleitung:

1.) Nutze ChatGPT Plus und wähle GPT-4 + DALL-E 3 (Beta)

2.) Gib ChatGPT konkrete Anweisungen um die gewünschten
Bilder zu generieren.

3.) Lade die generierten Bilder auf Stock-Plattformen hoch oder integriere sie in Print-on-Demand-Produkte. Alternativ kannst du die generierten Bilder auch als digitale Kunstwerke auf NFT-Marktplätzen oder als Designelemente für Kundenprojekte verkaufen.

4.) Vermarkte deine KI-generierten Bilder oder
Produkte auf verschiedenen Kanälen, um Kunden auf dein
Angebot aufmerksam zu machen

5.) Verdiene Geld, indem du Lizenzen für die Bilder
verkaufst oder Print-on-Demand-Produkte mit deinen
Bildern anbietest

Texterstellung als Dienstleistung (+ ChatGPT als Assistent):

Du schreibst gerne Texte / erstellst gerne Content? Wenn ja, dann kannst du ChatGPT als deinen persönlichen Assistenten nutzen, um Texte für Kunden zu erstellen und so Geld zu verdienen. Erstelle Blogbeiträge, Artikel, Webseiteninhalte oder sogar Social-Media-Posts, die deine Kunden lieben werden – und das Beste daran ist, dass dir ChatGPT bei der Recherche und dem Schreibprozess helfen kann.

Anleitung:

1.) Finde Kunden, die hochwertige Texte benötigen

2.) Nutze ChatGPT, um Ideen und Inhalte zu generieren

3.) Verfeinere den Text und gib ihm deinen persönlichen Touch
Liefere den fertigen Text an deinen Kunden

4.) Wiederhole die Schritte 1-4 und baue dir so ein
lukratives Online Business auf

Mit YouTube und ChatGPT Geld verdienen:

YouTube bietet zahlreiche Möglichkeiten um Geld zu verdienen – sei es durch eingeblendete Werbung, Affiliate-Links in der Videobeschreibung, Sponsorings oder vieles mehr!

Zwar kann ChatGPT für dich keine kompletten Videos erstellen, allerdings kann dich das Tool bei deiner Video-Content-Produktion unterstützen. Z.B. bei der Erstellung von Video-Skripten oder der Ideen-Findung.

Anleitung:

1.) Wähle ein Thema oder eine Nische für deinen YouTube-Kanal

2.) Nutze ChatGPT, um kreative Videoideen zu generieren

3.) Erstelle mit ChatGPT Skripte für deine Videos, inklusive Dialoge, Szenenbeschreibungen und Handlungsstränge

4.) Nutze KI-Tools wie Text-to-Speech oder Text-to-Video-Tools, um Videos ohne eigene Kameraauftritte zu erstellen

5.) Füge Affiliate-Links, Sponsorings oder
andere Monetarisierungsmethoden in die Videobeschreibung ein

6.) Teile deine Videos auf verschiedenen Plattformen und
baue eine engagierte Zuschauerschaft auf

Indem du ChatGPT zur Erstellung von Video-Skripte und Ideen nutzt, kannst du schneller qualitativ hochwertigen Content für deinen YouTube-Kanal produzieren! Wenn du noch weitere KI-Tools einsetzt, dann kannst du auch Videos produzieren, ohne selber vor der Kamera zu stehen. So erreichst du eine hohe Reichweite aufbauen und Einnahmen generieren.

Tools & Software programmieren:

ChatGPT beherrscht nicht nur menschliche Sprachen, sondern auch Programmiersprachen. Du kannst die KI also unterstützend nutzen, um Tools, Software, Apps oder auch WordPress-Plugins zu entwickeln. So kannst du deine eigenen digitalen Produkte erstellen und damit Geld verdienen.

Anleitung:

1.) Wähle eine Idee für ein Tool, eine Software oder ein
WordPress-Plugin, das du entwickeln möchtest

2.) Nutze ChatGPT, um Hilfe bei der Programmierung
in verschiedenen Sprachen (z. B. Python, JavaScript, PHP)
zu erhalten

3.) Lass ChatGPT Code-Snippets, Funktionen oder ganze
Module für deine Software erstellen

4.) Kombiniere die von ChatGPT generierten Code-Teile mit
deinem eigenen Code, um ein voll funktionsfähiges Produkt
zu erstellen

5.) Teste und optimiere dein Produkt, um sicherzustellen, dass es den Anforderungen deiner Kunden entspricht

6.) Verkaufe deine Software, Tools oder WordPress-Plugins auf Marktplätzen, über deine eigene Website oder über andere Vertriebskanäle

7.) Verdiene Geld mit deinem digitalen Produkt und biete gegebenenfalls Support oder Updates an

Indem du ChatGPT zur Unterstützung bei der Programmierung nutzt, kannst du den Entwicklungsprozess beschleunigen und qualitativ hochwertige Software, Tools oder WordPress-Plugins erstellen. So kannst du ein echtes SaaS-Business starten!

ChatGPT für kundenspezifische Chatbot-Entwicklung:

ChatGPT kann genutzt werden, um kundenspezifische Chatbots für Unternehmen oder Einzelpersonen zu entwickeln. Diese Chatbots können auf Websites oder in Messaging-Apps integriert werden, um den Kundenservice zu verbessern oder personalisierte Empfehlungen bereitzustellen.

Anleitung:

1.) Biete kundenspezifische Chatbot-Entwicklungsdienstleistungen für Kunden an

2.) Nutze ChatGPT, um spezialisierte Chatbots zu entwickeln, die auf die Anforderungen und Bedürfnisse deiner Kunden zugeschnitten sind

3.) Integriere die entwickelten Chatbots auf Websites oder in Messaging-Apps deiner Kunden

4.) Verdiene Geld durch Chatbot-Entwicklungsgebühren und Empfehlungen zufriedener Kunden

5.) Baue dein Angebot an Chatbot-Entwicklungsdienstleistungen aus, um mehr Kunden anzulocken

Noch mehr Geld verdienen mit ChatGPT: Ideenfindung und Brainstorming

Nach diesen konkreten Vorschlägen zeige ich dir zum Abschluss noch einen „allgemeinen Ansatz" um mit ChatGPT mehr Geld zu verdienen (Ideenfindung und Brainstorming).

ChatGPT kann auch als effektives Tool für die Ideenfindung und das Brainstorming eingesetzt werden. Du kannst die KI also nutzen, um neue Geschäftsideen, Produktkonzepte oder Marketingstrategien für dein eigenes Unternehmen oder auch deine Kunden oder zu entwickeln.

Mit diesen weiteren Ideen hast du eine noch größere Auswahl an Möglichkeiten, um ChatGPT kreativ effektiv einzusetzen und Geld zu verdienen.

Fazit:

ChatGPT, kann einem die Arbeit erheblich erleichtern. Man muss nur die richtigen Anweisungen geben

Wenn du offen für neue Ansätze ist, kannst du deinen finanziellen Erfolg deutlich steigern.

SCHLUSSWORT

Mit diesen Seiten in der Hand und dem Wissen, dass "Digitales Gold: Online Geld verdienen leicht gemacht" nun Teil Ihrer Reise ist, hoffe ich, dass Sie inspiriert wurden, die digitalen Wege des Erfolgs zu erkunden. Die Möglichkeiten sind so vielfältig wie die Strategien, die in diesem Buch beleuchtet wurden.

Denken Sie daran, dass der Weg zum digitalen Wohlstand nicht nur eine Reise des Lernens, sondern auch des Handelns ist. Jede Strategie, jeder Tipp und jede Anleitung in diesem Buch sind Werkzeuge, die Sie nutzen können, um Ihre eigene digitale Erfolgsgeschichte zu schreiben.

Die digitale Welt entwickelt sich ständig weiter, und die Chancen sind grenzenlos. Seien Sie mutig, seien Sie kreativ, und vor allem, seien Sie beständig. "Digitales Gold" liegt oft nicht einfach auf der Oberfläche, es erfordert Graben, Experimentieren und die Bereitschaft, aus Fehlern zu lernen.

Möge Ihr Weg zu digitalem Wohlstand erfüllend, aufregend und von nachhaltigem Erfolg geprägt sein. Vielen Dank, dass Sie sich die Zeit genommen haben, dieses Buch zu lesen. Auf zu neuen digitalen Horizonten!

Alles Gute auf Ihrer Reise zum "Digitalen Gold"!

Alexander Müller

ÜBER DEN AUTOR

Hallo, ich bin Alexander, der Autor von "Digitales Gold: Online Geld verdienen leicht gemacht".

Seit Jahren habe ich meinen Lebensunterhalt erfolgreich mit den Methoden, die ich in diesem Buch vorstelle, verdient.

Meine Reise in die digitale Welt begann als Neuling, aber mit der Zeit habe ich erkannt, welches enorme Potenzial im Internet liegt. Durch kontinuierliches Lernen, Experimentieren und die Bereitschaft, neue Wege zu erkunden, habe ich nicht nur meinen eigenen Erfolg geformt, sondern möchte nun auch anderen helfen, ihre eigenen Erfolgsgeschichten im Online-Bereich zu schreiben.

In "Digitales Gold" teile ich nicht nur erprobte Methoden, sondern auch die Denkweise, die hinter erfolgreichem Online-Geldverdienen steht. Meine Mission ist es, Ihnen zu zeigen, dass auch Sie die Welt des Digitalen Goldes verstehen können, indem Sie Ihre individuellen Stärken nutzen und erfolgreich in der digitalen Wirtschaft agieren.

Ich bin nicht nur ein Autor, sondern auch ein Mentor für all jene, die den Weg zu digitalem Wohlstand beschreiten wollen. Entdecken Sie die Strategien, die mein Leben verändert haben, und lassen Sie sich von meiner Erfahrung und Leidenschaft für den digitalen Erfolg inspirieren.

Begleiten Sie mich auf dieser aufregenden Reise und lassen Sie uns gemeinsam die Welt des Online-Geldverdienens erkunden.